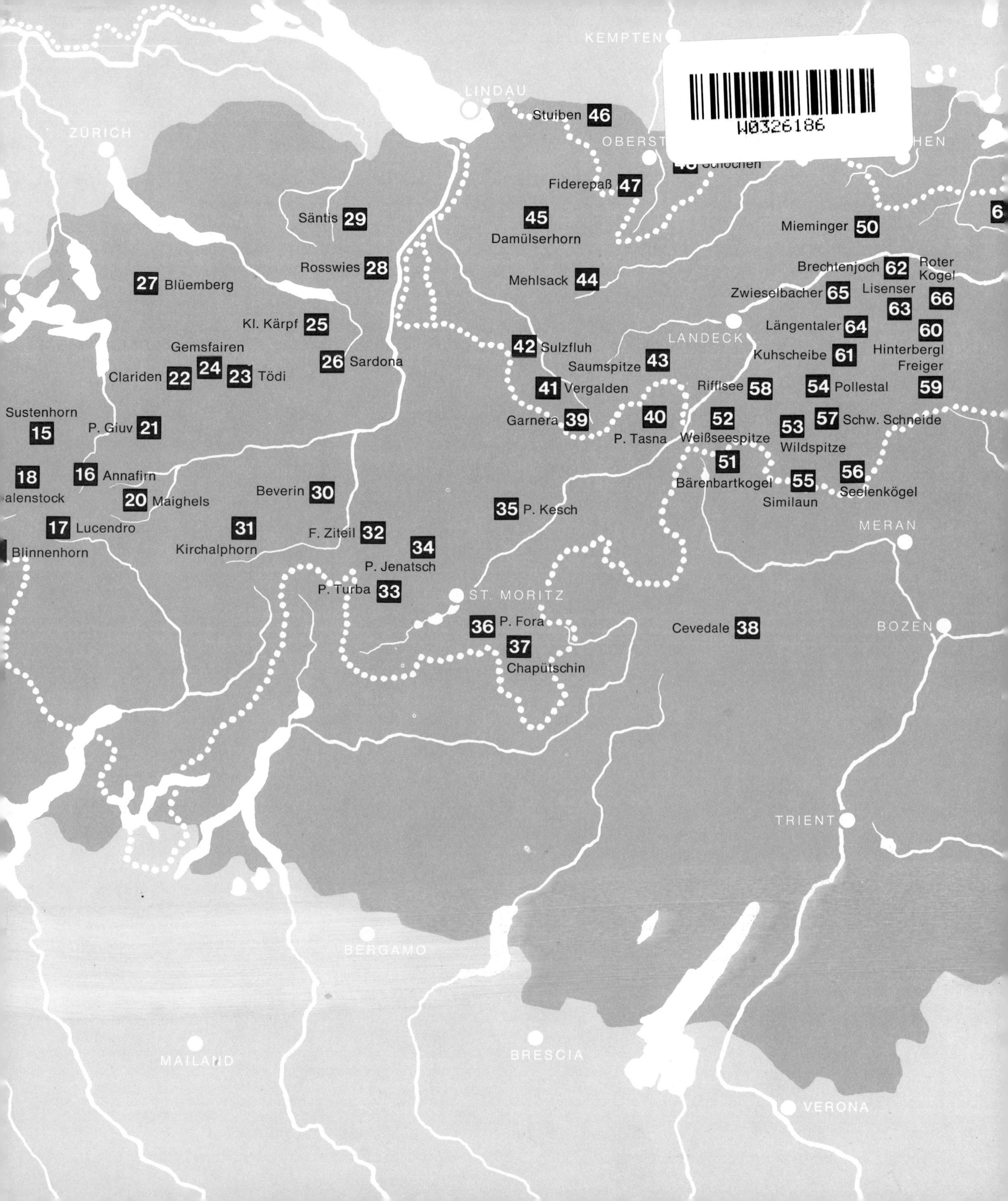
KEMPTEN
LINDAU
Stuiben 46
OBERST
Schochen
ZÜRICH
Fiderepaß 47
Säntis 29
45 Damülserhorn
Mieminger 50
6
Rosswies 28
Brechtenjoch 62
Roter Kogel
27 Blüemberg
Mehlsack 44
Zwieselbacher 65
Lisenser 63
66
Kl. Kärpf 25
LANDECK
Längentaler 64
60
Gemsfairen 24
42 Sulzfluh
26 Sardona
Kuhscheibe 61
Hinterbergl
Freiger
Clariden 22
23 Tödi
Saumspitze 43
41 Vergalden
Rifflsee 58
54 Pollestal
59
Sustenhorn 15
P. Giuv 21
Garnera 39
40 P. Tasna
52 Weißseespitze
53 Wildspitze
57 Schw. Schneide
18
alenstock
16 Annafirn
20 Maighels
Beverin 30
35 P. Kesch
51 Bärenbartkogel
55 Similaun
56 Seelenkögel
17 Lucendro
Blinnenhorn
31 Kirchalphorn
F. Ziteil 32
34 P. Jenatsch
MERAN
P. Turba 33
ST. MORITZ
36 P. Fora
37 Chapütschin
Cevedale 38
BOZEN
TRIENT
BERGAMO
MAILAND
BRESCIA
VERONA

Für Bergsteiger und Skiläufer sind im BLV erschienen:

WALTER PAUSE

Berg Heil – 100 schöne Bergtouren in den Alpen
Von Hütte zu Hütte – 100 alpine Höhenwege und Übergänge
In Eis und Urgestein – 100 klassische Gipfeltouren in den Zentralalpen
Im Kalkfels der Alpen – 100 klassische Gipfeltouren in den Kalkalpen
Die großen Skistationen der Alpen – Österreich/Bayern
Ski Heil – 100 schöne Skiabfahrten in den Alpen
Im schweren Fels – 100 Genußklettereien in den Alpen
Im extremen Fels – 100 Kletterführen in den Alpen
Wandern bergab – 100 schöne Abstiegswege in den Alpen
Münchner Hausberge
Münchner Skiberge

ERICH VANIS

Im steilen Eis – 50 Eiswände in den Alpen

GASTON RÉBUFFAT

In Fels, Firn und Eis

BLV
MÜNCHEN
BERN
WIEN

Walter Pause

Abseits der Piste

100 stille Skitouren
in den Alpen

Zehnte,
überarbeitete Auflage

Besonderen Anteil am Gelingen dieses Skibuches haben mein
Flieger-Fotograf Franz Thorbecke, Lindau, und seine Begleiter;
Herr Dr. Heinz Liebing, München, Dr. Adolf Kreiner, Oulx,
Carla Endl, Salzburg, Dr. Hermann Lechner, Hall,
F. Woerndle, Zürich, Hans Hintermeier, Mittenwald,
und mein Sohn Max Pause.
Allen diesen Mitarbeitern sage ich herzlichen Dank.

Walter Pause

Titelbild: Jürgen Winkler; Vorsatzskizzen: Hellmut Hoffmann
Illustrationen: Gabriele Neumann und Hellmut Hoffmann

Satz, Druck und Bindearbeiten: W. F. Mayr, Miesbach
Printed in Germany · 1. Auflage 1961 · ISBN 3-405-11120-X

Eines aber tröstet mich: wer einsam bleibt, der fällt nicht so leicht dieser miserablen Welt in die Klauen, er kann ihr zu jeder Zeit einen Fußtritt geben und ins hohe Meer der Freiheit hinaussteuern.

Jacob Burckhardt

Abseits der Piste

Das Zeitalter des Individualismus weicht dem Zeitalter der Massen. Dieses Phänomen läßt sich sogar im unpolitischen Bereich des Skilaufes begreifen, und auch hier schmeckt die neue Einsicht bitter. Im Skilauf macht sich das neue Zeitalter mit Massen-Invasionen ins Hochgebirge breit, mit einer Überfülle an Bergbahnen und Skiliften, und mit einem zu gefährlicher Dichte angewachsenen Abtrieb auf den Pisten. Unschuldiger Neuschnee auf den Pisten überlebt seinen ersten Morgen bestenfalls um zwei Stunden, dann haben ihn fünfhundert Stahlkantenpaare säuberlich aus der zementharten Bahn gefegt. Unschuldiger Neuschnee abseits der Piste bleibt unberührt. Wer sich vermißt, auf ihm seine Spur zu ziehen, wird mitleidig als »Tiefschneefahrer« belächelt. Die Millionen Skiläufer unserer Tage haben vergessen, weshalb die Pioniere des weißen Sportes – ihre eigenen Väter und Großväter – mit Skiern ins Gebirge fuhren: sie trieb die Sehnsucht nach Besinnung in der Stille, nach beruhigtem Atem in einsamer Berglandschaft, und nach jener vollkommenen Entspannung von Leib und Seele, wie sie das rhythmische Steigen und Wandern auf Skiern stets verschafft. Die Skiläufer und Skiwanderer von einst trugen ihre Unrast ins Gebirge und wurden sie los. Die Pistenfahrer von heute tragen sie verdoppelt wieder nach Hause. Sie haben ganz einfach nicht den Mut, um aus der allgemeinen Piste auszubrechen, und sie scheuen die Plage. Als wüßten sie nicht, daß alles wirkliche Glück immer den Einsatz von Mut und Plage kostet.
Sich im Zeitalter des Massenskilaufes als einsam wandelnder Skibergsteiger zu behaupten, das müßte jeden bewußt lebenden Bergfreund reizen. Deshalb stelle ich in diesem Buche 100 stille Skitouren »abseits der Piste« vor. Zwischen Turin und Wien wurden 100 bekannte und unbekannte, leichte und schwierige, wurden Hochwinter- und Frühjahrstouren ausgewählt und in Bild, Faustskizze und Text dargestellt. Diese Darstellungen sollen erinnern und anregen, sie enthalten aber keine verbindlichen Führer-Angaben und machen die exakte Lektüre von Skiführern und Skikarten nicht immer überflüssig. Diese Vorbereitung ist um so mehr anzuraten, da man abseits der Piste sofort in den Bereich der Gefahr, vor allem der Lawinengefahr gerät. Wer mit den Gefahren des winterlichen Hochgebirges nicht aus Erfahrung vertraut geworden ist, kann und darf die Mehrzahl der in diesem Buche enthaltenen Skitouren nicht allein, sondern nur im Geleit eines erfahrenen Skibergsteigers durchführen. Er tut sich überdies den besten Dienst, wenn er die diesem Buche rückwärts angeführten »Zehn Gebote für das Verhalten im winterlichen Hochgebirge« gründlich studiert.
Diese neueste Auflage 1972 stellt eine neue und strengere Konzentration der schönsten alpinen Skitouren dar. Aus dem alten Band »Ski Heil«, der bis 1969 ein Band der »100 schönsten Skiabfahrten« war – aber heute nur noch 100 reine Pisten anbietet – wurden 16 besonders interessante Skitouren übernommen und mit neuen Skizzen und Texten ausgestattet. Darunter findet man Gran Paradiso, Mont Blanc über Petit und Grand Plateau, Col Infranchissable, Barre des Ecrins, Dome de la Lauze, Pigne d'Arolla, Monte Rosa, Lötschentour ab Jungfraujoch, Blinnenhorn ab neuer Nufenenpaßstraße, Kleiner Kärpf, Piz Turba, Similaun und Hintere Schwärze, Längentaler und Zwieselbacher Kogel, Rotwand und Hoher Göll durchs Alpeltal.

Walter Pause

Inhalt

Die Barre des Ecrins

2200 Höhenmeter zwischen Meije und Pelvoux

TALORT Ailefroide, 1506 m (unweit der Route Nationale 91 Grenoble–Briancon–Turin). Im Spätfrühjahr fährt man mit dem Kfz bis zur Cézannehütte, wo der Aufstieg beginnt

UNTERKÜNFTE Ref. Cézanne, 1874 m (privat). – Ref. Glacier Blanc, CAF, 2540 m (3.00 h ab Ref. Cézanne). In der Skitourensaison bewartet. – Ref. Ernest Caron, CAF, 3170 m (bewartet, offen, etwa 2.30 h ab Ref. Glacier Blanc)

CHARAKTER Hochalpine Skitour für besonders ausdauernde, sehr erfahrene, wetter- und schneekundige Hochtouristen mit Karte, Seil, Eispickel, Steigeisen und Biwacksack. Aufstiegsdauer ab Caronhütte zum Dôme de Neige des Ecrins mindestens 5.00 h. – Abfahrt je nach Schneebeschaffenheit einfach bis schwierig, sehr unangenehm bei glashartem Harsch. Auch Teile der Hangquerung unterhalb der Caronhütte können bei Harsch heikel sein! – Vorsicht, wenn beim Aufstieg zur Glacier-Blanc-Hütte weicher Schnee liegt: dann nach Erreichen des Grasbuckels, ca. 2200 m, auf abschüssigem Schneeband, evtl. abgeschnallt, nach rechts zum Gletscherrand queren

KARTE Carte du Service Géographique 1 : 50 000, Meije-Ecrins

BILD Nahe dem Col des Ecrins, 3367 m, dicht vor dem letzten, oft schwierigen Schlußanstieg zur Brêche Lory zwischen Barre des Ecrins (oben links) und Dôme des Ecrins (rechts). Man sieht genau die Spuren der jungen Münchnerin (Bild) und des Fotografen

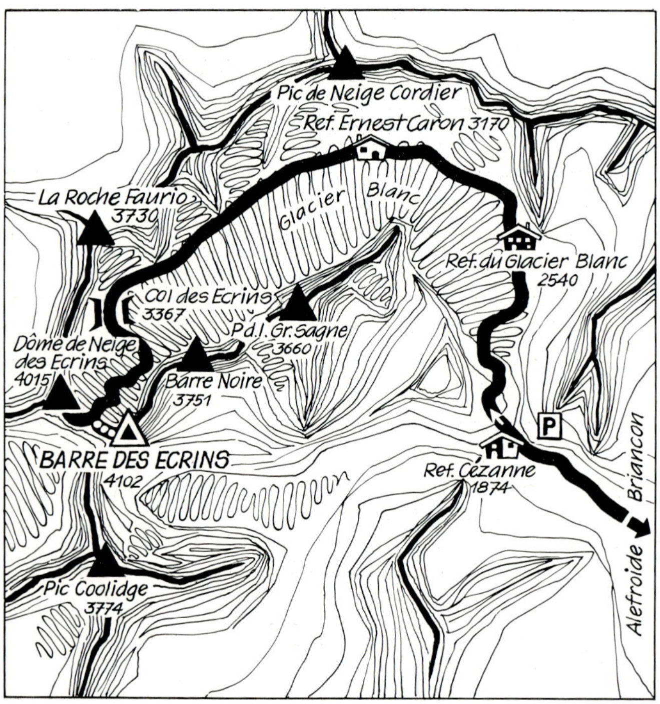

Sie ist nicht leicht zu erreichen für den Skibergsteiger, und schon bei guten Firnverhältnissen verlangt sie das Höchste an hochalpiner Erfahrung, an Besonnenheit und Ausdauer. Unser Bild erklärt, woher die besondere Faszination dieser anspruchsvollsten und vielleicht schönsten Skihochtour in den Südalpen kommt: es sind die mächtigen steilen Eiswellen zwischen dem Col des Ecrins (im Bild rechts unten) und der Randspalte unter der Brèche Lory, 3974 m: die steilen Firnhänge zwischen den drohenden Spalten und Eisbastionen müssen wie in einem Slalom überwunden werden, wobei man, unten rechts beginnend, von den Spalten bis weit nach links oben gedrängt wird, ehe man in neuen Kapriolen auf die Lücke zwischen Barre des Ecrins-Hauptgipfel, 4102 m, und Dôme des Ecrins, 4015 m (Skigipfel) zusteuern kann. Der meist vereiste Grat zum Hauptgipfel wird nur ganz selten begangen. Aber schon die Aussicht vom Skigipfel auf die komplette Sammlung aller wilden Gipfel des Dauphiné – von der Meije bis zur Grande Ruine, vom Pelvoux bis zur Ailefroide, von Les Rouies bis Les Bans – ist beeindruckend. Nicht zu vergessen: beeindruckend ist bereits der lange bis überlange Anstieg aus dem Lärchenboden um das Refuge Cézanne aus 1874 m Starthöhe über das erneuerte Refuge Glacier Blanc, CAF, 2540 m, und das ebenfalls erneuerte Refuge Ernest Caron, CAF, 3170 m, bis zum Col des Ecrins. 2.30-3.00 h bei evtl. heiklen Stellen vor der Gletschertraverse bis zum Refuge Glacier Blanc, dann sehr gute 2.00 h bis zur Ernest Caron, der letzten Hütte, die wie ein Adlernest auf den Felsen pickt, und dann 4.00-5.00 h für den Schlußanstieg am zweiten Tage, vorbei am Col, steil im Zickzack hinauf, oft ohne Skier, mit Steigeisen und Pickel . . . die Verhältnisse sind immer anders. Damit muß man rechnen. Sohn Max fand Ende April 1969 dicht vor dem entscheidenden Schlußanstieg zwei Paar Skier im Schnee stecken – aber keine Spur. Opfer der Spalten? Vielleicht fehlte nur das Seil . . . Wogegen Reinhold Obster, der Fotograf unseres Bildes, mit der im Foto sichtbaren jungen Münchnerin so gute Verhältnisse vorfand, daß er schon halblinks gerade hinauf durch das Spaltensystem spurte und dort herab wedelte.

Die Mônetier-Überschreitung

Belvedere gegenüber der Ailefroide

TALORT Pelvoux, ca. 1250 m (23 km von Briançon Richtung Gap). Hier Kraftfahrzeug stehen lassen!

STÜTZPUNKT Refuge Glacier Blanc, CAF, 2550 m (off. gut. Winterraum. 2.30-3.00 h vom geschloss. Ref. Cézanne, 1874 m. Zugang bei winterlichen Verhältnissen schwierig und gefährlich! Man mache die Tour erst, wenn Steilstufe von 1900 bis 2400 m größtenteils aper ist!)

CHARAKTER, GEFAHREN Die Mônetier-Überschreitung ist hochinteressant, hervorragend schön, sehr hochalpin, mit zwei heiklen Stellen, die zu Fuß gemacht werden müssen. Nur für sehr gute Skiläufer und vielerfahrene Alpinisten! – Pickel, Karte, Kompaß, Seil nötig. Evtl. Steigeisen!

KARTE CdF-Karte Blatt XXXIV-36, St. Christophe en Osians und Blatt XXXV-36, Briançon

BENACHBARTE SKITOUREN Ref. Glacier Blanc-Dôme de Neige, 4015 m, außerdem auf den herrlichen Skiberg La Roche Faurio, 3730 m. – Ref. Cézanne (Nächtigung in Holzhütte dahinter) – Glacier Noir – Col de la Temple, 3322 m – und, nur bei besten Verhältnissen, Pic Coolidge, 3774 m

BILD Im Anstieg vom Ref. Glacier Blanc zum Col du Mônetier. Rückblick auf den Glacier Noir. Rechts Pic Coolidge, 3774 m, links Ailefroide, 3953 m, ganz links oben der Pic sans Nom, 3914 m

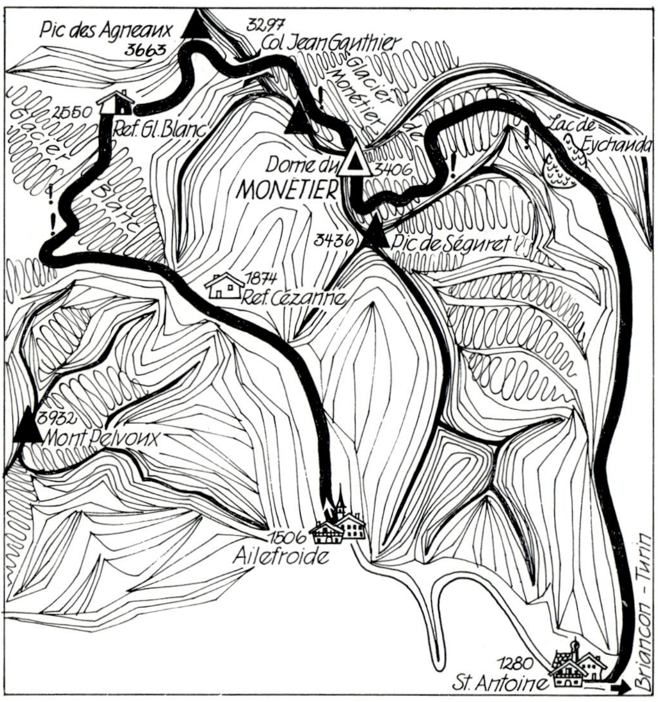

Von der Stadt Briançon fährt man nach Pelvoux, läßt hier sein Fahrzeug (Endpunkt der Tour) und fährt mit dem Taxi so weit als möglich über Ailefroide hinaus gegen das Refuge Cézanne zu. Hinter der nicht benützbaren Hütte steht im Lärchenwäldchen ein zum Nächtigen geeignetes Holzhüttchen. Von dort steil hinauf auf dem ausgeaperten Sommerweg, dann rechts über den Glacier Blanc und durch eine Steilmulde zum schon lange sichtbaren Refuge Glacier Blanc mit ordentlichem Winterraum. Gegenüber die mächtige Kette Pelvoux-Ailefroide und der wilde Bruch des Glacier Blanc! Sehr früh am nächsten Morgen 50 m bergan und auf bequemen Hängen ostwärts in Richtung Glacier Jean Gauthier. Über steilere Hänge (Bild) und schließlich energisch links haltend solange empor, bis man nach rechts eine Rampe benützen kann, die fast horizontal zum Col de Mônetier, 3300 m, führt. 2.00–2.30 h ab Hütte, ab hier Sonne, letztes Stück zum Col sichern, eventuell Stufen schlagen. Es folgt der große Genuß: Abfahrt über freien Gletscher 200 Höhenmeter zur Südostecke des Pic Jean Gauthier und sofort hinauf zum Col des Brouillards, 3270 m (1.00 h). Zu Fuß (zweite heikle Stelle der Tour!) durch die steile Flanke neben dem verwächteten Grat zur Schulter des Pic de Dormillouse und über den Grat auf den Gipfel selbst, 3409 m. Abfahrt Richtung Südost auf die obersten Böden des Glacier de Mônetier, dann mit Fellen auf den Pic du Rif, 3476 m, die Pointe des Arcas, 3478 m, und den Dôme du Mônetier, 3406 m: alle zusammen ein einzigartiges Belvedere überm Pelvouxtal! Es folgt die großartige Abfahrt über den Glacier de Séguret Foran, erst am rechten Ufer, dann nach der Spaltenzone scharf abschwenkend ans linke Ufer, und über herrliche Hänge zum Lac de l'Eychauda, 2506 m. Die weitere Abfahrt über felsdurchsetzte Steilhänge ist zunächst etwas heikel, man halte sich auf einem Rücken mehr links von der Talachse und hüte sich vor gefährlichen Stürzen! Bei 1950 m erreicht man ein Hüttchen, von dem ab man ins wunderschöne stille Tal von Chambran absteigt und hinauswandert nach Pelvoux. – Col des Brouillards – Dôme du Mônetier 3.00–4.00 h. Hüttchen – Pelvoux 2.00 h, eventuell länger, je nach Schneelage.

Der Col de La Lauze

Riesenabfahrt unter Rateau und Meije

TALORT La Grave, 1474 m, an der Nationalstraße zwischen Grenoble und Briancon, bei Villar d'Arène. Berühmtester Ausblick auf die Meije!

UNTERKUNFT Hotels in La Grave. – Refuge Evarist Chancel, CAF, 2508 m, dicht westlich über dem Lac de Puy Vachïer, 3.00-3.30 h ab La Grave, erst an Waldwegen, dann am markierten Steig. Erkundigung im Tal: Hütte meist geschlossen, neuerdings öfters bewartet. Schlüssel evtl. in der Trafik in La Grave. Kein Holz, aber Matratzen, Decken vorhanden

CHARAKTER Die Tour über 2000 Höhenmeter Anstieg und Abfahrt ist anstrengend, aber bei Gutwetter vielleicht eine der eindrucksvollsten Skihochtouren der Südalpen. Neuerdings mehr besucht als früher. Die Abfahrt leicht, am Anstiegswege aber nicht so ergiebig als auf der schwierigeren, vor allem durch Eislawinen aus der Meije-Flanke gefährdeten Direktabfahrt am Glacier du Vallon. Hier ab Eisende möglichst links halten, schnell vom Fleck kommen, Augen auf! Auf der Normalroute ist die Tour bei Sicht ohne Schwierigkeiten

BESTE KARTE Carte du Dauphiné, 1 : 50 000, Massif des Ecrins (Librairie Didier-Richard, Grenoble)

BILD Auf dem Wege zwischen Col des Ruillans und Col de La Lauze in der gewaltigen Nordflanke der Meije, 3983 m. Vorne der Glacier de la Girose. Oben der Grand Pic de la Meije, rechts darunter Brèche du Glacier Carré, Pic du Glacier Carré, Grand Doigt und Brèche de la Meije

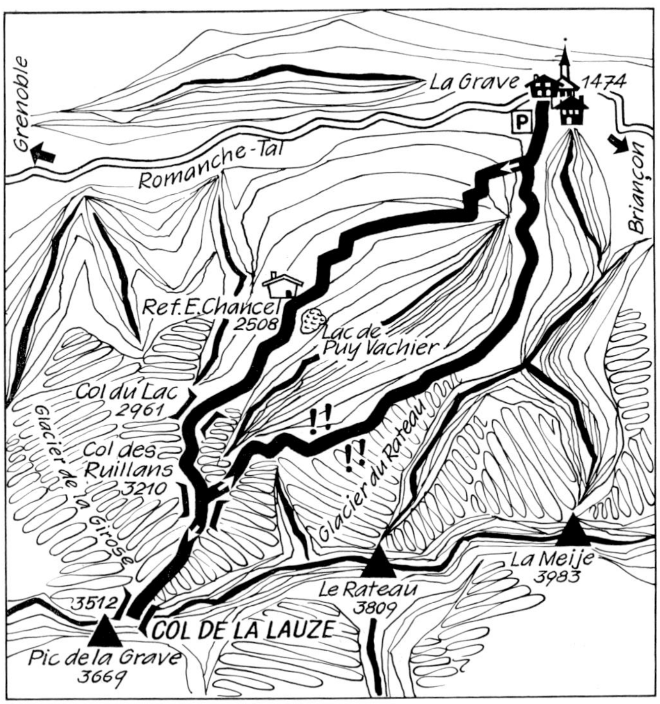

Das Dauphiné bietet zwischen Grenoble und Briancon ein wie von Zyklopenfaust zertrümmertes, von zerfetzten Eiswällen umlagertes Granitgebirge. Ein Dutzend wilder Gipfel übersteigen 3800 und 3900 m Höhe – nur die Barre des Ecrins erreicht 4102 m. Ihr Skigipfel, 4015 m, ist der einzige ganz hohe Skigipfel im Dauphiné... Aber es gibt viele versteckte Gipfel und Scharten zwischen 3200 und 3600 m Höhe, die großartige Skihochtouren abgeben: Col de la Lauze, 3512 m, Les Rouies, 3387 m Höhe, die Monêtier-Traverse (Tour 2) auf 3406 m, der 3351 m hohe Col des Agneaux ab Alpe du Villar d'Arène – und so fort. Der Col de la Lauze ist eine breite Firnscharte von 3512 m Höhe im gewaltigen Granitkamm der Meije, 3983 m, über Rateau, 3809 m, und Pic de la Grave, 3669 m. Direkt unter dem nicht leicht zu ersteigenden Pic de la Grave wartet unser Col de La Lauze. Wir sind von La Grave, 1474 m, an der Nationalstraße zwischen Grenoble und Briancon, über die mächtige Nordflanke des Meije-Massivs auf die Col-Höhe von 3512 m gekommen, haben unterwegs im Refuge Evarist Chancel, 2508 m, genächtigt. Wir haben oberhalb der Hütte den gewaltigen Glacier de la Girose betreten und haben vom Col des Ruillans, 3210 m, weg direkt die Scharte angesteuert: unser hohes Ziel mit instruktivem Einblick in das Dauphiné. Mit uns, das ist die neue Welle auch in Frankreich, sind viele Skibergsteiger aus Grenoble, Briancon, Lyon und Turin gekommen – vor 10 Jahren war man meist allein. Wir stehen in der Kälte der großen Höhe über 3500 Meter – rasten aber südlicher als der Dom von Mailand. – Wir könnten auf dem Anfahrtswege abfahren, das ist ein sicheres Unternehmen. Aber am Col des Ruillans fasziniert uns die ungeheure Eisflanke der Meije derart, daß wir uns überlegen, gleich direkt unter der Meije abzufahren, steil, gefährdet durch Eislawinen, aber herrlich schnell und schön – nämlich am kleinen steilen Glacier de Vallon, der uns schnell zu den Moränen des Glacier de Rateau und des Glacier de la Meije befördert. In großer Fahrt erreichen wir den ungeheuren Trichter, in dem sich alle Meije-Wasser und Meije-Lawinen treffen, queren rasch den Grund, fahren an freien Nordhängen davon, hinab nach La Grave.

Punta di Galisia

Von der Benevolo-Hütte im Val du Rhêmes

TALORT Rhêmes Notre Dame, 1787 m, im oberen Val du Rhêmes, einem südlichen Seitental des Val d'Aosta (ab April meist mit Kfz zu erreichen; bei Lawinenverschüttung evtl. 1–2 h gehen)

STÜTZPUNKT Rifugio Benevolo CAI, 2285 m, im Talschluß des Val du Rhêmes. Neuerdings bei Bedarf schon ab Mitte April mit Mai einfach bewirtschaftet. Auskunft im CAI-Büro in Aosta (Rathaus), sonst Winterraum mit Kochmöglichkeit (Schlüssel bei der Post in Rhêmes Notre Dame, 30 Lager, elektrisches Licht, 2.30 h ab Rh. Notre Dame, auch länger; vor dem letzten Steilanstieg wird der Bach auf einem Steg überschritten. Der vielen Schluchten wegen bei Nebel mit Kompaß und Karte arbeiten!)

CHARAKTER, GEFAHREN Diese große Tour kann nur von sehr erfahrenen Skibergsteigern gemacht werden! Man beachte die Hinweise für den Anstiegsweg! CAI-Führer Alp Graie, Seite 230

KARTE Es gibt keine gute Karte! Zur Not gehen Carta d'Italia III NE, F. 41, Colle del Nivolet und IV SE/F. 41 Rhêmes Notre Dame

BENACHBARTE TOUREN ab Benevolo-Hütte: Punta Calabre, 3445 m

BILD Ein flach wirkendes Bild vom Aufstieg zur Punta di Galisia, 3346 m, von Norden. Unten Mitte die Benevolo-Hütte des CAI, dicht darüber die große Schlucht, die man im Aufstieg rechts (westlich) passiert, in der Abfahrt links (östlich). Oben rechts die Punta di Galisia, in der Mitte die Punta Bassagne, ganz links oben die Punta Basei, 3338 m. Die Spaltenzone unter der Galisia wird östlich umgangen

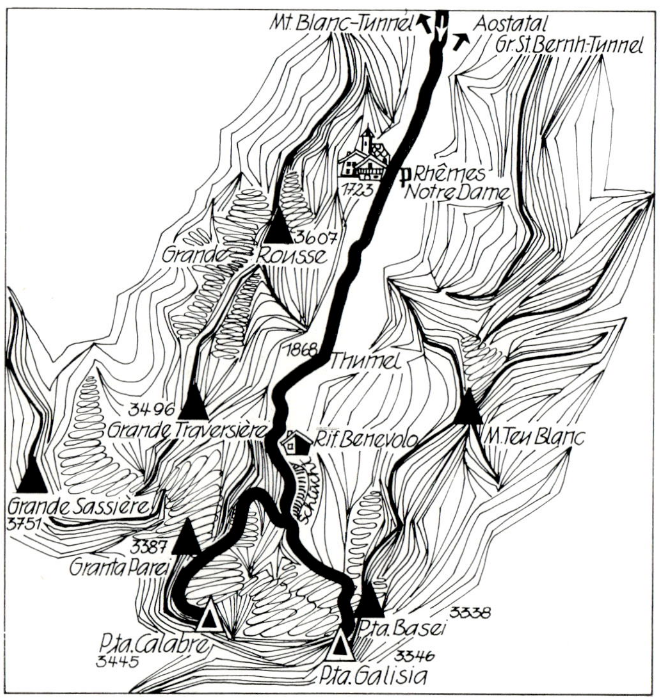

Südlich des oberen Val d'Aosta, auf der Höhe des Gran Paradiso, doch nicht aus dem Valsavaranche, sondern aus dem westlichen Nachbartal Val du Rhêmes, steigt man zur Punta di Galisia hinauf – gar nicht einfach, wie man gleich vernehmen wird! – um aus 3346 m Höhe, am Grenzkamm Italien–Frankreich stehend, tief hinab ins Pistenparadies von Val d'Isère zu schauen. Man wird ohne Gesellschaft dort oben stehen ... Der Zugang zur kleinen, meist ab April bewarteten Benevolo-Hütte des CAI, gut 2.30 h oberhalb Rhêmes Notre Dame (das man vielleicht mit dem Kfz erreichen kann – manchmal kann man im Mai sogar ein Stück noch weiter!) ist schon nicht einfach, der Anstieg zum Gipfel noch weniger. Man halte sich an den hier erwähnten CAI-Führer und an folgende kurzen Hinweise: ab Benevolo-Hütte bleibt man, um unangenehme Hangquerungen zu vermeiden, im Anstieg rechts, westlich der tief eingerissenen Schlucht (100 m südwestlich der Hütte Brücke), bis diese sich weit oberhalb zu einem großen Becken erweitert. Nun links, südostwärts haltend ansteigen, erst durch eine breite, S-förmige Rinne, dann über freie Gletscherhänge in Richtung Punta Basei. Erst vor dem großen Steilaufschwung wird auf einer Gletscherterrasse nach Süden abgebogen, und zwar in Richtung eines neuen Steilhanges: ein auffallender Felsturm (siehe Bild) bleibt rechts liegen! Nun dort, wo sich die günstigste spaltenfreie Möglichkeit bietet, über den Steilhang hinauf, und weiter über nun mäßig geneigte Hänge zum Gipfel (4.30 h). Den Aufstieg lohnt ein Blick auf die ganze Paradisogruppe, auf Monte Levanna und die Berge des Dauphiné. – Abfahrend erst in Richtung der Aufstiegsspur über traumhaft schöne Hänge, wobei man den Spaltenzonen ausweicht; am Beginn der unteren Schlucht trennt man sich von der Aufstiegsspur und fährt nun links (östlich) des Einschnittes ab. Vor der Benevolo-Hütte ausruhend, kann man im späten Frühjahr Gemsen, Steinböcke, vor allem aber viele Murmeltiere beobachten (wir befinden uns im Naturschutzgebiet des Italienischen Nationalparkes). – An den nächsten Tagen besteige man die Punta Basei, 3338 m, und die Punta di Calabre, 3445 m.

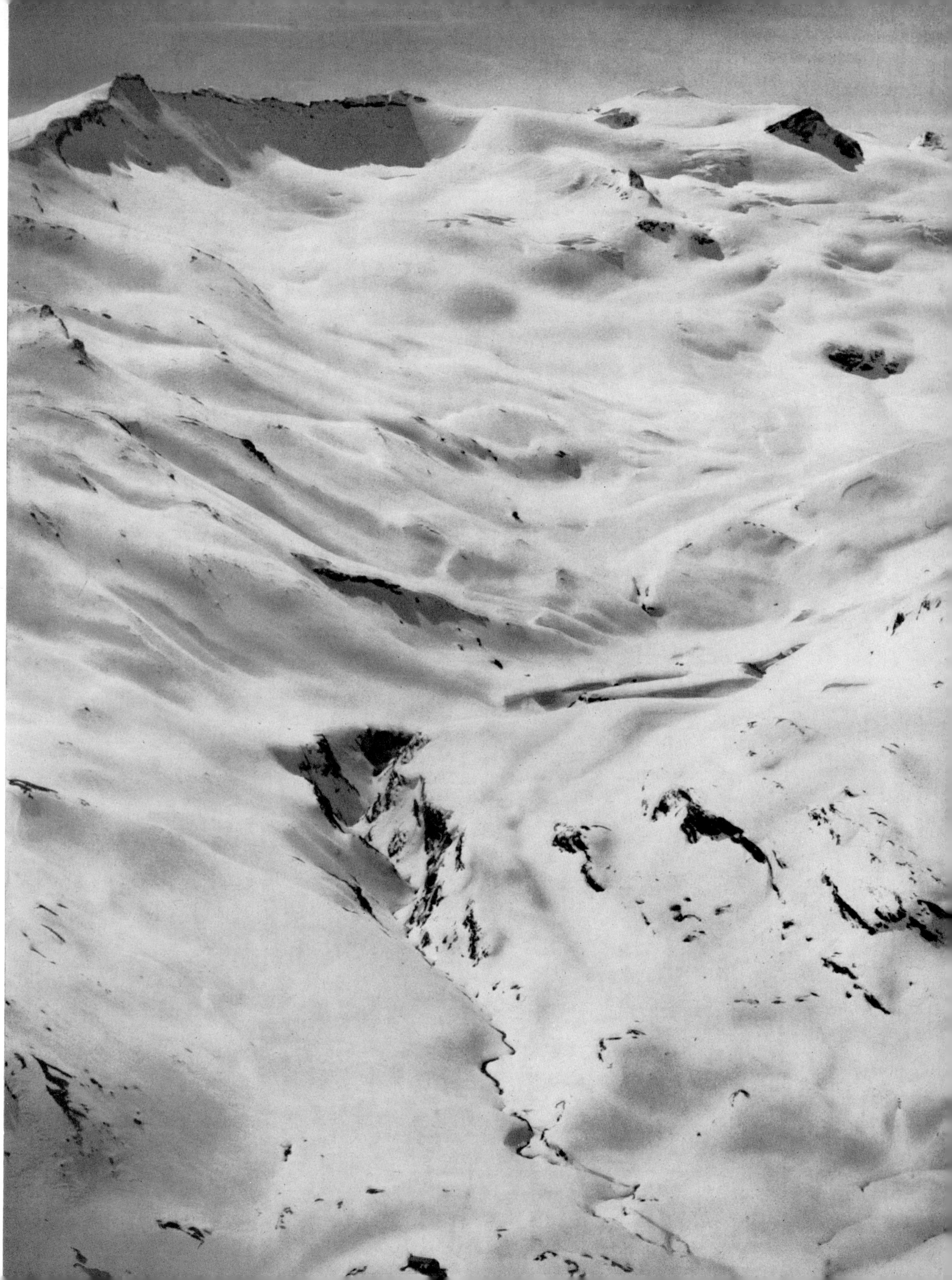

Frühling unterm Gran Paradiso

Ski-Viertausender zwischen Aostatal und Po-Ebene

TALORTE Aosta, 588 m, im oberen Aostatal. Zufahrt durch Mont-Blanc-Tunnel/Courmajeur, über Großen oder Kleinen St. Bernhard, oder Autobahn von der Po-Ebene her (Ivrea). Großartige Römerbauten! – Villeneuve, 750 m, westlich von Aosta, wo die Straßen ins Val du Rhêmes, Valsavaranche (aber auch ins berühmte Val di Cogne) abzweigen. Kleines Hotel – Dorf Valsavaranche, 1540 m, zwei kleine Hotels. – Hotel Eaux Rousses, privat, 1666 m, am Wege nach Pont, sehr empfehlenswert. – Pont, 1960 m, winzige Hotelsiedlung

STÜTZPUNKT Nur das große, gut bewirtschaftete Rifugio Vittorio Emmanuele II., CAI, 2775 m, 2.30-3.00 h ab Pont, steil. Bewirtschaftung in Eaux Rousses bzw. Valsavaranche erfragen. Evtl. Schlüssel für Winterraum entleihen!

CHARAKTER Dieser »leichteste« Viertausender der Alpen kann für einen gutausgerüsteten Mann bei guter Kondition leicht sein. Aber wir haben erlebt, daß sich vier Seilschaften viele Stunden über 400 Meter steiles Blankeis (am oberen Paradisogletscher) hinaufhacken mußten. Gefährlich bei Nebel und Niederschlägen jeder Form. Pickel, Seil und evtl. Leichtsteigeisen unentbehrlich, ebenso Bussole. Nie nach viel Neuschnee!

BESTE KARTE Carta del Istituto Geografico Militare, 1 : 25 000 LR 32 T

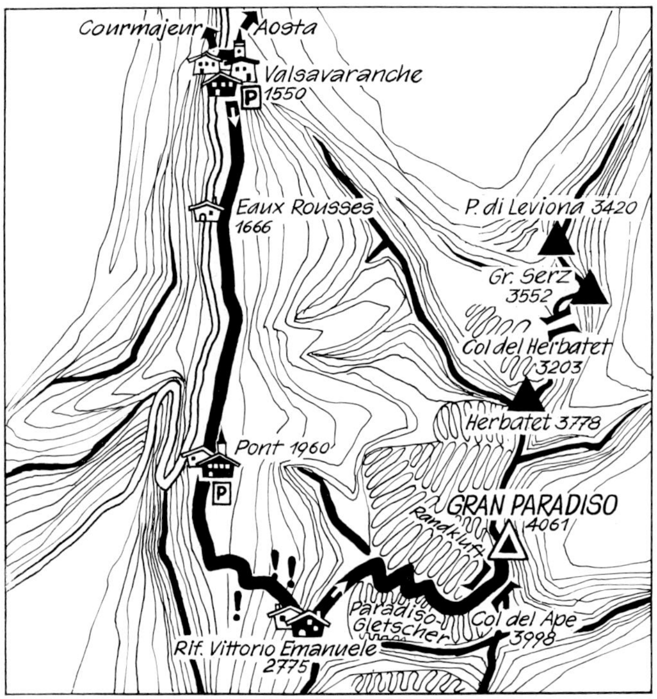

Er gilt, nach dem Zermatter Breithorn, als der am leichtesten zu ersteigende Viertausender der Alpen. Der schon nahe der Po-Ebene liegende Gran Paradiso muß über das Aostatal erreicht werden. Dort, nahe bei Villeneuve, münden in einer auffallenden Verdichtung drei riesige Seitentäler: das Valgrisanche, das zur Bezzi-Hütte und zur Grande Sassière zieht, das Val du Rhêmes zur Benevolo-Hütte, Punta Calabre und Punta Galisia, und unser riesiges Valsavaranche, durch das man fahren oder gehen muß, um zum Rif. Vittorio Emmanuele II. zu kommen, dem Ausgangspunkt zum Paradiso. Diese drei wilden Riesentäler gehören zum Italienischen Nationalpark, es gibt Steinböcke wie Ziegen dort, wenn man es nur unterscheiden kann. Und es gibt oft gewaltige Lawinen aus riesigen Höhen. Wir sind schon mit schwerem Gepäck sieben Stunden nach Pont gelaufen, weil am Taleingang ein frischer, 35 m hoher Lawinenkegel lag. Normalerweise fährt man ab Ende März bis zum armen Dorf Valsavaranche, 1540 m, oder wenigstens bis zum guten Hotel Eaux Rousses, 1666 m; im April und Mai aber schon bis Pont, 1960 m, das drei winzige »Hotels« besitzt. Nun angeschnallt, 30 Minuten weiter im wunderbar entlegenen, großartig wilden Hochtal, dann links steil durch Lärchen empor, und an einem runden steilen Südwestkamm in mindestens 2.00 h zum großen, bewirtschafteten Rifugio Vittorio Emmanuele II., auf 2775 m Höhe ... Vor Tagwerden aber nördlich hinaufgestiegen auf den Paradisogletscher und auf dessen Mitte in vielen Serpentinen ostwärts empor, zur Engstelle »Dorso dell' Asino«. Von hier ist man bald am 3998 m hohen Col del Ape, man quert das letzte große Firnfeld zur Randspalte, ersteigt die (evtl. vereisten!) Gipfelfelsen bis zur Madonna auf 4061 m Höhe (Bild): Zeit ab Hütte 5.00-6.00 h, bei unguten Verhältnissen auch viel mehr. Der »leichte« Viertausender kann sehr unangenehm werden! Zumal für schlecht ausgerüstete Bergsteiger ohne gute Kondition. Die Abfahrt ist eine Sache der Firnqualität, der Sonne, des Wetters überhaupt, und der festen Wadel. Lawinengefahr erst unterhalb der Hütte! – Dann folgt der Frühlingsmarsch unter der gewaltigen Granitflanke der Grivola ins blühende Val d'Aosta.

Dicht unter dem Gipfel des Gran Paradiso, 4061 m hoch, den man den »leichtesten Viertausender der Alpen« nennt. Er ist es nur bei Wetterglück. Wir sehen auf die pittoresken Grattürme unter dem Gipfel (rechts oben), den wie in Italien üblich – eine Madonna schmückt. Wir erkennen auch die Randspalte, an der man das Skidepot errichtet, um mit oder ohne Eispickel, je nach Verhältnissen, die Madonna zu erreichen. Anstelle scharfer Höhensonne und Windstille, wie im Bild, kann an derselben Stelle auch grausamer Sturm drohen, unsichtiges Wolken- und Nebelgebräu . . .

Zum Col Infranchissable

Eine Parforce-Tour hinter dem Mont Blanc

TALORT Les Contamines-Montjoie, 1157 m (Kfz oder Bus ab St. Gervais-les-Bains bei Chamonix). Viele Hotels und andere gute Quartiere

STÜTZPUNKTE Es gibt nur die Hütte de Trélatête, privat, 1970 m. Und höher oben, ebenfalls am Nordufer des Gletschers, das Refuge des Conscrits, CAF, 2730 m. – Ob es dort im Frühjahr eine Nächtigungsmöglichkeit gibt, muß man jeweils im Talort Le Cugnon oder im großen Verkehrsbüro von Les Contamines erfragen

CHARAKTER Eine delikate hochalpine Gletscherfahrt, bei guten Verhältnissen ideal und nicht gefährlich. Anstrengend, obwohl der Gletscher nicht durchgehend sehr steil ist. Abfahrtshöhe bis ins Tal (März/April) über 2200 HM, bis zum Refuge de Trélatête gute 1500 HM. Je nach Verhältnissen ist die Mitnahme eines Eispickels bzw. eines Seiles angebracht

KARTE Vallot-de Larminat, Massif de Mont Blanc, 1 : 50 000

BILD Auf dem Glacier de Trélatête, in der Abfahrt vom Col Infranchissable. Im Hintergrund die eisige Nordnordwestflanke der Aiguille de Trélatête, 3892 m. Das Bild macht anschaulich, daß der Skibergsteiger auf dieser Riesenabfahrt nicht nur glatten Firn oder lockeren Pulver antrifft, sondern auch harte Windgangeln. Man darf halt nicht stürzen . . .

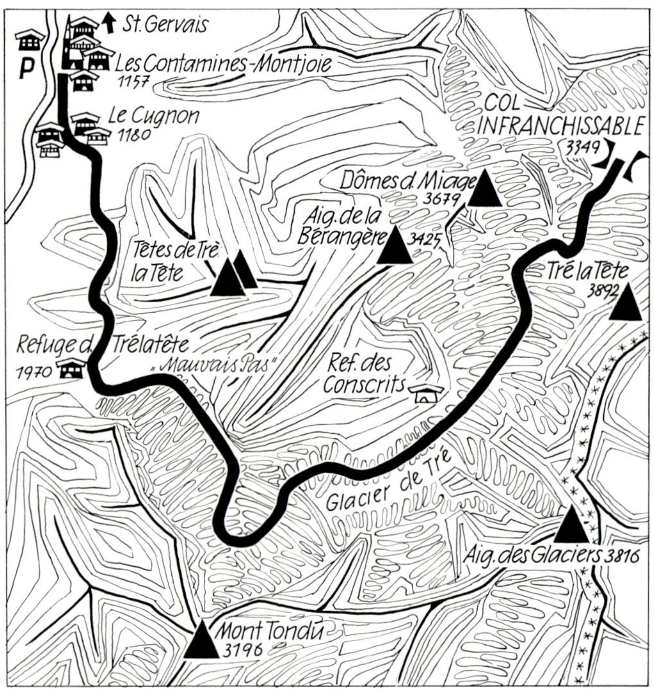

Südlich hinterm Mont Blanc und seinen nächsten Trabanten Dôme du Goûter, Aiguille du Goûter und Aiguille de Bionnassay – vom Glacier de Miage entschieden abgetrennt – ragt die Gruppe der Dômes de Miage, 3670 m, und der Trélatête, 3892 m, in jenen höchsten Himmel, den sonst nur die täglichen und stündlichen Düsenriesen nach Rom, Athen, New Delhi und Nairobi erreichen. Beide Gletscher, Miage und Trélatête, werden ihrerseits vom 3349 m hohen Col Infranchissable geschieden, der nach Südosten die ungeheuren Eiswellen des Glacier de Trélatête entsendet – hinabwirft bis in die Waldgrenze um 2000 m, wo das »Refuge de Trélatête« steht. Es ist in gut 2.30 h von Les Contamines-Montjoie, 1157 m, bzw. Le Cugnon, 1180 m, zu erreichen. Diesen Riesengletscher packen wir im April, Mai oder Anfang Juni, steigen auf ihm, drei Bruchzonen relativ einfach umgehend, bis in jene »unerreichbare« Scharte, jenen Col Infranchissable, von dem wir direkt auf den obersten Kessel des Glacier de Miage hinabschauen: Refuge Gonella, CAI, 3071 m, und Refuge Durier, CAF, 3358 m, in Griffweite gegenüber . . . Das Unternehmen ist 100prozentig hochalpin, und nur hochalpin erfahrene Skibergsteiger haben hier mitzureden. Schneebeschaffenheit, Temperaturen, Wetteraussichten – die leichte, aber richtige Ausrüstung, alles will genau bedacht sein. Die beiden spaltenreichen Zonen befinden sich um 2450 und um 3000 m Höhe, sie sind etwas einfacher zu umgehen – bei guter Sicht! – als die dritte Zone dicht unterm Col. Zwischen den Spaltenzonen gibt es bei der Abfahrt Schuß- und Schwungstrecken von zusammen 7 Kilometer. Die genießen sich nach 6–7stündigem Aufstieg (ab Talboden) wie allersüßeste Früchte . . . Also von Les Contamines nach Le Cugnon und am Steig hinauf bis zum »Chalet-Hotel de Trélatête«. Ob Notquartier möglich, im Tal erkunden! Anderntags ostwärts an der nördlichen Moräne entlang aufwärts. Das Eis wird beim »Mauvais Pas« betreten, einer auffallenden Schutthalde unter einer Felsbarriere. Nun bleibt man auf dem Eisrücken. Die erste Spaltenzone umgeht man rechts, die zweite links, dicht unter der Aiguille de la Bérangère. Am folgenden Felssporn im Firn bleibt man rechts.

19

Auf dem Mont Blanc

über Grands Mulets und den Bosses-Grat

TALORT Chamonix, 1050 m (viele Hotels, wenig Chalets)

BAHNANLAGEN 70-Mann-Kabinenbahn zur Aiguille du Midi, von 1050 m auf 3800 m, wir steigen an der Mittelstation Plan de l'Aiguille, 2520 m, aus! Wer nach der Tour zur Mittelstation zurückkommt, kann sein Gepäck zur Talstation aufgeben, zur Aiguille du Midi auffahren und von dort das berühmte »Vallée Blanche« zum Mer de Glace abfahren: zur Erholung! Nur bei guter Sicht möglich! Start und erster Schuß sind links der unteren Bildmitte genau zu sehen!

CHARAKTER Das sehr ernst zu nehmende Unternehmen einer Skiersteigung des Mont Blanc verlangt höchste Kondition, komplette Ausrüstung, Pickel, Seil, Steigeisen, Biwaksack, Karte, Proviant! Ferner große hochalpine Erfahrung plus Wetterkunde! Man höre auf den Rat des Hüttenwirtes!

BESTE ZEIT Mitte März bis Ende Mai! Nur nach Schönwettertagen und bei sicherer Wetterlage!

UNTERKUNFT Ref. Grands Mulets, CAF, 3050 m (neu errichtet, bewartet), 3.00-4.00 h bei guten Verhältnissen ab Mittelstation Plan de l'Aiguille

HINWEIS Unser Luftbild ist für Skitouristen wie Sommerbergsteiger besonders interessant, weil es die komplette Mont-Blanc-Überschreitung deutlich zeigt. Vorne unten im Schatten die Aiguille du Midi, nach links oben die Nordflanke zum Montblanc du Tacul. Der Mont Maudit liegt beschattet dicht links unter dem runden Mont-Blanc-Gipfel. Es folgt nach rechts der Bosses-Grat, die Vallothütte, der Dôme du Goûter, und am rechten Bildrand abwärts »Grand Plateau« und »Petit Plateau« vom Bossonsgletscher

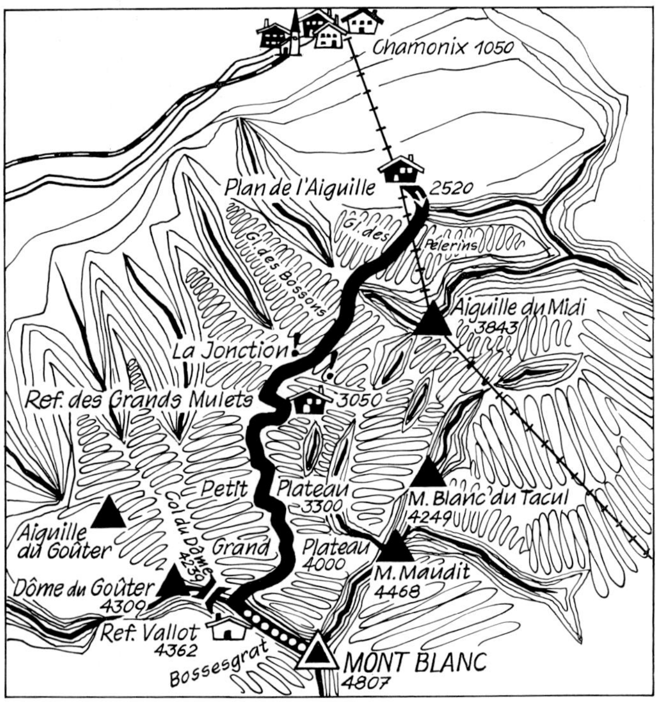

Chamonix liegt 1050 m hoch, der Gipfel des Mont Blanc, 4807 m Höhe: der Ski-Aufstieg über die (erneuerte) Hütte von Grands Mulets würde demnach mehr als 3750 m Höhendifferenz betragen – könnte man heute nicht bis zur Station Plan de l'Aiguille auffahren. Bis auf 2520 m Starthöhe! Die verbleibenden 2300 Höhenmeter auf Skiern zu überwinden, fast ausschließlich über das Eis des spaltenreichen Bossonsgletschers, und ab (unbewarteter, leerer) Vallot-Hütte, 4362 m, zu Fuß über den oft sturmumwehten Bosses-Grat, das verlangt hohe Kondition: es schöpft die körperliche Leistungsfähigkeit bis zur äußersten Grenze aus. Andererseits zahlt man damit nicht mehr als der Mont Blanc gibt: das Erreichen des höchsten Alpengipfels mit eigener Kraft verschafft ein strahlendes Lebensbewußtsein ... Man wendet sich, ab Station Plan de l'Aiguille, kurz südwärts, geht auf den Sockel der über uns stehenden Aiguille du Midi zu, erreicht mit einer Rechtswendung den kleinen Pélerinsgletscher, quert ihn eben am steilen Hang, passiert die uralte Seilbahnstation »Gare des Glaciers« dicht unter sich und quert ansteigend auf den Bossonsgletscher – jenes wilde Eismeer, das unten im Tal der Arve bis in die Waldzonen leckt. Keine große Steigung, aber es folgen die hundert Spalten der »Jonction«, einer Spaltenzone, die man auch bei vorhandener Spur mit größter Vorsicht quert. Jenseits, nun ganz und gar in die strenge Eiswelt eingesperrt, erreicht man mühsam die Felsen von Grands Mulets, auf denen die neue Aluminiumhütte steht. Wenn es gut ging, sind 3.00-4.00 h dahin. Eine Gute Nacht! – Beim ersten Licht morgens davon, das Becken des Bossonsgletschers steil hinauf, erst ganz rechts an den Felsen, über der Bruchkante wieder links, bei 3300 m wird das »Petit Plateau« erreicht, und mit neuer schwerer Anstrengung bei 4000 m Höhe das »Grand Plateau« – riesig breit, aus den Eiswänden des Dôme du Goûter von Eislawinen bedroht. In letzten Serpentinen hinauf zum Refuge Vallot, 4362 m, eine kurze Rast, dann weiter auf den schmalen Bosses-Grat zu, das Skidepot errichtet, und nun einmal links, einmal rechts des Grates zum höchsten Gipfel unseres Bergsteigerglückes: zum Mont Blanc! ...

Blick aus dem Flugzeug von Norden auf Aiguille du Midi, Mont Blanc du Tacul, Mont Maudit und Mont Blanc. Am rechten Bildrand erkennen wir (von unten nach oben) das »Petit Plateau«, das »Grand Plateau« des Bossonsgletschers – unsere Aufstiegs- und Abfahrtsroute oberhalb der nicht mehr sichtbaren Hütte von Grands Mulets. Oben rechts der Dôme du Goûter, der Col du Dôme, der Felsen mit der Vallothütte und der Bosses-Grat zum Gipfel.

Der Grand Combin

Über den Corbassièregletscher und durch den »Corridor«

TALORT Lourtier, 1100 m, Val de Bagnes (Bus von Sembrancher bzw. Martigny im Rhonetal). – Champsec, 910 m, unterhalb Lourtier, Fionnay, 1497 m, oberhalb von Lourtier. – Fionnay, 1489 m (letztes Dorf im Val de Bagnes)

STÜTZPUNKTE Cabane Brunet, SAC, 2070 m, am Plan Pazat (Hüttenwart M. Th. Bircher in Champsec. 3.00-3.30 h von Champsec oder Lourtier über die Alpe de la Lys). – Cabane Panossière SAC, 2675 m, auf der Ostmoräne des unteren Glacier de Corbassière (5.00-5.30 h von Lourtier, 4.00-5.00 h von Fionnay). 100 Plätze! Vorsicht: Aufstieg ab Fionnay bis Höhe 2200 steil und zeitweilig lawinengefährdet!

CHARAKTER, GEFAHREN Der Grand Combin über den »Corridor« ist eine schwierige, jedenfalls gefährliche Skihochtour und nur ausdauernden, sehr erfahrenen Ski-Alpinisten möglich. Die beiden Gipfel Mont Rogneux und Grand Laget werden nach unserer Skizze anschließend an die Combin-Besteigung von der Cabane Brunet aus gemacht, es sind beides herrliche Spätfrühjahrstouren für erfahrene Hochalpinisten. Strenges Literatur- und Kartenstudium erforderlich!

HINWEIS Die Überschreitung des Col des Avouillons sollte nur bei sicheren Verhältnissen gemacht werden. – Zur Ernüchterung sei auch erwähnt, daß die Westschweizer Ski-Industriellen in und unterhalb Verbier planen, nicht nur den Mont Rogneux, sondern möglichst auch noch den Petit Combin durch eine Bergbahn zu »erschließen«

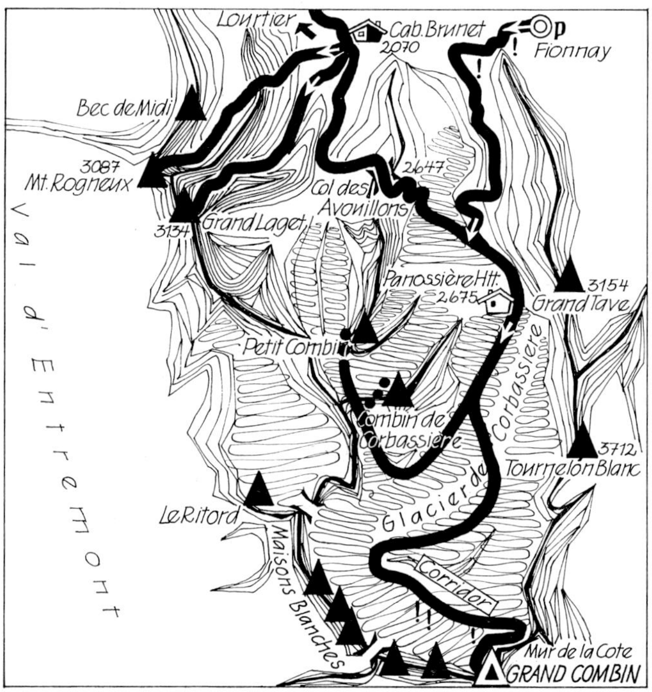

Der Combin ist schwierig und erfordert eine Parforceleistung an Willens- und Körperkraft. Man steigt zunächst von Fionnay steil hinauf zur gut bewirtschafteten, meist geöffneten Panossière-Hütte. Hier beginnt man zu nächtlich-früher Stunde den Anstieg über die Polarlandschaft des Corbassièregletschers. Zunächst geht es auf den Gletscherrücken hinauf und lange süd-, dann südwestwärts, immer unter dem Combin de Corbassière entlang: P. 3155 bleibt knapp rechts von uns (hier kann man abzweigen und nordwestwärts steil hinauf zum Combin de Corbassière, 3715 m, und weiter zum Petit Combin, 3872 m, beide im Bild rechts oben) – aber zum Grand Combin geht es südwestwärts noch zum großen Plateau unter den Maisons Blanches empor, dann scharf links, den P. 3406 links lassend, zum Eingang des gefürchteten Corridors, etwa bei P. 3555 der Landeskarte. Im Bild oben sieht man die Terrasse des Corridor von rechts unten diagonal nach links oben zum flachen Firngrat am Combin de Tsessette ziehen. Dieser Corridor ist gefährlich, weil von riesigen Eisbalkonen oberhalb bedroht, und er ist unangenehm, weil oft von Eisbrocken und Splittern übersät: Eile geboten! Das Skidepot evtl. schon vor dem Corridor, sonst an der 30 m hohen (nicht immer schwierigen) Eismauer der Mur de la Côte (bei P. 4090) errichten. Oben zieht das steile Gipfeldach bis auf 4314 m Höhe am Combin de Grafeneire. – Vorsicht beim Abstieg, rasch den Corridor passiert! – Die Möglichkeit der Skibesteigung von Combin de Corbassière und Petit Combin wurde bereits angedeutet: anstrengend, aber nicht allzuschwer bei guten Schneeverhältnissen im späten Frühjahr! – Ein Tip für den, der mehr Zeit hat: Übergang ab Cabane Panossière über den nahen Col des Avouillons, 2647 m, nordwärts Abfahrt zur kleinen netten Cabane Brunet des SAC, und anderntags Aufstieg zu zwei schönen Damengipfeln: Mont Rogneux, 3087 m, und Mont Laget, 3134 m. Abfahrten nur am Anstiegswege! – Wer faul ist, wartet 2–3 Jahre auf die geplante Seilbahn, die mutmaßlich über die Alpe de la Lys bis zum Mont Rogneux fahren wird, um später Ableger nach allen Seiten folgen zu lassen. Endziel ist der Petit Combin.

Der Grand Combin, 4317 m, über dem Glacier de Corbassière im westlichen Wallis. Rechts unter dem Grand Combin der Combin de Corbassière, 3722 m. Links unten am Bildrand auf der Moräne ist die Cabane Panossière SAC, 2675 m, erkennbar. Der Felsgrat rechts vorne zieht auf den Petit Combin, der knapp außerhalb des Bildrandes liegt.

Pigne d'Arolla

Ostertour an der Haute Route

TALORTE Sitten im Rhônetal, 521 m. – Les Haudères, 1441 m (Bus von Sitten). – Arolla, 1998 m (je nach Jahreszeit Bus von Sitten)

CHARAKTER DER TOUR Ausgesprochen ernst und hochalpin bei fast 3800 m Gipfelhöhe! Hüttenanstieg 3½–5 h. Anstieg Cabane des Vignettes bis Gipfel 2½–3 h. Vorsicht bei Nebel bzw. bei Hartschnee im ersten Aufschwung ab Hütte im Spaltengelände! Ausreichende Hochtourenbekleidung, gute Steigfelle und Pickel! Steigeisen manchmal nötig!

BESTE KARTE Schweizer Landeskarte, Blatt 283 »Arolla« (evtl. mit Skirouten)

UNTERKUNFT Cabane des Vignettes, SAC, am Col des Vignettes, 3157 m (offen, 73 Plätze. Im Frühjahr bewartet. Gut markierter Anstieg ab Arolla bis Gletscher, 3½–5 h, je nach Verhältnissen)

HINWEIS Die angegebenen Zeiten sind natürlich Mindestzeiten, gerechnet für beste Verhältnisse und erstklassige Kondition. Man studiere genau die hervorragende Landeskarte 283! Im Bild sieht man links oben sehr genau die Gletscherstruktur zwischen Col des Vignettes (Hüttenstandort) und Gipfel ein. Der untere Bruch ab Hütte wird also südwärts umstiegen.

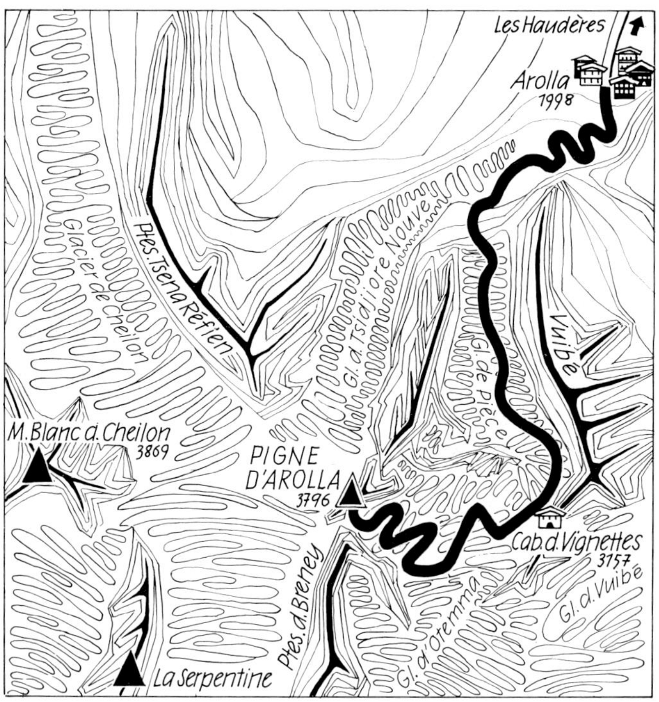

Wenn im tiefen Rhônetal die Südhänge unter Bietschhorn, Wildstrubel und Diablerets ausapern, etwa gegen Ende April, dann fährt der Skibergsteiger von der uralten Bischofs- und Walliser Hauptstadt Sitten südwärts das lange wilde Val d'Hérens hinauf nach Les Haudères, 1441 m, und, wenn die Straße geräumt ist, vielleicht gar bis zum kleinen armen Arolla, 1998 m (im Bild, ganz unten). Arolla wird sich in wenigen Jahren zu einer hochinteressanten, natürlich auch mit Seilbahnen ausgestatteten Skistation entwickeln. Vorläufig aber merkt man noch nicht viel, der Skibergsteiger, der es auf die Pigne d'Arolla abgesehen hat, ist mit wenigen Schritten in der absoluten Einsamkeit, wenn er östlich der riesigen Moränenschlangen steil hinauf ins Becken des Glacier de Pièce steigt. Hat man den Gletscher betreten, so geht es weniger steil südöstlich der Scharte zwischen Punkt 3194 m (Südwestsporn des Vuibé) und dem langen Ostgrat der Pigne d'Arolla zu: Hier steht am Rande des riesigen Otemmagletschers, 3157 m hoch, die Vignetteshütte des SAC, wie ein Schwalbennest an die Gratfelsen geklebt. Dort wird genächtigt. Am nächsten Morgen bricht man so früh als möglich auf, um das einzige, manchmal etwas heikle Stück des ersten, von Spalten durchbrochenen Steilaufschwunges zu überwinden, wobei man meist links ausweicht; dann geht es in großen Kehren hinauf zum hohen Gipfel der Pigne d'Arolla, 3796 m. Hier wird man bei gutem Wetter eine lange Rast halten müssen, denn einzigartig ist der Überblick über die »Haute Route« zwischen Montblanc und Monte Rosa. Montblanc de Cheilon und Mont Collon als nächste Nachbarn, Dent Blanche, Dent d'Hérens und Grand Combin dicht dahinter, die Paradisogruppe im Süden, die langen tiefen Furchen von Val d'Hérens und Val d'Héremence, dazu sieben mächtige Gletscher ringsum – im einzelnen wie im ganzen immer wieder grenzenlos. Die Abfahrt, eine der schönsten Abfahrten im Wallis, führt über 1700 Höhenmeter und muß am Anstiegswege erfolgen. Nur bei allerbesten Verhältnissen und hinter ortskundigen Schweizern her kann man manchmal den in unserem Luftbild gut sichtbaren Riesenbruch des Glacier de Tsidjiore von der Pigne d'Arolla über P. 3592 abfahren. Siehe Hinweis!

Arolla, 1998 m (unten Mitte am Bildrand) mit dem gesamten Aufstieg über den Glacier de Pièce (links der oberen Moränenschlangen) und den Col des Vignettes mit der Hütte (links oben fast am Bildrand) bis zum Gipfel der Pigne d'Arolla, 3796 m (oben, knapp links der Bildmitte). Daneben rechts die weiße Serpentine, 3795 m, und rechts am Bildrand der Mont Blanc de Cheilon, 3870 m. Bei der nur selten möglichen Variante muß man P. 3592 unter der Serpentine ansteuern, und zwar vom Gipfel westwärts hinab, dann ansteigend im firnigen Nordostgrat der Serpentine. Der riesige Bruch zwischen Pigne und den Pointes de Tsena Réfien wird am westlichen Rand durchfahren, auf den ab 2800 flacheren Gletscher de Tsidjiore hinab, den man beim Anstieg rechts drüben liegen sah.

Auf den Monte Rosa

Große Walliser Skitour zur Dufourspitze

TALORT Zermatt, 1620 m (Kfz-Zufahrt nur bis St. Niklaus, dann mit Bahn). Gornergratbahn durchgehend in Betrieb, Auffahrt bis Rotboden, 2819 m. Ab hier fallende Querung zum Gornergletscher, dann Anstieg zur Monte-Rosa-Hütte, CAI, 2795 m, links vom Moränenkamm des Grenzgletscher

CHARAKTER/VORAUSSETZUNGEN Eine der anstrengendsten Hochtouren, zumal im Winter und Frühjahr. Das Monte Rosa-Massiv ist für seine bitterkalten Winde und Böen bekannt. Solide, winterfeste Bekleidung, beste Gamaschen, Wollmützen, Wollhandschuhe zweifach. Proviant. Richtigen Proviant. Leichtsteigeisen, Bussole, nie ohne Landeskarte, Blatt 284, Zermatt–Sass Fee, 1 : 50 000. – Aufbruch nur bei völlig sicherem Wetter, stets vor Tagesanbruch

BILD Das Luftbild ist von Nordwesten aufgenommen. Oben links das Nordend, 4609 m, der Silbersattel, 4517 m, rechts darüber die Dufourspitze, 4638 m, von ihr abziehend der schmale, meist firnige Westgrat = unser Anstiegsweg oberhalb des Skidepots. Rechts im Hintergrund, weiß überfirnt, der Grat von der 4436 m hohen Parrotspitze, die Ludwigshöhe, 4341 m, der Corno Hero, 4321 m, das Lisjoch, 4153 m, und die Ostschulter des Liskamm, 4343 m. Im Vordergrund Spalten und Abbrüche des mächtigen Monte-Rosa-Gletschers. Darin rechts unten Aufstiegsspuren

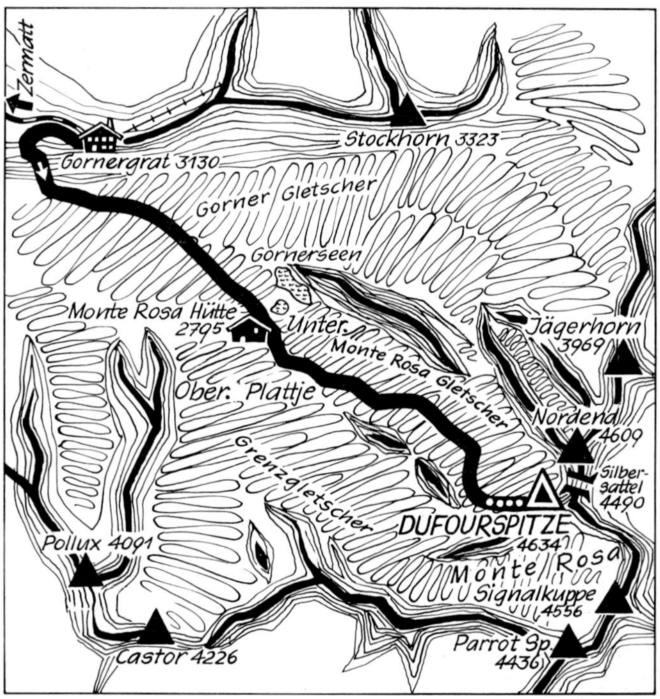

Man sehe sich genau das Flugfoto an – das ist die Wirklichkeit: ein breites gewaltiges Bergmassiv aus Granit, bis zu den Gipfeln mit schwerem Eis bedeckt. Die Dufourspitze (oben) ist mit 4638 m der höchste Schweizer Gipfel – aber nur einer von acht Viertausendern dieses Monte-Rosa-Massivs. Die Skitour auf die Dufourspitze beginnt mit dem Anmarsch von der Station Rotboden der Gornergratbahn über den flachen Gornergletscher zur Monte-Rosa-Hütte (Bétempshütte) des SAC auf 2795 m Höhe. Die Hütte ist zuweilen überfüllt, aber gut bewirtschaftet. Zeit Gornergrat-Rotboden, 2819 m, bis Hütte, 2795 m: mit Abfahrt und Wiederanstieg knapp 2.30 h. Der Anstieg zur Dufourspitze kann nur bei ganz sicherem Wetter und bester körperlicher Kondition angetreten werden. Vor Tagwerden wird aufgebrochen, man erreicht bald das Untere Plattje um 2900 m, dann das Obere Plattje um 3000 m (unten rechts) – das Weitere ist im Bild genau zu sehen. Wir verfolgen die gut sichtbaren Serpentinen der Spur bis auf den riesigen flachen Boden unter dem hellglänzenden Firngrat zur Dufourspitze. Man nennt dessen obere Bucht die »Satteldohle«, sie liegt um 4200 m hoch. Hier steigen wir rechts bis unter das glänzende Firnschild und errichten dicht am Steilhang das Skidepot. Dann wird mit Pickel, Seil und Steigeisen der Hang erstiegen und der Grat erst auf der Firnschneide, dann über einige unschwierige Felshöcker bis zum höchsten Punkt begangen: ab Hütte sind für diese rund 1850 Meter Höhenunterschied 6.30-8.00 h das Normale. Die Anstrengung ist groß, das Glück nicht minder! Von der Po-Ebene bis zum Genfersee überblickt man den Alpenkern. Vorsicht beim Abstieg am Grat! Die Abfahrt muß sich an den vorhandenen Spuren orientieren. Der Genuß kann durch Windgangeln und harten Firn stark beeinträchtigt werden. Pulverschnee ist leider nicht das Normale. – Eine naheliegende große Variante: man spurt ab Bétemps-Hütte rechts zum Grenzgletscher hinüber und ersteigt ihn an seinem nördlichen Rand bis zum Gipfel der Signalkuppe, wo in 4556 m Höhe die Capanna Margherita steht: gute 7.00-8.00 h, anstrengend, nur bei besten Verhältnissen. Dort warten fünf »echte« Viertausender . . .

Allalinhorn und Alphubel

Zwei Walliser Skihochtouren über Saas-Fee

TALORT Saas-Fee, 1800 m (Bus von Stalden und Brig)

STÜTZPUNKTE Britanniahütte, SAC, 3030 m, dicht hinterm Egginerjoch am Kessjengletscher (20–30 Min. ab Bergstation Felskinn, 3000 m). Ab hier 5–6 h auf das Strahlhorn, oder 4–5 h auf das Allalinhorn. – Längfluhhütte, privat, 2870 m. Ab hier 4–5 h auf Allalinhorn, bzw. 5–6 h auf den Alphubel. Die beiden Anstiegsspuren trennen sich oberhalb der Längfluhhütte! Siehe Bild!

CHARAKTER, GEFAHREN Von den Hütten gerechnet, hat man immer noch die alten Anstiegshöhen zu überwinden, daran hat sich nichts geändert. Die Gipfelhöhen von 4027 bzw. 4206 m verlangen, daß man komplett für hochalpine Skitouren ausgerüstet ist und alle Voraussetzungen bezüglich Wetterlage und Schneebeschaffenheit respektiert. Pickel, Seil, Bussole! – Abfahrend von der Hüttenhöhe darf man ausgezeichnet präparierte Skipisten passieren

BILD Vorne links der riesige Firntrichter über Saas-Fee, heute ein Pistenrevier unter riesigen Eisbrüchen. Rechts Station und Hütte Längfluh mit der Spur des Motorschlittens bis dorthin, wo sich die Wege auf Allalinhorn (links bzw. geradeaus) und Alphubel (nach rechts, steiler durch die Eisrampen) trennen. Oben, sich fast überschneidend, von links: Fluchthorn, Strahlhorn, Allalinhorn, rückwärts Rimpfischhorn, Feekopf. Der Alphubel liegt rechts oben außerhalb des Bildrandes

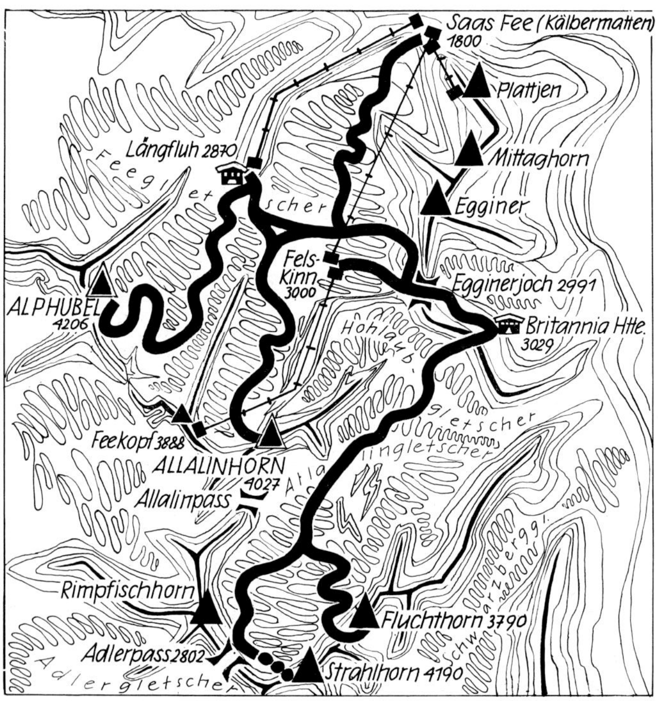

Strahlhorn, Allalinhorn, Alphubel – 4190, 4027, 4206 Meter hoch – waren fünf Jahrzehnte hindurch die klassischen Skihochtouren über dem weltberühmten Gletscherdorf Saas-Fee. Man stieg aus 1800 m Talhöhe 4.00-5.00 h auf die Britanniahütte des SAC, 3029 m, oder 3.00-4.00 h auf die Längfluhhütte, 2870 m, und ging am nächsten Morgen vor Tagwerden auf Tour: wieder 4, 5, 6 und auch mehr Stunden, je nach Verhältnissen, ging allein, erfüllte sich höchste Bergsteigerträume in einem Körper und Geist oft tief erschöpfenden Anstieg. Große Höhe, Kälte, Sturm und Nebel, oft schwerer verwehter Schnee, und höchste Schwierigkeiten bei der Orientierung in den Spaltenzonen ließen viele Skibergsteiger scheitern . . . Heute ist alles etwas anders: der Einbruch der Technik und der Masse Mensch hat alle Heldenluft verweht, allen mächtigen Zauber ausgelöscht. Große Bahnen führen heute dicht an die Britanniahütte heran (auf 3000 m Höhe am Felskinn) bzw. zur Längfluhhütte – man bekommt als Skibergsteiger nur noch halbe Portionen von dem, was man als starkes Erlebnis sucht. Zehntausende von Nurpistenfahrern umkreisen uns! Erst weit oberhalb der Hütten winkt die absolute Einsamkeit. Aber – sollte man wirklich zwei oder drei Seilschaften begegnen in den 5, 7 oder 8 Stunden, die man steigend, rastend und abfahrend mit seinem hohen Ziel beschäftigt ist, dann ist das dort oben gar nicht mehr schlimm. Das innerste Gefühl entscheidet spontan: die sind ja unsersgleichen. So ist das also heute in Saas-Fee, wo der alte Dichter Carl Zuckmayer um der kostbaren Idylle wegen seinen Lebensabend verbringt: eine arkadische Landschaft, von strenger Schönheit – sobald die Saison vorüber ist . . . Man nehme sich zuhause die feine Schweizer Landeskarte vor, Blatt 284, Mischabel, wo man jede Hangneigung und jede Spaltenzone genau fixieren kann, studiere mit Genuß, und gehe dann gutgerüstet mit besten Fellen, Gamaschen, Wollsachen, Lippencreme, Brille und Bussole auf Tour. In beiden Fällen, das lehrt unser Luftbild, gibt es große und kleine Spaltenzonen zu umgehen, gibt es in der Gipfelzone harten Firn, oder abgewehte Blankeisstellen, auch Nebel, schlimme Kälte, Sturm.

Die große Lötschentour

Jungfraujoch – Konkordiaplatz – Lötschenlücke – Langgletscher

AUSGANGSPUNKT Jungfraujoch, (Bergstation), 3454 m

STÜTZPUNKT Hollandia-(Lötschen-)Hütte SAC, 3238 m, knapp über der Lötschenlücke, 3184 m (ab Jungfraujoch-Sphinxstollen 3.00-4.00 h. – Ab Konkordia-Hütte 2.00-2.30 h). – Konkordia-Hütte SAC, 2840 m, überm Konkordiaplatz

CHARAKTER, GEFAHREN Viel begangen, dennoch große, hochalpine Skitour, nur bei guter Sicht möglich und vorhandener Spur. Seil, Pickel, Karte! Vorsicht wegen Spalten am Langgletscher! Variante zur Ebnefluh anstrengend!

HEIMFAHRT Im Lötschental ab Blatten oder Kippel Bus zur Bahnstation Goppenstein: hier Zug durchs Kandertal nach Thun–Interlaken bzw. Brig

KARTE SL-Karte Blatt 264, Jungfrau, mit Skirouten

BILD Der Konkordiaplatz (genaue Bildmitte) mit dem unteren Bruch des Ewigschneefeld (vorne), der Lötschenlücke (mit Hollandiahütte, rechts oben), und dem Eiswall der Aletschhorn-Nordwand. Links im Hintergrund: Matterhorn, Weißhorn. Rechts oben der Mont Blanc, rechts unterm Aletschhorngipfel der Grand Combin. Links dicht über der Lötschenlücke Sattelhorn und Bietschhorn. Rechts am Bildrand der beschattete Sockel vom Kranzberg. Hierher kommen wir von rechts über den Jungfraufirn. Die Konkordiahütte (links vorn knapp außerhalb des Bildrandes) lassen wir links drüben liegen. Man sieht den weiteren Aufstieg zur Lötschenlücke

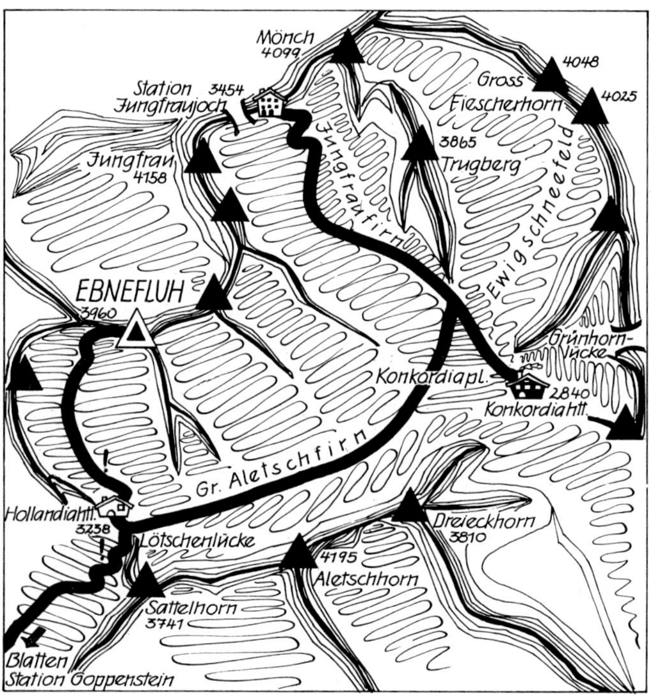

Dies ist die beliebteste Gletscherskitour in den Berner Alpen und eine der großartigsten in den Alpen überhaupt; an einem schönen Sonntag sind zwischen Jungfraujoch, Konkordiaplatz und Lötschental ganze Karawanen von Skiläufern unterwegs, um in der einzigartigen Eisarena des Aletschgletschers noch einmal den Atem einer Welt ohne Lärm und Hast zu fühlen. Die »Schweizerische Landeskarte«, Bl. 264 (Jungfrau), mit Skirouten gibt in sorgfältiger Weise Auskunft über die geographische Situation. Erst nach der Lektüre dieser Karte fahre man – nur bei sicherem Wetter! – aufs Jungfraujoch, passiere den Stollen und fahre den Jungfraufirn (nie bei Nebel!) vorsichtig in den Spuren der Vorgänger hinab zur Konkordiahütte oder schneide besser ab und halte rechts auf den Ostsporn des Kranzbergsockels zu, um von dort den Anstieg zur Lötschenlücke durchzuführen. Der scheint kurz, aber nicht die nur 400 m Höhenunterschied, sondern die erst ganz sanft, dann immer kräftiger ansteigenden 6,5 Kilometer Länge entscheiden: $2\frac{1}{4}$ Std. sind das mindeste, 3 bis 4 Std. das Normale. Man merkt es freilich kaum, denn der Anblick der Nordwand des Aletschhorns und der makellosen Eisburg des Sattelhorns oberhalb der Lücke, dazu der spätere Rückblick auf Finsteraarhorn und Fiescherhörner faszinieren den Bergsteiger, nicht zu reden von der ungeheuren Stille und Weite jenes Ortes. Nach der Rast unter der Hollandiahütte SAC, 3238 m, geht es erst steil, dann sanfter den Langgletscher hinab, zwischen Spalten hindurch (Spuren halten! Bei Nebel vorsichtig am Seil!), erste Schüsse wagend, dann schwingend und schießend im Wechsel (oben mehr links, später mehr rechts auf dem Gletscher), bis man den Moränenschutt unter den Skiern spürt und bei 2000 m Höhe an das mächtige Gletschertor der Zunge gelangt. Schon oberhalb halte man sich hier links, damit man unten nicht mehr den reißenden Gletscherbach durchwaten muß, wie ich es tat. Dann geht es im fallenden Langlauf oder mit geschulterten Skiern talaus und man passiert eine Frühjahrsstation nach der anderen: das erste Grün, den ersten Bachlauf, die ersten Lärchen, den ersten Waldschatten an der Fafleralp, das erste Äckerlein vor Blatten – der erste Wirt, der erste Schluck.

Das Finsteraarhorn, 4274 m

Kühne Skitour in den Berner Alpen

TALORT Grindelwald, 1054 m. — Bergstation Jungfraujoch, 3454 m

STÜTZPUNKT Finsteraarhorn-Hütten SAC, 3050 m, unterm Westgratsockel des Finsteraarhorns (Zugang ab Jungfraujoch/Sphinxstollen mittels Abfahrt bis Konkordiaplatz (SAC-Hütte, 2840 m) — Aufstieg Grünhornlücke, 3289 m, — steigende, fallende Querung zu den Hütten in insgesamt 2.30-4.00 h)

CHARAKTER, GEFAHREN Die hochalpine, oft schwierige Tour auf das Finsteraarhorn kann nur von erfahrenen Skibergsteigern bei sicheren Verhältnissen gemacht werden. Bei aperen Gratfelsen ist der Gipfel ab Hugisattel für gute Alpinisten ohne besondere Schwierigkeiten zu erreichen. Karte, Kompaß, Pickel und Seil!

KARTE SL-Karte Blatt 264, Jungfrau und Blatt 265, Nufenenpaß, mit Skirouten

BILD Das Finsteraarhorn, 4275 m, über der gut erkennbaren Grünhornlücke, 3289 m (genau in Bildmitte). Auf dem Südwestgrat (der rechten der drei Rippen), an dessen (hier nicht mehr sichtbarem) Sockel die Finsteraarhorn-Hütten stehen, erkennt man in halber Höhe den »Frühstücksplatz«, wo man zugleich den Grat von rechts nach links überschreitet. Der erste ebene Schneeabsatz links unterm Gipfel ist der »Hugisattel«, 4094 m. Dieser Sattel ist das Skidepot, ab hier steigt man am aperen Nordwestgrat noch 180 Höhenmeter in 45 Minuten zum Gipfel auf — am verschneiten Grat aber auch 1.30 Std. und mehr!

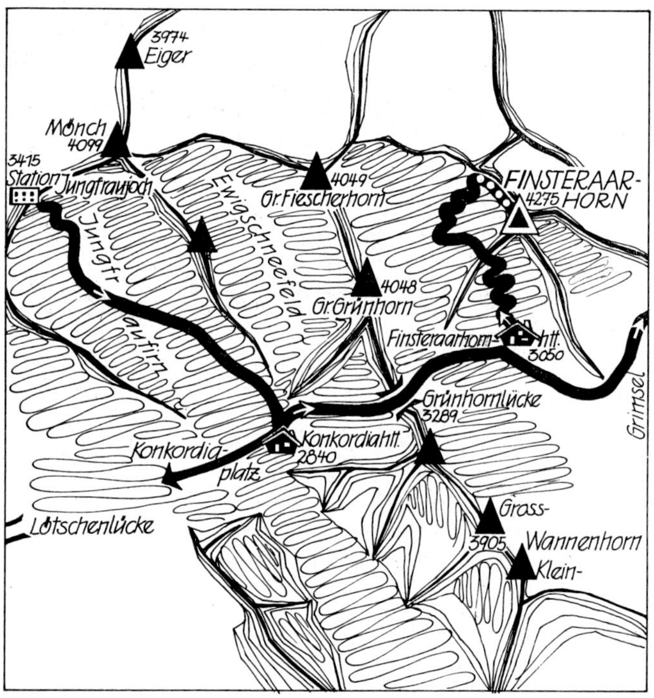

Wer als Skibergsteiger vom Jungfraujoch herabgekommen ist und nach dem Anstieg vom Konkordiaplatz her die Grünhornlücke erreicht, dem pumpert das Herz vor Glück: einen kühneren Anblick als das Finsteraarhorn mit den gleichbreiten steilen Gletscherbänken zwischen den drei parallel laufenden Gratrippen hat er wohl nie gesehen. Nicht gerade einfach, dort mit Skiern aufzusteigen! denkt er. Und doch wird er dieses Skikunststück fertigbringen, und sogar in 4—5 Stunden wird ihm der Aufstieg gelingen, wenn er nur gute Verhältnisse vorfindet, wenn das Wetter aushält und er selber die nötige Ausdauer besitzt. Dann freilich wird es ein unvergeßlicher Gang sein — von der Abfahrt nicht zu reden: die kann bei Harscht Qual und höchste Gefahr bedeuten, bei Firn einen beglükkenden Rausch. Hat man mit Wetter, Schnee und Gipfelgratfelsen Glück — sie sollten nicht vereist sein! — dann steht man nach guten fünf Stunden Anstieg auf dem höchsten Gipfel der Berner Alpen, hoch überm Zentrum der Schweiz. — Von den Finsteraarhorn-Hütten aus steigt man den steilen Schneehang empor (bei unsicherem Schnee dicht am Rande der Felsen), bis man auf Höhe 3500 m nach links zum Grateinschnitt des »Frühstücksplatzes« abbiegen kann, dicht unterhalb P. 3616 m am Südwestgrat. Nun geht es jenseits dieses Grates über steile Firnfelder zum Hugisattel hinauf, an dem sich das Skidepot befindet. Den Nordwestgrat zum Gipfel des Finsteraarhorns, 4274 m, muß man zu Fuß ersteigen; bei Vereisung ist hier Vorsicht am Platze. Komplette hochalpine Ausrüstung unerläßlich. Es ist möglich, daß der letzte Hang vor dem Hugisattel zu hart ist und nicht weich wird, in diesem Falle wird das Skidepot schon unterhalb errichtet und zu Fuß aufgestiegen. — Eine zweite, unter guten Skibergsteigern beliebte Tour ist die von den Finsteraarhorn-Hütten (in ebenfalls guten vier Stunden) auf das Groß-Wannenhorn, 3905 m: man quert von den Hütten weg abfahrend den Fieschergletscher bis in die Nähe von Punkt 2919 m zu dem westlich vom Triftgrat gelegenen Gletscher. Über diesen steil bis zur Einsattelung zwischen P. 3614 m und Wannenhorn. Von da nach Westen, zuweilen ohne Skier, je nach Firnverhältnissen.

Das Wetterhorn von Rosenlaui

Extreme Frühjahrstour für Hochalpinisten

TALORT Meiringen, 602 m (mit Bahn bzw. Kraftfahrzeug über Luzern und Brünigpaß)

STÜTZPUNKT Hotel Rosenlaui, 1328 m (Winterwärter telefonisch erreichbar). Im Frühjahr Kraftfahrzeug-Zufahrt bis Rosenlaui oder Kaltenbrunnensäge möglich: dies gilt auch für die weiteren Unterkünfte Gasthaus Kaltenbrunnensäge und Hotel Schwarzwaldalp, 1454 m

CHARAKTER, GEFAHREN Sehr ernste und außergewöhnlich lange hochalpine Frühjahrstour für erstklassige Ski-Alpinisten. Teilweise Spaltengefahr! Höhendifferenz Rosenlaui (Hotel) bis Gipfel Wetterhorn volle 2400 Meter! Nur mit Seil, Pickel, Karte und Kompaß! Aufstiegszeit keinesfalls unter 7.00-8.00 h

KARTE SL-Karte Blatt 254, Interlaken + 255, Sustenpaß

BILD Ein ungewöhnlich informatives Bild der nördlichen Berner Hochalpen mit (von links) Rosenhorn, 3689 m, Mittelhorn, 3704 m, Wettersattel, Wetterhorn, 3701 m (links darunter die Wellhörner, 3191 m), Mönch (4099 m), Eiger, 3974 m. Unten rechts das Rosenlauital. Unten links der Westsockel der Engelhorngruppe; darüber der Rosenlauigletscher mit dem links zu umgehenden Bruch und der darüber nach rechts aufsteigenden Eisterrasse, die man links unterhalb des Mittelhorns, etwa am felsigen Ende seines Nordostgrates, nach rechts (über den 4200 m hohen Wellhornsattel) in das Firnbecken unter dem Wettersattel verläßt.

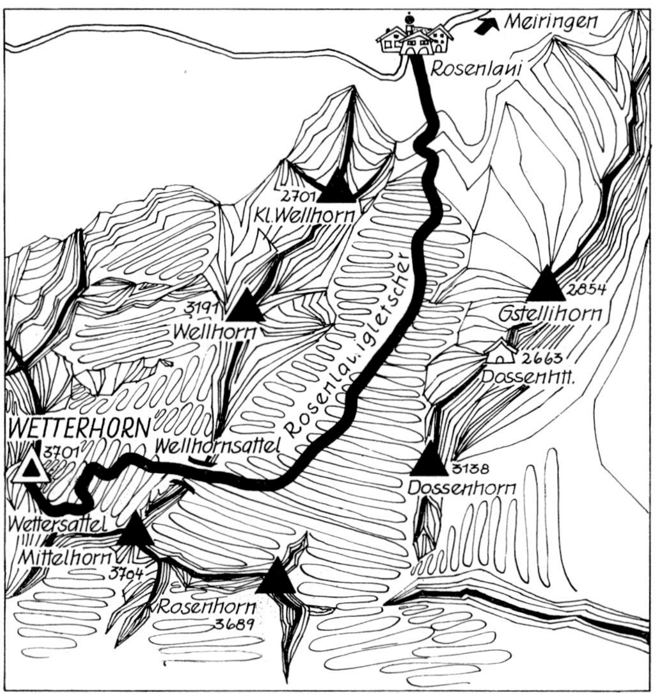

Man kann diese – neben Grand Combin, Tödi, Galenstock und Glockner-Umfahrung – größte und längste Skitour dieses Buches nicht allgemein empfehlen. Sie bleibt wie die eben genannten Skihochtouren und der Großvenediger von Süden her nur ganz erstklassigen, mit allen Gefahren der großen Höhe vertrauten und wohltrainierten Hochalpinisten vorbehalten. Daß sie diesem kleinen Kreis freilich eine Sternstunde ihres alpinen Lebens beschert, versteht sich von selbst. – Man steigt ab Rosenlaui-Hotel morgens nicht nach 4.00 Uhr (nur bei sichersten Wetterverhältnissen) in Richtung Engelhorn-Hütte durch Wald auf. Nach einer Stunde zweigt man in die große Mulde am Südwesthang der Engelhörner ab, von wo aus dann der große Steilabfall des Rosenlauigletschers gut zu übersehen ist: über diesen Rosenlauigletscher führt der weitere Aufstieg. In der großen Mulde unter den Engelhörnern befindet sich übrigens auch ein notdürftiger Biwakplatz für »ganz Wilde«. Den Steilabfall des Rosenlauigletschers geht es nun unausgesetzt in großen Kehren empor, wobei man sich möglichst links an der Dossenwand hält. Sobald der Hang flacher wird, quert man hinüber nach rechts in die großartige Mulde unter Mittelhorn und Wellhornsattel (überm Bruch am linken Bildrand). Aus dieser Riesengletschermulde quert man dann am Wellhornsattel, auf Höhe 3200 m, nach rechts in das obere Becken unter dem Wettersattel und verfolgt dieses Becken bis hinauf zum Wettersattel. Man kann bis hierher, zum Skidepot, oft mit Skiern gehen, doch nicht immer; bei sehr hartem Harscht, bei dem auf Skiern Abrutschgefahr droht (weil man am Steilhang die Felle nicht plan auflegen kann), muß man, unter Umständen schon weiter unten, die Skier tragen. Es gilt dann, später, nach der Gipfelrast, nicht den richtigen Zeitpunkt zu verpassen, um zur Abfahrt guten Schnee zu haben. Vom Wettersattel steigt man zu Fuß (Pickel) zum Gipfel des Wetterhorns empor, um dem Dreigestirn Eiger – Mönch – Jungfrau auf Atemnähe gegenüberzustehen. Einen besonders starken Eindruck wird man von hier aus freilich auch von der abschreckenden Nordwand des Schreckhorns haben, die südlich unmittelbar gegenübersteht.

Steingletscher und Sustenhorn

Große Frühjahrs-Modetour: anstrengend!

TALORT Meiringen, 595 m, im Haslital. – Eventuell Wassen, 916 m, im Reußtal

STÜTZPUNKT Wenn Sustenstraße offen – Hotel Steingletscher, 1863 m (privat. Zur Skisaison geöffnet. Parkplatz), unter der Sustenpaßhöhe. – Nächtigung auf der SAC-Hütte möglich! Höhe 2797 m! Hüttenanstieg 3.00-4.00 h. Die Hütte steht oben auf der beschatteten Felsinsel, rechts im Bild

CHARAKTER, GEFAHREN Hochalpine, bei Beachtung aller Vorsichtsmaßregeln aber nur mittelschwere Ski-Hochtour. Nur bei ganz sicheren Verhältnissen ab Mitte März. Früher Aufbruch ab Hotel Steingletscher Bedingung. Gute Steigfelle! Pickel angenehm, für Eventualfälle eventuell unentbehrlich. Die Tour ist meist gut gespurt

KARTE SL-Karte Blatt 255, Sustenpaß

BENACHBARTE SKITOUREN Hotel Steingletscher – Obertal – Obertaljoch, 2800 m (wunderschöne Firntour!). – Hotel Steingletscher – Steinlimmigletscher – Steinlimmi, 2734 m (leicht, sehr schön!). – Hotel Steingletscher – Giglistock, 2900 m (großartige Frühjahrstour!)

HINWEIS Die schnelle Durchführung der Sustentour hängt von der Öffnung der Westrampe der Sustenpaßstraße ab. Da diese auf einer Südrampe liegt, geschieht dies relativ früh im Jahr. Dann fährt man ab Meiringen/Innertkirchen über Gadmen auf, soweit es eben die Schneegrenze zuläßt

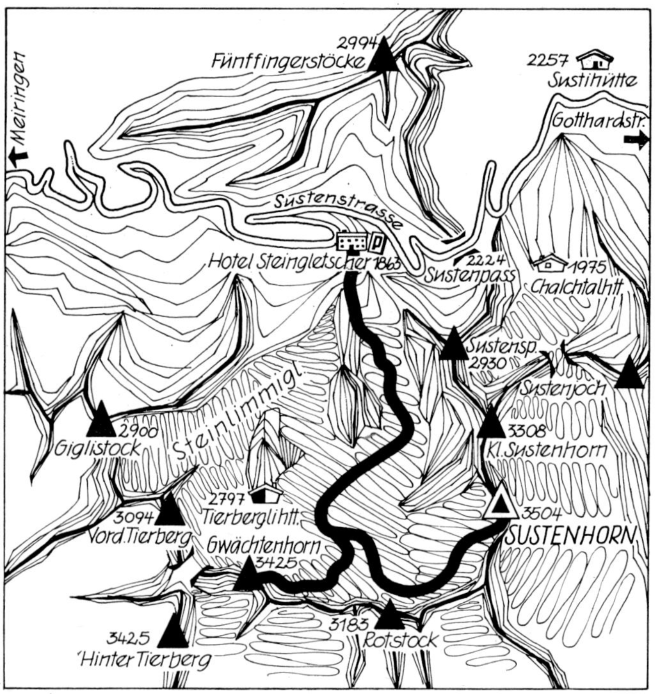

Kaum ist die Westrampe der modernen Sustenpaßstraße – Liebhaber und Fremdenverkehrsdirigenten nennen sie »die schönste Paßstraße der Schweiz« – im späten Frühjahr befahrbar, da wird das Hotel Steingletscher, 1863 m, dicht unterm Auslauf des Steingletschers an der Sustenstraße gelegen, von unternehmungslustigen Auto-Skibergsteigern gestürmt. Es steigen da, ungerührt von den Moden und Pflichten des Zeitalters der Skibahnen, Hunderte von gutausgerüsteten Schweizer Skibergsteigern geduldig und tapfer ihre sechs und sieben Stunden den Steingletscher hinauf auf das Sustenhorn – bis auf 3504 m Höhe. Über die Genüsse dieser Nord-Abfahrt im späten Frühjahr gibt unser Bild ausreichende Aufschlüsse. Dazu muß man als Aspirant des Unternehmens noch wissen, daß man das Hotel Steingletscher morgens nicht viel später als 4.00 Uhr verlassen muß! Es geht am Kuhberg, rechts über dem Steinsee entlang, dann über der Zunge dahin bis in die Enge zwischen Bockberg und erstem Bruch. Dieser ersten schwierigen Stelle (meist ist gut gespurt und der Bruch gut verschneit) folgt ein Gletscherplateau, das, stärker ansteigend als auf dem Bilde spürbar, zum großen zweiten Eisbruch hinauf führt. Dieser wird wiederum rechts umgangen und wiederum wird ein Riesenplateau erreicht, das man weit nach rechts hin gegen das Gwächtenhorn zu durchquert. Es folgt ein langer Steilhang (rechts vom obersten westlichen Bruchende hinauf) zu der sehr langen Steigstrecke (im Bilde sehr verkürzt) an den flachen Schneesattel der Sustenlimmi, 3103 m; von hier quert man auf ein Kilometer Länge den Gipfelhang des Sustenhorns zum verhältnismäßig leichten, aber manchmal gefährlich überwächteten Gipfelgrat. Beim letzten Aufstieg am sehr steilen Gipfelhangende können Harscheisen oder Leichtsteigeisen oft beste Dienste tun. – Die Aussicht vom Sustenhorn geht zunächst in die faszinierende Nähe: ins einsame Göschenental hinab, über dem links der Schweizer Idealkletterberg des Salbitschijen steht, dann nördlich auf Sustenpaß und Titlis, südwestlich auf Trift- und Rhonegletscher mit den sie umlagernden Gipfeln, dicht daneben aber erkennen wir die hohen Berner, dazu die meisten Walliser Eisriesen.

Das Sustenhorn (oben links) und die Abfahrt von seinem Gipfel über die Sustenlimmi (Mitte) und den Steingletscher zum Steinsee bzw. Hotel Steinsee an der Sustenstraße. Links unten die Zunge, dann der erste Gletscherbruch; zwischen ihm und dem Felsmassiv rechts davon, dem Bockberg, gehen Aufstieg und Abfahrt durch. Nach dem folgenden Gletscherplateau geht es weiter nach rechts oben, abermals im Spaltengebiet, bis auf die Höhe der SAC-Hütte Tierbergli (rechts auf der Felsinsel), dann über den (hier flach wirkenden) Hang nach links auf das obere Gletscherplateau unter dem flachen Sattel der Sustenlimmi. Von hier nach links oben zum Gipfel. Rechts oben im Bild das Gwächtenhorn, 3375 m.

Am St. Annafirn

Tiefschnee vom Gemsstock zur jungen Reuß

TALORT Andermatt, 1444 m, neue Umgehungsstraße. Die Hotels sind wieder zum Schlafen da. Freie Straßen ab Luzern und Göschenen. Wer vom Tessin kommt, fährt ab Göschenen zurück

CHARAKTER Es geht hier um keine Skitour, sondern ausnahmsweise um eine besonders schöne, landschaftlich herrliche Tiefschneeabfahrt von 1520 m Höhe. Man kann sie beliebig wiederholen: Geldsache diesmal. Die ersten gut 500 Höhenmeter fährt man auf Firn ab, dann auf völlig baumfreien Alpböden, durch Mulden und Gassen und über Rampen, sehr amüsant. Man bleibe unbedingt auf der linken, westlichen Seite des unterm Firnstock sich tief eingrabenden »Felsentales«. Rückfahrt mit Bus oder à pied in 25 Minuten. Das Befahren der östlichen Gurschenpiste ist für Tiefschneefahrer nicht verboten, Andermatt ist sehr entgegenkommend!

BILD Wir schauen aus dem Flugzeug auf den Gemsstock (links oben), den neuen 2961 m hohen Skiberg im Gotthardgebiet. Rechts die Abfahrt über den St. Annafirn, eine ideale Tiefschneeabfahrt mit vielerlei Varianten. Im linken unteren Bildeck kündigt sich das »Felsental« an, das man meiden muß. Siehe Spuren! – Ganz links oben, links unterm Gemsstockgipfel, sieht man noch das obere Parkett des in sehr steilen Wellen abziehenden Gurschengletschers: heute eine rasante, vielbefahrene Piste

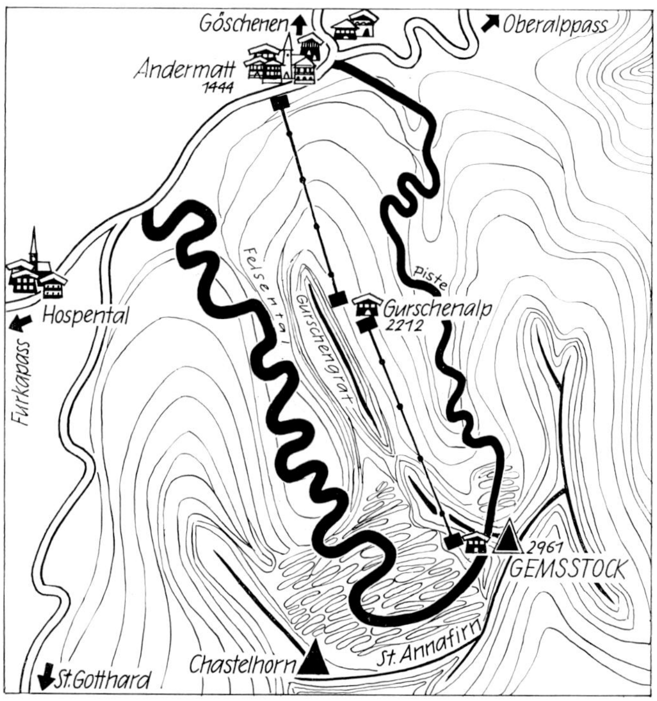

Dicht südlich von Andermatt am Gotthard, dessen schmale Gassen jetzt vom grausamen Tag- und Nacht-Durchgangsverkehr durch eine Umgehungsstraße befreit wurden, steigt der Gemsstock von 1440 bis auf 2961 m Höhe: eine breite Urgesteinspyramide auf steilen Felssockeln, in der Nordflanke vom scharfen Keil des Gurschengrates gespalten. Er spaltet auch die Gletscher, nämlich den supersteilen östlichen Gurschenfirn vom westlichen, weniger steil abwellenden St. Annafirn, und er spaltet die Menschen und die Charaktere. Man fährt mit einer Riesenkabine zum Gipfel hinauf, bewundert den benachbarten Pizzo Centrale, studiert die Westgrattürme am Salbitschijen gegenüber, erstaunt über die Massierung der westlichen Urner Alpen um Dammastock und Galenstock – und schnappt in die Skibindung ... Am Gurschengrat fahren nun exakte 99 Prozent rechts hinab, zum Gurschenfirn, auf einer supersteilen Gletscherpiste bis zur Mittelstation, und weiter auf unten immer steiler absinkenden Alpmatten bis Andermatt ... Das übrig bleibende 1 Prozent aber fährt links, westlich vom Gurschengrat über den St. Annafirn, der keine Piste kennt, sondern nur Tiefschnee: hier schwingt und wedelt man schön, steil und elegant bis zum Annafirn-Ende beim Firnstock, dann schwindelt man sich durch zwei Dutzend herrliche Mulden und Schneegassen, immer links des sich hier tief eingrabenden »Felsentales«, bis hinab zur jungen Reuß am Talboden, bis vor die Schnellstraße Hospental-Andermatt. Pistenfahrer wie Tiefschneefahrer werden gerecht mit je 1520 Höhenmeter Abfahrt belohnt. Allen 100 Prozent wackeln die Knie, das ist gewiß, aber ungewiß bleibt eben doch, wer wirklich den größeren Genuß gehabt hat. Der in großer, hastiger Gesellschaft abschwingende Pistenfan oder der gemütlich, nur in Gesellschaft dreier anderer Eigenbrötler den St. Annafirn artistisch mit Wedelketten verzierende Tiefschneefahrer. Darüber läßt sich lang streiten. – Ich bin den St. Annafirn zweimal hintereinander mit meiner Frau abgefahren, in einem flaumigen schnellen Tiefschnee, wo man beim Schwingen ans Schweben erinnert wurde. Weil es uns nicht pressiert hat, waren wir drunten nicht »fertig«, aber strahlten vor Freude.

Der Pizzo Lucendro

Frühjahrsskitouren zwischen Gotthardpaß und Rhonequelle

TALORTE Realp, 1538 m, an der Furkastraße. – Hospenthal, 1453 m, an der Gotthardstraße. – Andermatt, 1436 m

STÜTZPUNKT Rotondo-Hütte SAC, 2571 m, oberhalb der Seitenmoräne des Witenwasserengletschers. 4.00 h ab Realp, Stangenmarkierung. Unbewirtschaftet, zeitweise bewartet, offen

CHARAKTER, GEFAHREN Die Touren der Lucendro-Rotondo-Gruppe sind alle hochalpin und zeitweilig lawinengefährlich. Also darf nur der erfahrene Hochtourist auf Tour gehen, der Wetter und Schneebeschaffenheit genau zu beurteilen weiß. Die relativ kleinen Gletscher sind bei guter Sicht fast ungefährlich zu begehen. Komplette hochalpine Winterausrüstung selbstverständlich, auch wenn an schönen Maitagen Lucendro und Witenwasserenstock zu harmlosen Sonntagstouren werden können! Anstrengend lang bleiben sie immer! – Eine Warnung: ob man von Witenwasseren oder vom Lucendrostausee kommt, immer muß die große steile Gletschermulde unterm Nordgrat gemieden werden! Man halte sich ein gutes Stück oberhalb!

KARTE Schweizer Landeskarten, Blatt 265, Nufenenpaß, evtl. auch 255, Sustenpaß, erstere mit Skirouten

BENACHBARTE SKITOUREN Cristallina, 2866 m, ab Ossasco im Val Bedretto (hervorragende Mai-Tour!). – Pizzo Centrale, 3001 m, ab Gotthard-Hospiz oder Hospenthal (3.30 bzw. 5.30 h). – Pizzo Rotondo, 3192 m (4.30 h ab Rotondohütte)

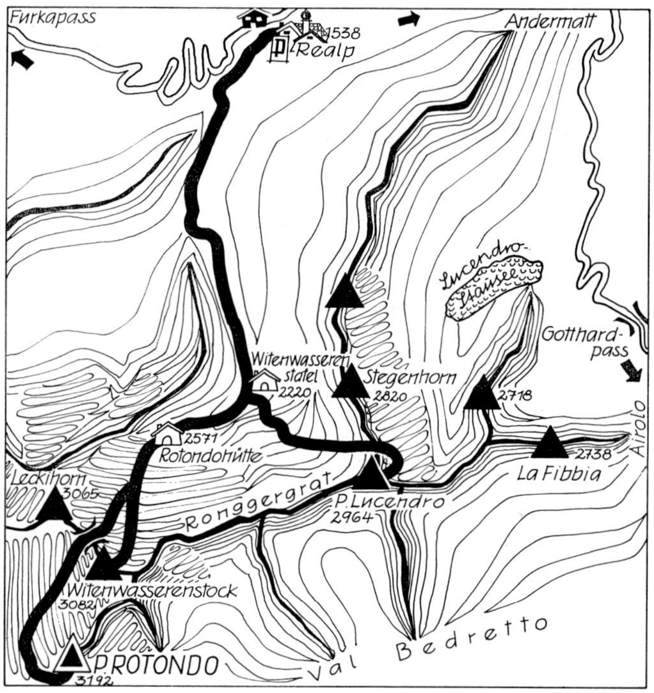

Dicht westlich von Andermatt, das durch seine langen Gemsstockpisten eben erst berühmt geworden ist unter Skifreunden, und nur noch 5 Kilometer hinter Hospenthal, wo die Gotthardstraße mit drei mächtigen Schlingen dem berühmten Paß zustrebt, liegt (im Winter) einsam und verlassen Realp, 1538 m. Im Sommer fließt hier die Autokette hinauf zum Furkapaß, im Winter kommt niemand, erst im März tröpfeln einige Dutzend kenntnisreicher Schweizer Skitourenfreunde in die leeren Gasthäuser, aber sie steigen meist gleich weiter, hinauf das lange Witenwasserental (Bild) zur Rotondo-Hütte des SAC auf 2571 m Höhe. Dort treffen sich ab April immer mehr unternehmungslustige Tourenläufer, denn im späten Frühjahr befindet man sich hier in einem der reizvollsten Skitourengebiete der mittleren Schweiz. Den Pizzo Lucendro, dessen weiße Schneespitze man schon von Andermatt her ausmachen kann und der prachtvolle Ausblicke hinab ins Val Bedretto, auf die nahen Tessiner Alpen um Campo Tencia, Basodino, Cristallina und Blinnenhorn bietet, kann man von Realp aus auch an einem Tage in guten 5.00 h erreichen. Man steigt das Witenwasserental auf seiner westlichen Seite (Bild) bis zur Witenwasserenstafel (in Bildmitte, rechts des Talgrundes gut sichtbar) hinauf und schwenkt hier, also bei Punkt 2220 der Landeskarte, südöstlich ab; der Anstiegsrücken hinauf zur Lücke zwischen Stegenhorn und Lucendro (Lücke selbst im Bild verdeckt) ist auf unserem Flugfoto gut sichtbar. Jenseits der Lücke, und zwar ein gut Stück südlich von Punkt 2853 der Landeskarte, betritt man den Lucendrogletscher und traversiert ihn ansteigend bis zum Gipfel. – Ein anderer interessanter Weg, etwa, wenn die Gotthardstraße schon ein Stück zu befahren ist: man fährt mit dem Kfz. hinauf bis zum Ponte di Lucendro auf 2018 m Höhe, läßt den Wagen stehen und steigt südwestlich am Lucendro-Stausee entlang (bei abgesenktem Seespiegel Vorsicht!) zur Lucendro-Alpe und weiter bis dicht unter den Lucendropaß; ab hier nordwestlich und – die Mulde meidend! – über den Firnrücken zum Gipfel. Das letzte Stück zu Fuß! – Wer ab Realp geht und auf der Rotondo-Hütte nächtigt, hat nur 3.00 h Aufstieg vor sich.

Blick ins Witenwasserental, durch das man von Realp zum Pizzo Lucendro, 2963 m (links oben) aufsteigt. Rechts ganz oben der Passo di Cavanna, über ihm der elegante Skitourenberg Cristallina (aus dem Val Bedretto). Rechts (außerhalb des Bildrandes) steht in 2571 m Höhe die Rotondo-Hütte des SAC, Stützpunkt (4.00 h ab Realp) für Pizzo Lucendro, Witenwasserenstock, 3082 m, Pizzo Rotondo, 3192 m, Leckihorn, 3065 m, Stellibodenhorn, 2988 m usw. – alles eindrucksvolle, einsame Spätfrühjahrstouren.

Rhonefirn und Galenstock

Große Mai-Skitour von der Furkastraße

TALORT Gletsch, 1761 m (an der Westrampe des Furkapasses). – Realp, 1544 m (an der Ostrampe des Furkapasses)

STÜTZPUNKT Nach Öffnung der Furkapaßstraße Hotel Belvedere, 2272 m, (an der Zunge des Rhonefirns). – Eventuell Albert-Heim-Hütte SAC, 2547 m am Tiefengletscher (2.30 h von Realp, eventuell 1.30 h ab Station Tiefenbach)

CHARAKTER, GEFAHREN Die hier vorgeschlagene typische Spätfrühjahrs- bzw. Vorsommer-Skitour hat hochalpinen Charakter und erfordert Vertrautheit mit der alpinen Gefahr. Orientierungsvermögen und Beurteilungsfähigkeit für die herrschenden Schneeverhältnisse unerläßlich. Für sehr gute und besonnene Skibergsteiger eine großartige Gletschertour

KARTE SL-Karte Blatt 255, Sustenpaß

HINWEIS Die von der Öffnung der Furkapaßstraße abhängige Vorsommertour kann meist erst Ende Mai oder im Juni durchgeführt werden. Da man Süd- und Südwestflanken betritt, ist nächtlicher Aufbruch und frühes Abfahren eine Grundbedingung

BILD Der Rhonefirn mit dem Galenstock, 3581 m, (rechts oben). In der Mitte der rechten Seite die verschneite Furkapaßstraße und das Hotel Belvedere. Hinter dem Galenstock die Gipfel von Dammastock, Schneestock, Eggstock und Wiss-Nollen

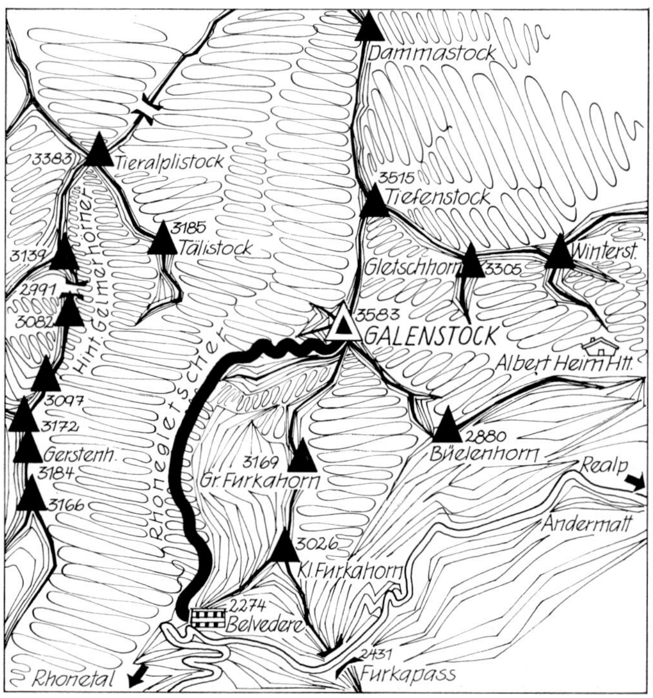

Sobald man eine der Trassen der Furkapaßstraße bis zum Hotel Belvedere an der Zunge des Rhonefirns befahren kann, wird die Besteigung des Galenstock zum Problem manches tüchtigen Ski-Alpinisten. Er weiß, daß diese Riesentour zur Firntour des Jahres werden kann, denn ihre Höhenlage – man fährt von 3581 auf 2000 m ab – die Schneekonservierung durch den Gletscher und die vollkommen hindernisfreie Abfahrt über steile West- und Südwesthänge auf dem untersten Rhonefirn – das alles spricht für höchste Genüsse. Nicht zu reden von der landschaftlichen Situation über dem ungeheuren Eisfeld des Gletschers, dem der wasserreichste Strom Frankreichs entspringt. Man kann die Tour auch von der Albert-Heim-Hütte, also von Osten her machen, wenn man ein brillanter Hochalpinist und auf Sicherung bedacht ist. Ich schlage trotzdem die Tour vom Belvedere aus vor, da man hier Gelegenheit hat, die Abfahrt im Anstieg zu studieren, ja vorzubereiten, indem man die richtigen Mulden und Hänge auswählt und durch seine Anstiegsspuren sozusagen markiert. Man muß vorher wissen, daß man in frühester Morgenstunde, um 3.00 Uhr etwa aufzubrechen hat, um 6.00-7.00 h anzusteigen, und daß man gute moderne Steigfelle, einen Pickel und sogar (dies hat sich als überaus praktisch erwiesen) Harscheisen bzw. Leichtsteigeisen braucht. Die gute Ausrüstung erleichtert den Aufstieg ganz ungemein. Man quert vom Belvedere auf den Rhonefirn hinüber, steigt ihn an der orographisch linken Moräne entlang empor, bis man den im Bilde sichtbaren mittleren Bruch vor sich und den steilen Galengletscher rechts über sich hat. Diesen Gletscher steigt man erst an seinem rechten Rand, dann in der Mitte und endlich wieder rechts empor, bis man ein Skidepot findet und den Gipfel zu Fuß erreichen kann. Der Galengletscher ist in seinem obersten Teil außerordentlich steil, weshalb nochmals auf den richtigen Zeitpunkt der Abfahrt ausdrücklich verwiesen sei: es kommt auf die Minute an, und diese Tatsache kann zum Wettlauf mit der Sonne zwingen – oder zu großer Geduld. Wen die Traversierung ab Albert-Heim-Hütte interessiert, der studiere die Routen 270–274 des SAC-Führers Urner Alpen, Band II, Seiten 66 und 67.

Blinnenhorn und Cristallina

Hinter dem Gotthard und am neuen Nufenenpaß

TALORTE Ulrichen im oberen Rhonetal, 1346 m. – Airolo, 1160 m, am Gotthard-Südmund. Im Bedrettotal: Bedretto, 1403 m; Ossasco, 1313 m; All'aqua, 1614 m; Alp Bedretto dicht unter der neuen Nufenenpaßstraße unterm Nufenenstock, ca. 2000 m

STÜTZPUNKTE für Blinnenhorn: Capanna Corno, SAC, 2338 m (1.00 Std. ab Bedrettoalpe). – Für Cristallina: Capanna Cristallina, SAC, im Val Torta, 2349 m (3.00–4.00 h ab Ossasco. Kfz-Auffahrt teilweise, wegen Parkplatzmangel dringend abzuraten!)

CHARAKTER Das Blinnenhorn, eine große Skihochtour, ist bei guten Wetter- und Firnverhältnissen nur mäßig schwierig, aber ungewöhnlich lohnend: 4.00–5.00 h ab Hütte. – Die Cristallina ist eine steile, eisfreie Hochtour, sehr sportlich. Eine klassisch schöne Spätfrühjahrsfahrt! 3.00 h ab Hütte

BESTE KARTE unbedingt mitführen: Schweizer Landeskarte, Blatt 265 Nufenenpaß, 1 : 50 000!

BILD Flugbild von Nordost (über dem Nufenenstock) auf den mächtigen Griesgletscher und unsere Aufstiegsstrecke zum Blinnenhorn (Bildmitte oben). Links darunter am Gletscherrand das schwarze Rothorn, 3287 m. Rechts neben dem Blinnenhorn Merezenbachschijen, 3202, 3182 m, weiter die Ritzhörner. Links der Griesgletscherzunge schließt sich der wichtige Griespaß 2562 m an, über den man die Hochtouren auf Ofenhorn, 3235 m, und Hohsandhorn, 3182 m, angeht

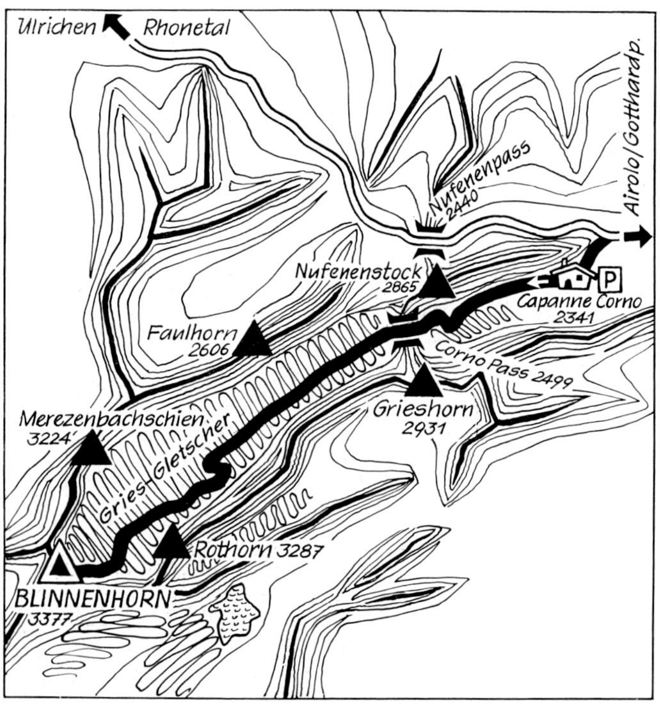

Der Gotthardpaß hat seinen Ruhm als mitteleuropäische Verkehrsbremse ausgespielt, Ruhm und Granit sind durchlöchert, der Verkehr wird fließen. Und dies auch nebenan, wo die neue Nufenenpaßstraße aus dem Tessin ins Oberwallis, also von Airolo durchs Val Bedretto zur jungen Rhone hinüber bestätigt, daß der böse Fortschritt in den Eilschritt gefallen ist. Uns solls nicht stören, wir kommen ja nur, um die Pässe schnell wieder zu verlassen: 1. um dem über Nufenenpaß und Cornohütte wartenden, 3373 m hohen Blinnenhorn einen hochalpinen Besuch abzustatten, und 2. um von Ossasco nahe dem Gotthard-Südmund südwärts ins Tessiner Hochgebirg einzudringen und die Cristallina, 2911 m, zu ersteigen. Beides herrlich einsame Abenteuer! Die modernen Straßen von Zürich–Luzern und Mailand–Bellinzona machen sie uns leicht . . . Das entlegene Blinnenhorn hat schon Henry Hoek entdeckt, Marcel Kurz nennt es in seinem berühmten Skiführer die »schönste Skitour im weitesten Umkreis«. Unser Luftfoto ist da noch genauer: es stellt einen Traumberg für tüchtige Skibergsteiger vor! Man fährt von Airolo über Ossasco und Bedretto westwärts Richtung Nufenenpaß bis zur Alp Bedretto auf etwa 2000 m Höhe. Von hier steigt man in einer guten Stunde zur Capanna Corno, SAC, 2338 m, auf, nächtigt, geht in aller Herrgottsfrühe eine knappe Stunde auf den Cornopaß, 2540 m, und betritt unweit davon den Griesgletscher. Hier bleibt man im wesentlichen am linken (südlichen) Gletscherrand, unterläuft das Rothorn und sucht sich am Gipfelstock des Binnenhorn den besten Aufstieg: 4.00-5.00 h ab Hütte! Ein ungeheurer Ausblick, dann die lange Abfahrt. – Der zweite Schlager hinterm Gotthard: Vom kleinen Ossasco, 1313 m, steigt man südwärts durchs Val Torta auf die meist bewartete Capanna Cristallina, SAC, 2349 m. Man braucht nur 3.00 h hinauf, schläft, steigt anderntags schön, aber steil zum Passo Cristallina, quert links südwärts zum Gipfelstock und ersteigt den Gipfelfels mit einem verwegenen Bauchaufschwung. 2.30 h ab Hütte zum Gipfel . . . Bilanz: am Blinnenhorn rund 1400 Abfahrtsmeter, an der Cristallina rund 1600. An der Cristallina steil, sehr sportlich, am langen Blinnenhorngletscher relativ gemütlich.

Val Maighels und Piz Borel

Zwischen Tessin und Oberalppaß

TALORT Andermatt, 1444 m. Oberalppaß, 2048 m. Sedrun, 1404 m. Tschamut, 1667 m (alle Orte an der Oberalpbahn)

STÜTZPUNKT Nicht unbedingt nötig. Eventuell auf der Maighels-Hütte SAC, 2255 m (nicht bewirtschaftet). Zugang wegen Kraftwerksbauten neu! Im Talort oder am Oberalppaß erkundigen!

CHARAKTER, GEFAHREN Hochalpine Skitour in absolut entlegener großartiger Landschaft. Gute Schnee- und Wetterverhältnisse Voraussetzung! Ab Maighels-Hütte 3.30 h ab Oberalppaßhöhe 5.00 h

KARTE SL-Karte Blatt 256, Disentis

BENACHBARTE SKITOUREN Airolo-Cristallina, 2915, – All'Acqua (Val Bedretto), eine der allerschönsten Tessiner Touren

BILD Das Val Maighels, südlich vom Oberalppaß im westlichsten Graubünden, mit dem Piz Ravetsch, 3006 m, und dem rechts anschließenden Piz Borel, 2952 m, in der Bildmitte. Ganz rechts der Passo Bornengo, ein möglicher, aber nicht empfehlenswerter Übergang zur Cadlimo-Hütte. Über dem Maighels-Kamm die Tessiner Alpen. Durch das im Schatten liegende Maighels-Tal (rechts unten) führt unsere Tour (genau in Bildmitte) auf den Maighels-Gletscher und in die tiefste Einschartung zwischen Piz Borel und Piz Ravetsch. Diese relativ kurze Skitour bringt bis Maighels-Hütte 800 m, bis Tschamut 1300 m ein; sie führt in absolute Einsamkeit, wenn man vom Stauwerksbau am Talausgang absieht

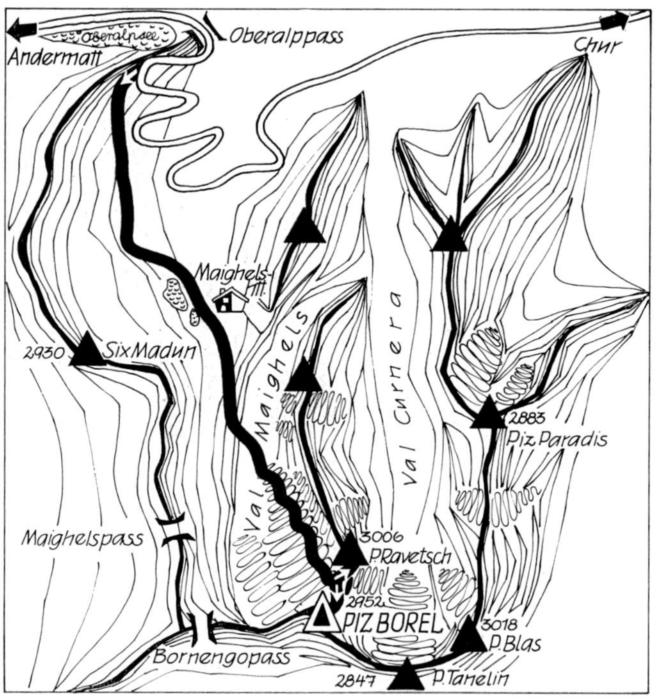

Wie so viele einsame und entlegene Täler, die vom oberen Rhone- und vom oberen Vorderrheintal aus südwärts in den Zentralalpenkamm vorstoßen, bietet auch das Val Maighels, dicht an der Oberalp-Paßhöhe, ein ideales Feld für eine große, stille, sehr schweizerische Skitour. Sie ist ausschließlich ernsten, wohlausgerüsteten, ausdauernden Ski-Alpinisten vorbehalten und noch Ende Mai möglich. Man folgt von der Oberalp-Paßhöhe nicht dem sehr schneebrettgefährlichen Sommerweg (etwa in Höhe 2000 m nach Süden abzweigend), sondern man fährt bis Höhe 1800 m ab, wo ein gutausgebautes Sträßchen harmlos hinaufführt zur Alp Tgatlems, 2008 m, und weiter zu den kleinen Maighels-Seen. Hier steht auf 2255 m die nicht bewirtschaftete, SAC-Mitgliedern vorbehaltene Maighels-Hütte, in der man gegebenenfalls gastweise nächtigen kann. Von dort aus verfolgt man weiter den Talboden, wendet sich aber bei Punkt 2237 m (Piogn Crap) leicht nach links und strebt, einen großen Westhang traversierend, hinauf zur Nordmoräne des Maighels-Gletschers. Man betritt den Gletscher (es handelt sich um die erste von den beiden hintereinander liegenden, vom scharfen Schneegrat getrennten Gletschermulden, die auf unserem Foto zu sehen sind) ziemlich genau dort, wo ihn die Mitte unseres Bildes zeigt. Nun steigt und kreuzt man den Gletscher südlich empor, bis man, zuletzt steiler, zur tiefsten Lücke im Verbindungsgrat zwischen Piz Ravetsch und Piz Borel aufsteigen kann. Zu Fuß geht es in wenigen Minuten zum Gipfel des Piz Borel, 2952 m, in einer halben Stunde kann man, ebenso ungefährdet, den Piz Ravetsch, 3006 m, erreichen. Ein überwältigender Blick ins italienische Tessin und auf die jenseitigen Tessiner Alpen belohnt uns für die Aufstiegsmühe, – dann folgt entlang den Aufstiegsspuren die große Abfahrt über den Gletscher hinab und das Val Maighels hinaus. – Bei ganz sicheren Verhältnissen könnte man auch am Gletscher, etwa auf halber Höhe, von der nördlichen in die südliche Mulde wechseln und dem Maighels-Paß westlich entgegenfahren. Ein nur kurzer Gegenanstieg führt dort auf 2420 m Höhe und dann folgt eine sehr hübsche Abfahrt über Portgeren zur Alp Vermigel, 1978 m, und nach Andermatt.

Skifrühling überm Maderanertal

Piz Giuv und Börtlilücke

TALORT Amsteg, 519 m (an der Gotthard-Bahn). Bristen, 782 m (im Maderanertal, 20 Autominuten von Amsteg)

STÜTZPUNKTE Etzli-Hütte SAC, 2051 m (Sektion Thurgau). Unbewirtschaftet, zugänglich für SAC-Mitglieder und Gäste, Zugang durchs Etzlital ab Bristen nie ganz lawinensicher, 3.30-4.15 h. – Tresch-Hütte SAC, 1475 m, im Fellital

CHARAKTER, GEFAHREN Die hier vorgeschlagene Skitour ist eine Sache der erfahrensten Ski-Alpinisten. Man muß im besten Sinne Bergsteiger sein, um eine derartig verwegene, wenn auch über die Maßen rassige Tour riskieren zu dürfen. Die Tour ist anstrengend. Aufstieg zur Etzli-Hütte 4.00 h, dazu anderntags Aufstieg zum Piz Giuv 4.00 h. Nur bei absolut sicheren Schneeverhältnissen möglich!

KARTE SL-Karte Blatt 256, Disentis

BENACHBARTE SKITOUREN Maderanertal – Brunnital – Oberalpstock (Abfahrt Brunni – eventuell Staldenfirn!). – Oberalpstock rein hochalpin, nur Spätfrühjahr!

BILD Piz Nair, 3059 m, und Piz Giuv, 3096 m (rechts), über dem Schweizer Maderanertal. Unterm Piz Giuv der kleine Spillauibüel-Gletscher mit unserer Abfahrt (und Aufstieg!); im Bilde unten rechts geht es zur Börtli-Lücke, 2506 m. Die Aufstiegsspuren unten links führen auf den Mittelplatten-Sattel. Der Ausgangspunkt, die SAC-Etzli-Hütte, liegt 2051 m hoch genau unter dem linken unteren Bildrand auf der Sohle des Etzlitales

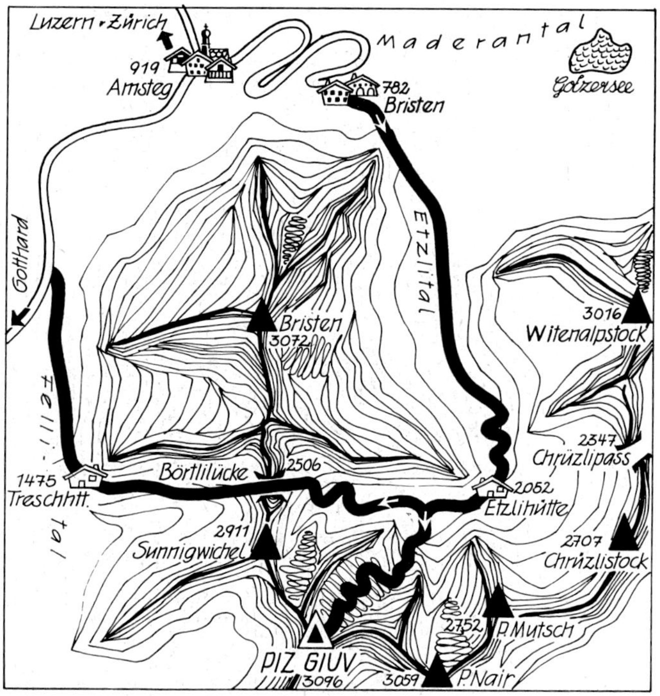

Es heißt, man könne diese wilde Skitour nur im spätesten Frühjahr bei Firn unternehmen: kurioserweise ist unser Luftbild aber Ende Februar aufgenommen, allerdings bei geringer Schneelage, – die Aufstiegs- wie die Abfahrtsspuren darauf beweisen, daß die Skifachleute nicht immer recht haben. Man kann nicht nur nach Regeln skifahren, man muß die richtige Nase haben, alpinistischen Instinkt und Erfahrung. Diese »Frühjahrsskitour« auf den Piz Giuv überm Maderanertal und ganz nah am Vierwaldstätter See ist natürlich eine ernste und obendrein anstrengende Sache, ernst ist schon der lawinengefährliche, dazu vierstündige Zugang von Bristen zur Etzli-Hütte. Über die Tour unterrichtet unser Bild besser als Worte: man steuert die Moränenpaare unterm Spillauibüel-Gletscher an und legt dann mit besonnenem Kopf eine gute Spur. Unterm Gipfel geht es links aus dem Gletscher heraus in eine Scharte, von der aus man in zehn Minuten zum Gipfel gelangt. Nach der Abfahrt, über die Worte auszusprechen überflüssig ist, muß man nun nicht unbedingt zur Etzli-Hütte zurückkehren, man kann eine herrliche Kombination machen: man fährt nur bis etwa 200 Höhenmeter oberhalb der Etzli-Hütte und wendet sich dann in einem gemächlichen Gegenanstieg über Spillaui-See zur Börtlilücke hinauf auf 2506 m, das kostet kaum 50 Minuten Mühe. Jenseits wartet eine rasante 1000-Meter-Abfahrt den Börtli-Tobel steil hinab zur Tresch-Hütte auf 1475 m Höhe, und, wenn man Glück hat, sogar noch eine hübsche Abfahrt zum Felliberg und ins Reußtal hinaus nach Gurtnellen an der Gotthard-Bahn. – Dieser herrlichen Skifrühlingstour ist nur noch die ebenfalls aus dem Maderanertal zu startende Tour auf den Oberalpstock, 3328 m, gleichzustellen; von dessen Gipfel über den nordöstlich ablaufenden Brunnifirn ins Brunnital und durch dieses ins Maderanertal abzufahren, ist schon ein extrem-verwegenes Ski-Abenteuer – noch toller ist aber die reine supersteile Nordabfahrt über den Staldenfirn, von dessen Zunge man allerdings etlichen Orientierungssinn braucht, um heil heimzukommen. – Die Zugänge zu diesen Touren sind schwieriger als die Tour selbst wegen der Lawinengefahr in den schmalen V-Tälern an den Tagen ohne Frost!

Eiswall und Claridenstock

Schweizer Spätfrühjahrstour vom Klausenpaß

TALORT Altdorf, 447 m, an der Gotthard-Bahn. – Linthal, 662 m, über Glarus. Eventuell Unterschächen, 995 m, an der Westauffahrt der Klausenpaßstraße. – Ausgangspunkt der Tour ist die Klausenpaßstraße an der Paßhöhe, oder je nach Jahreszeit unterhalb

STÜTZPUNKTE Keine, evtl. Hotels in Unterschächen oder Urigen

CHARAKTER, GEFAHREN Diese Tour ist hochalpin! Aber sobald die Klausenpaßstraße befahrbar ist, kommen die (guten) Skiläufer zuhauf, um diese Tour zu machen. Sie ist sehr schön, lohnend, und vor allem interessant. Aufstiegszeit Paß-Chammlijoch 4.00 h. Bis Gipfel weitere 1.15 h, teils zu Fuß. Die Strecke ist viel begangen. Vorsicht dennoch: Spalten!

KARTE SL-Karte Blatt 246, Klausenpaß, mit Skirouten

BENACHBARTE SKITOUREN Siehe Tour 24. Gemsfairenstock; ferner Klausenpaßstraße – Chammlilücke – Grießfirn (hochalpin, schön); Übergang Klausenpaß – Chammlijoch – Planurahütte – Claridenfirn (Hütte – Linthal, großzügig, 2–3 Tage, hochalpin)

BILD Der großartige Talschluß des Urner Bodens, aus dem sich die verschneite Klausenpaßstraße nach rechts oben zur Paßhöhe windet. Man sieht genau in Bildmitte oben den Chammliberg, 3217 m, rechts daneben das Scherhorn, 3294 m, ganz links den Claridenstock, 3267 m. Aufstieg und Abfahrt unserer Tour bewegen sich über den Felskamm der rechten Bildseite, man erkennt oben die kleine, jetzt ungefährliche »Eiswand«, die zum flachen Firn am Chammlijoch führt.

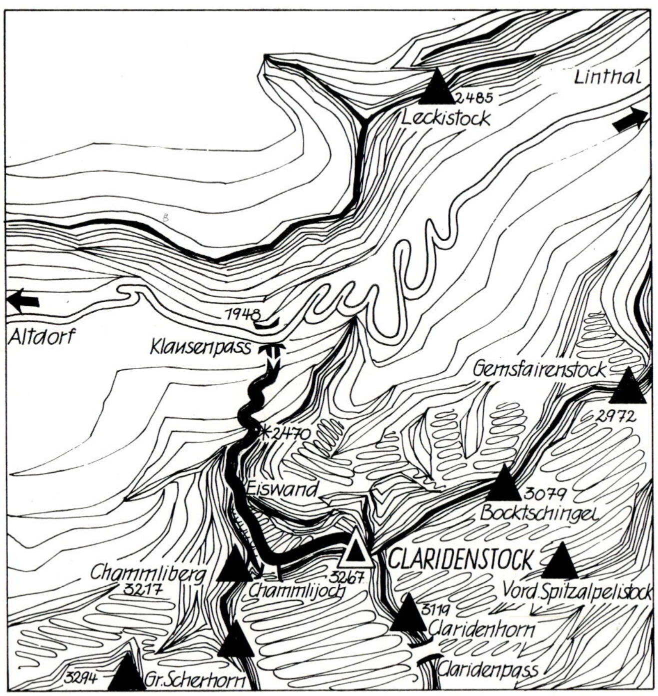

Sobald man die Klausenpaßstraße befahren kann, und sei es auch noch nicht ganz bis zur Paßhöhe auf 1948 m, – sogleich sind die Zürcher und Luzerner Skiläufer zur Stelle, um von der Paßstraße über den hohen Felsrücken des Chammligrates und den Eiswall das Chammlijoch, 3026 m, und den Gipfel des Claridenstock, 3267 m, zu stürmen: das Unternehmen, immer noch eine ernste, hochalpine Angelegenheit, ist sogar zur großen Schweizer Modetour aufgestiegen. Freilich, die bergerfahrenen Schweizer Skiläufer dürfen nach strengeren Maßstäben beurteilt werden als ihre ostalpinen Kollegen, wenn es ums Skibergsteigen (nicht ums Felsklettern) geht. So geht auch niemand über den Eiswall aufs Chammlijoch, der mit den Gefahren dieser beiden Zonen – hier steiler Firn, zuweilen Eis, dort versteckte Spalten – nicht rechnete; und der Unerfahrene geht bestimmt im Geleit eines Erfahrenen. – Die Tour ist, das Bild beweist es überzeugend, so schön, daß man sich hinterher oft frägt, warum es übervölkerte Pisten gibt. – Auf der »Schweizer Landeskarte«, Blatt 246, Klausenpaß, ist die Tour vorzüglich zu verfolgen: gleich von welcher Stelle der Paßstraße man kommt, es geht dem gebankten und genockten Sockel des großen, vom Chammlijoch herabziehenden Rückens zu; bei Punkt 2470 sammelt sich alles, um über den sich verschmälernden Felssteg im Bogen der berüchtigten »Eiswand« entgegen zu steigen, die heikel, zuweilen in Firnstufen aber auch harmlos, überwunden wird. Vom Eiswall ist man schnell auf dem oberen Firnboden und am Chammlijoch, von dem aus man östlich (Bild) dem Claridenstock-Gipfel zustrebt. – Vom Chammlijoch aus ergäben sich zahlreiche Möglichkeiten zu Touren und Überschreitungen: Mode und wartendes Auto verlangen aber die Rückkehr und Abfahrt über Eiswall und Chammlirücken. Diese Abfahrt, am Eiswall wird manchmal abgeschnallt, ist im Frühsommerfirn einzigartig interessant und genußreich. Auch nach der Ostseite, gegen den Urner Boden zu, ist die Abfahrt über die Maßen schön, die Skispuren auf unserem Bilde zeugen dafür. Eine zweite, auf unserem Bilde nicht sichtbare Anstiegsroute führt (siehe Karte) über Grießfirn und Chammlilücke zum Hüfifirn.

Im Mai auf den Tödi

Die schönste und schwierigste Glarner Hochtour

TALORT Linthal, 662 m, am Ostfuß der Klausenpaßstraße

STÜTZPUNKT Nur die unbewirtschaftete SAC-Fridolinshütte, 2111 m, über dem unteren Bifertenfirn

CHARAKTER, GEFAHREN Die Skitour auf den Tödi (Piz Russein, 3620 m) ist die schwierigste Unternehmung in den Glarner Alpen. Sie kann nur von erfahrenen, ausdauernden, gutausgerüsteten Ski-Alpinisten gemacht werden, nur bei sicheren Schnee- und Wetterverhältnissen und am Seil. Die Spaltengefahr ist groß. Am oberen Bruch muß man öfters Stufen schlagen, um ihn zu überwinden. Nichtsdestoweniger ist diese Tour für den Könner ein außerordentliches Erlebnis. Aufstiegszeiten Linthal–Fridolinshütten 5.00-6.00 h. Fridolinshütten–Gipfel 6.00-7.00 h

KARTE SL-Karte Blatt 246, Klausenpaß, mit Skirouten

BENACHBARTE SKITOUREN Siehe Tour 22 und 24 von der Klausenpaßstraße. – Ferner Planurahütte – Claridenstock – Klausenpaßstraße; Glarus – Kleiner Kärpf über die Leglerhütte (Tour 25)

HINWEIS Die 2418 m hoch gelegene Grünhornhütte des SAC ist für die Skiersteigung des Tödi ungeeignet. Sie steht genau nordwestl. über dem Unteren Bruch des Bifertenfirns und wird im Anstieg am Firn unterwandert. – Der Tödi mit seiner berühmten Eiskappe hat drei Gipfel: den Piz Russein, 3620 m (Bild), den Glarner Tödi, 3582 m, und den Sandgipfel, 3434 m

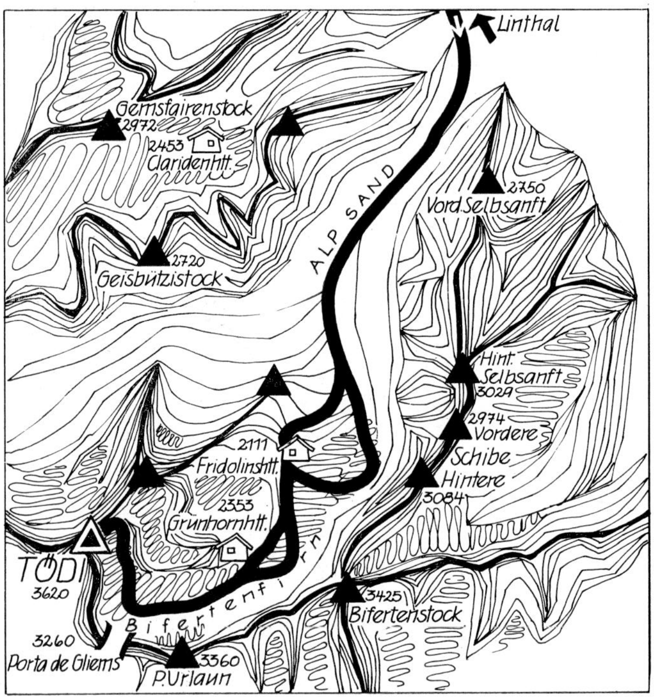

Der weitaus höchste Gipfel zwischen Vierwaldstätter See und oberem Rheintal reckt sich südlich der Klausenpaßstraße mächtig über alle Nachbarn hinaus, von Osten her einem schweren Bollwerk gleichend. Daß dieser Koloß südwärts seines steilen Felsgipfels einen großen Gletscher birgt, sieht man ihm nicht an. Über diesen Bifertenfirn aber, der in steilen Wellen, einige Male zu schweren Eisbrüchen aufgespalten, ins Tal der Linth hinabstürzt, ist der 3620 m hohe Tödi auch auf Skiern besteigbar. Dies freilich nur bei besten Schnee- und Wetterverhältnissen, und auch dann nur von erstklassigen, mit der Gefahr des Eises vertrauten Skibergsteigern. Man kann den Tödi, weder im April noch im Juni, ohne Seil besteigen. Bei einem Witterungsumschlag gibt es nur sofortige Aufgabe der Tour. Der Anstieg: ab Linthal auf dem Sommerweg nach Tierfehd, 805 m, hier über die Linth, später über die Pantenbrücke nach Vord. Läger und nach Hinter Sand, 1300 m. Die Steilstufe hinauf in die Mulde von Tentiwang, ca. 1600 m, dann entweder auf der Ostseite bleibend (oberhalb der Gletscherzunge) über die Felsfluh zu P. 1951, nach Westen zum Bifertenfirn einschwenken und horizontal über ihn zu den Fridolinshütten, oder auf dem Sommerweg der Moräne entlang, bei P. 1700 rechts ab in die Steilmulde des Bifertenalpeli und horizontal zur Hütte. – Ab Fridolinshütten, 2111 m, anderntags erst südwestlich zum Bifertenfirn; der untere Gletscherabbruch wird schräg nach WSW traversiert und so der flache Boden zwischen beiden Brüchen gewonnen. Der obere Abbruch wird je nach Verhältnissen in der Mitte, am rechten oder am linken Ufer überwunden. Dann etwa in Gletschermitte, zuletzt über den Bergschrund auf den Simlersattel zwischen Piz Russein und Glarner Tödi. Nach Westen abbiegend und über den Grat zum Gipfel. Über die Aussicht vom Gipfel des Tödi gibt es eine ganze Literatur: sie ist umfassend ohnegleichen, sie ist überwältigend. Überwältigend sind aber auch, insbesondere in bezug auf die Beinmuskulatur, die folgenden mindestens 2000 Höhenmeter der Steilabfahrt ins Tal hinab. Wer sie glücklich hinter sich gebracht hat, hat einen Gipfel seines Skiläuferlebens bezwungen: den eisüberwallten König der Glarner Alpen.

Der Tödi, 3620 m, in den Glarner Alpen, von Nordosten. Links sieht man den Biferten-firn mit seinen beiden Eisbrüchen, die auf unserer Spätfrühjahrstour überwunden werden müssen. Rechts die Felsnase des Kleinen Tödi, 3076 m, links vom Hauptgipfel der überfirnte Piz Urlaun, 3360 m.

Der Gemsfairenstock

Große Frühjahrsfahrt überm Urner Boden

TALORT Linthal, 662 m, über Glarus

STÜTZPUNKT Keiner. Eventuell das ganzjährig geöffnete Hotel Sonne, 1346 m, im Urner Boden – Mättenwang

CHARAKTER, GEFAHREN Da hier nur die Nord-Abfahrt vom Gemsfairenstock dargestellt wird, ist nur von ihr die Rede (es gibt noch den Aufstieg – lawinös! – von Linthal über die Claridenhütte). Die Tour ist mittelschwer und besitzt eine sehr schwierige Stelle, wo hochalpine Erfahrung vonnöten ist. Ein Pickel genügt aber zur Sicherung einer Seilschaft an dieser Stelle, Höhe 30 Meter bei P. 2595 m. Vorsicht – bei Nebel ist der schmale steile Durchgang am Sockel der den Langfirn tragenden Felsen nur schwer zu finden (siehe Bild!)

KARTE SL-Karte Blatt 246, Klausenpaß, mit Skirouten

BENACHBARTE SKITOUREN Siehe Touren 18 und 20

BILD Die Nordseite des Gemsfairenstockes, 2972 m, über dem Urner Boden oberhalb Linthal/Glarus. Über den Felsrücken, der oben die Gipfelhaube des Langfirns trägt, werden Aufstieg und Abfahrt unserer Tour durchgeführt. Rechts oben Claridenstock, am unteren Bildrand der Chamerstock, zwischen Clariden- und Gemsfairenstock der Bocktschingel. Die einzige schwierige Stelle im Anstieg aus dem Urnerboden ist im Bild gut auszumachen: wo das eisige Gipfeldach nordwärts auf einer felsigen Querrampe aufsitzt, dort muß man den richtigen Durchlaß finden (bei P. 2595 m)

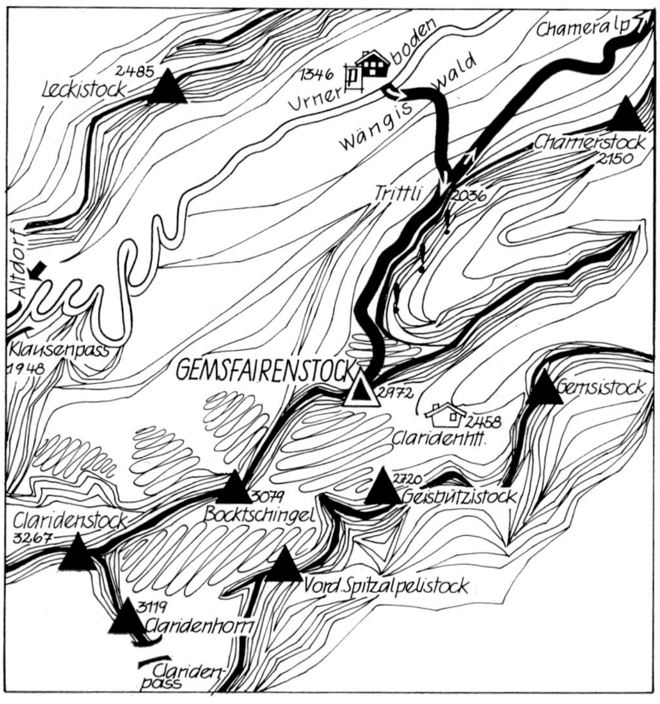

Sein Name klingt pretiös, sein Anblick wirkt merkwürdig: dieser Gemsfairenstock trägt obenauf eine weithin schimmernde Firnhaube, unter der riesige schwarze Felsabbrüche Riesen-Arenen bilden. Nichts von sanften Hängen und Mulden und Kämmen. Hier ist alles eckig und jäh, und den Zugang zum Gipfel bildet natürlich der vom Chamerberg, 2150 m (im Bild der Vordergrund) bogenförmig aufsteigende, auf breite schwarze Sockel gestützte Nordgrat. Daß man diesen Grat auch abfahren kann, ja muß, ist wieder merkwürdig: andererseits aber delikat, interessant, ja über die Maßen reizvoll für den guten, mit glücklichen Augen begabten Skimann. Wo sich der felsgeschuppte Nordkamm verengt, sperrt eine hohe Felsstufe den Zugang zum Langfirn des Gipfelplateaus; nahe dem Ost-Absturz des Kammes gilt es diese Felsstufe durch eine sehr steile, etwa 30 Meter hohe, schmale Schlucht zu bezwingen. Das ist aber nicht die einzige schwierige Stelle, denn schon vorher im Aufstieg am Felskamm heißt es fortgesetzt achtzugeben auf die über dem Ostabbruch hängenden Schneewächten. Man sieht auf unserem Bilde, wie die Skispuren vom Gipfel herab sehr nahe an den ungeheuren Abbruch in den Fisetenkessel herankommen: man braucht sich dazu nur Nebel vorzustellen und ahnt die Gefahr. Auch die steile Schlucht durch die Felsstufe ist bei Nebel kaum zu finden. – Vom Urner Boden her steigt man etwa 6.00 h zum Gipfel auf. Zuerst auf dem Sommerweg durch den Wängiswald nach Hinter-Orthalden, 1890 m, und zum Sattel von Trittli, 2036 m. Schon ab hier hat man auf die Absturz- bzw. Wächtengefahr an den Ostabstürzen zu achten! Über Bänder und zwischen kleinen Felsabstürzen geht es dann amüsant bergan über Ober-Orthalde, 2287 m. Bald darauf ist man an der genannten schwierigen Engstelle, die auf den bei sichtigem Wetter harmlosen Gipfelfirn führt. Am Gipfel steht man dem Tödi dicht gegenüber und kann auf die anschaulichste Weise die herrlichen Ski-Möglichkeiten um Clariden- und Hüfifirn, zwischen Tödi, Windgälle und Oberalpstock studieren. – Geht einer im März oder April auf den Gemsfairenstock, dann kann er über Chamerberg und Chameralp meist bis ans Ufer der Linth abfahren.

Kleiner Kärpf über Glarus

Große Zürcher Tourenabfahrt mit kleiner Bahnhilfe

TALORT Schwanden, 521 m, Station 4 km südlich Glarus (1½ h von Zürich)

UNTERKUNFT Die Leglerhütte des SAC liegt in 2273 m Höhe, hat 60 Plätze und ist an schönen Wochenenden in der Skitourenzeit ab Mitte Februar bewartet. Aufstieg Leglerhütte–Skidepot unterm Kleinen Kärpf etwa 1.30–2.00 h

CHARAKTER Echte hochalpine Steilabfahrt über freie Mulden und Gratrücken, später lichte Waldabfahrt. Keine ganz leichte Abfahrt! Nichts für Anfänger

AUFSTIEG Schwanden – Chis 1¾ h, oder mit Bus oder Kfz, dann Bergbahn bis Stausee Garichte, dann 2 Std. bis Leglerhütte und weitere 2 h zur Scharte

BESTE KARTE Schweizer Landeskarte, Blatt 246 Klausenpaß und Blatt 247 Sardona, mit Skirouten!

BILD Der Große Kärpf (links oben) und die Leglerhütte (genau in Bildmitte auf dem sonnigen Absatz über schwarzer Felswand) mit einem Teil der großen Abfahrt über die verschneiten Engi-Seen (rechts unten) nach Schwanden bei Glarus. Die Kärpfscharte mit dem Skidepot ist links neben dem Großen Kärpf, also dicht außerhalb des Bildecks links oben

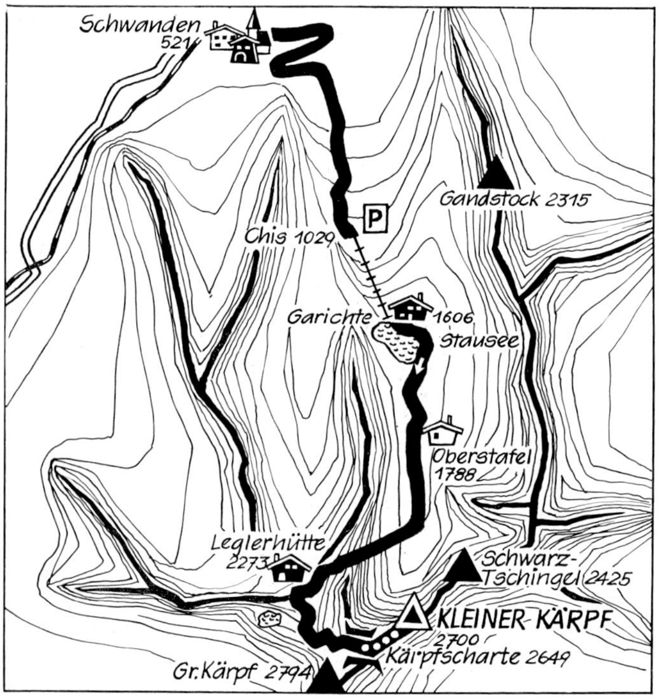

Das Tal von Glarus, das von der schnellen Autostraße Sargans – Walensee – Zürchersee südwestwärts auf den mächtigen Tödi hin zielt, ist für den Bergsteiger geschichtsträchtig: Hier wurde vor 100 Jahren der Schweizer Alpenclub (SAC) gegründet, und hier steht mit dem Schilt der erste mit Schneeschuhen bestiegene Hochalpengipfel (8. Januar 1893) ... Unweit von der runden Eiskappe des gewaltigen, 3600 m hohen Tödi steht der Felszackengrat von Großem und Kleinem Kärpf. Wenn die Zürcher Skiläufer aufs Rheintal hin zielen, auf Alvier, Pizol, Rosswies oder Vorab, dann machen sie dicht bei Glarus gerne eine energische Wendung auf den Kärpf zu: er verspricht immerhin 2100 Höhenmeter Abfahrt und obendrein eine kleine Kabinenbahn, die einem gute 600 Höhenmeter vom langen Aufstieg abnimmt. Von der Bergstation am Stausee Garichte, 1606 m, geht man nur noch gute 2 h zur herrlich gelegenen Leglerhütte (SAC, 2273 m), rastet oder nächtigt dort – dem eisigen Tödi nun dicht gegenüber – und steigt dann weiter durch mehrere Rampen und Hochkare bis in die Kärpfscharte auf 2649 m Höhe, wo man das Skidepot errichtet. Der Gipfel des Großen Kärpf ist nicht ersteigbar, der des Kleinen wird in 15–20 Minuten leicht erreicht. Da hat man dann die schönsten Skigipfel der Ostschweiz in der Nachbarschaft: die eisfreie Gruppe Gamsberg, Alvier, Pizol, Hinterrugg hier, die übergletscherten Gipfel von Claridenstock, Gemsfairenstock, Tödi dort, man kann Pläne für einen halben Winter festlegen ... Was die große Abfahrt aus der Kärpfscharte nach Schwanden bei Glarus betrifft, so ist zu sagen, daß sie selten enttäuscht: Die Abfahrt ist rein nordseitig, die vielen Mulden konservieren und halten den Schnee bis Ende Mai. Dazu kommt, daß diese Abfahrt abwechslungsreich wie kaum eine andere ist. Die interessanteste, vor allem die großzügigste Strecke zielt von der Leglerhütte aus bis zum Sattel vor dem Sonnenberg, wo man scharf nach links abbiegt zu den kleinen Seelein von Ober-Engi, weiter geht es über Engi, 1889 m, Steinstoßfürggeli, 1806 m, Franzenhorn, Schönau, 1849 m, Tiefenwald, Auernstafel, Auern, Tannenberg und Schlattberge ins Tal. An den Wochenenden wird man sicher stets gute Spuren finden.

Piz Sardona (Surenstock)

Vom Cassonsgrat über den Segnasgletscher

TALORT Flims-Waldhaus, 1150 m (30 Autominuten ab Chur)

STÜTZPUNKT Keiner. Man kann diese große Skitour als Tagestour unternehmen, wenn man mit dem ersten Lift bzw. der ersten Gondel über Foppa und Naraus zum Cassonsgrat, 2665 m, auffährt

CHARAKTER, GEFAHREN Die Tour ist trotz großer Starthilfe durch die Bahn zum Cassonsgrat nicht leicht zu nehmen! Man hat vom Cassonsgrat aus eine lange flache Hangquerung zum Segnasgletscher zu absolvieren, die nicht immer angenehm und sicher ist. Dann folgt der Steilanstieg vom Sardonapaß, 2804 m, über den Eishang zum Surajoch, der ebenfalls manchmal heikel sein kann. Seil und Eispickel sind oft unerläßlich! Vom Surajoch kann man den Piz Sardona, 3013 m, oder den Piz Segnas, 3098 m, oder auch alle beide ohne besondere Schwierigkeiten besteigen

WARNUNG Der felsige Steilabbruch (im Bild ganz links Mitte) vom Segnasbecken herab zur Segnashütte muß oberhalb der Felsen bei der Firnlücke überwunden werden!

BENACHBARTE TOUREN Bündner Vorab, 3028 m, ab Liftstation La Siala, 2740 m (Aufstieg über den schönen Vorabgletscher), dann große Abfahrt nach Flims (Schlußteil Piste). – Piz Sardona und Piz Segnas können etwas länger, aber schöner und interessanter (auch mit viel besserer Abfahrt) vom Calfeisenthal her angegangen werden, am besten mit Nächtigung in der kleinen Sardona-Hütte des SAC, 2157 m, 4.30 h von Vättis

KARTE Schweizer Landeskarte, Blatt 247 Sardona, 1 : 50 000

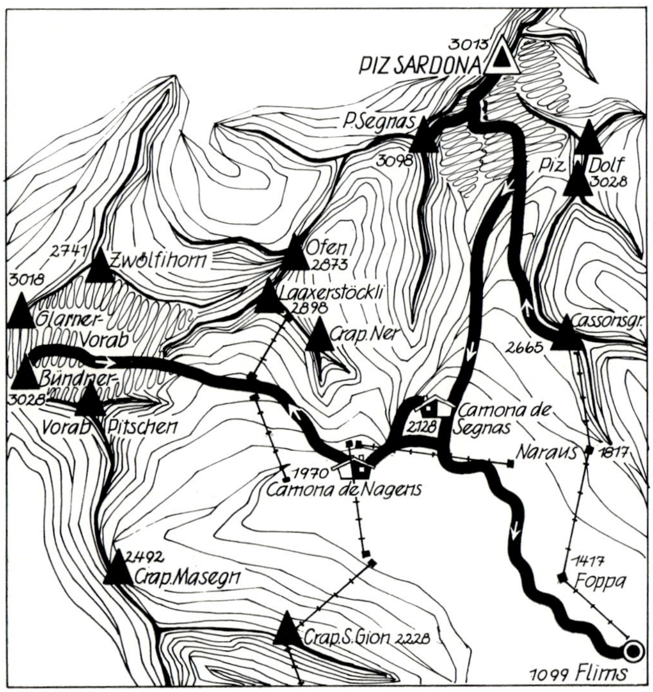

Flims in seiner streng gegen Süden ausgerichteten Sonnenschale ist auch der Ausgangspunkt zu einigen stillen Skitouren, für deren Besteigung die neuen Lifte und Bahnen Starthilfe anbieten. Höhenmäßig – nimmt man vorschnell an – sind die beiden Dreitausender Piz Sardona und Piz Segnas vom 2665 m hohen Cassonsgrat, wohin einen die Luftseilbahn bringt, leicht zu besteigen, mühelos sozusagen ... aber das stimmt weder für diese beiden Dreitausender, noch für die gegenüberliegenden beiden Vorabgipfel, die auch nur 3018 bzw. 3028 m Höhe erreichen. Es gibt da lange Querungen und Felsrampen, dazu steile, oft eisige Aufschwünge – etwa die vom Sardonapaß zum Surajoch (von Surenstock!) – und es gibt die Tatsache, daß wir als Skifahrer auf reinen, also nie ganz frommen Südhängen operieren. Südhänge sind immer lawinenverdächtig. Sicheres Wetter und sichere Schneeverhältnisse können die Tour leicht machen – ein Wetterumschlag oder Nebel während der Tour kann oft nur von ortskundigen Läufern überstanden werden ... Man quert vom Cassonsgrat weg in der langen Westflanke des Piz Dolf immer streng nordwärts in das Becken des Segnasgletschers und verfolgt ihn bis knapp vor den Sardonapaß, 2804 m; hier biegt man scharf nach links (Westen) und muß nun versuchen, den nicht immer einfachen Gletscheraufschwung in den Sattel (Surajoch) zwischen beiden Dreitausendern zu ersteigen. Die Sache sieht im Bild leicht aus, sie ist aber nicht immer leicht. Der weitere Gipfelanstieg ist dann meist ungefährlich, der Ausblick in die Glarner Bergwelt und nach Süden ganz unbeschreiblich schön. Ähnliches gilt auch von den beiden (leichter erreichbaren!) Vorabgipfeln. – Vom Sardonapaß südwärts abfahrend, halte man sich rechts, also an den Westrand des Segnasbeckens und fahre rechtzeitig aus dem Becken rechts heraus (bei Punkt 2367, La Siala der Landeskarte. Gut im Bild zu sehen), um nicht an den gefährlichen Felsabbruch über der Segnashütte zu geraten. Ab Segnashütte verfolgt man dann die Piste über Foppa bis Flims. Oder leistet sich die Auffahrt von Startgels nach Nagens, um sich im Pistenzirkus unter dem Laaxerstöckli auszutoben.

Blick von Süden (!) auf Piz Segnas, 3098 m (links oben), Piz Sardona, 3013 m (Bildmitte oben) und Piz Dolf, 3028 m (rechts). Genau unter dem Piz Dolf die Bergstation der Gondelbahn zum Cassonsgrat auf 2665 m Höhe. Man kann die lange flache Querung zum Segnasgletscher und den Steilanstieg vom Sardonapaß nach links (westlich) zum Surajoch gut verfolgen. Bei der Abfahrt hat man den Steilabbruch am linken Bildrand (Mitte) mit großer Vorsicht hinter sich zu bringen.

Der Blüemberg

Frühjahrstour überm Vierwaldstätter See

TALORTE Riemenstalden, 1939 m (mit Kfz. ab Sisikon, 446 m, am Vierwaldstätter See); evtl. im späteren Frühjahr mit Kfz. bis Käppeliberg, 1189 m. – Schachen, 610 m, im Muotatal (mit Kfz. ab Schwyz, 516 m)

STÜTZPUNKT Lidernenhütte SAC, 1727 m (90 Lager, Hüttenwart an Wochenenden). Hinweis: die Tour wird am schönsten (und am meisten) ab Lidernenhütte (Nächtigung) im Aufstieg und nach Muotatal-Schachen in der Abfahrt durchgeführt. Die Tour ist im Frühjahr vielbegangen, von der Hütte führt fast immer eine sehr gute Spur bis in den Sattel zwischen Blüemberg und Kronenstock, von dem aus man (teils an Drahtseilsicherungen) zu Fuß zum Gipfel ansteigen muß

CHARAKTER, GEFAHREN Ideale Frühjahrsskitour, nur bei guten Schneeverhältnissen, nur bei guter Sicht möglich! Lawinengefahr bei unsicheren Verhältnissen, vor allem unter der Anstiegsscharte, wie überhaupt beiderseits des Gipfels. Reine Nordflanken zur Abfahrt! Ungewöhnlich umfassende Aussicht über den Kern der Zentralschweiz

KARTE Schweizer Landeskarte Blatt 246, Klausenpaß, mit Skirouten, 1 : 50 000

GLEICHWERTIGE NACHBARTOUREN Rosstock, 2460 m, und Fulen, 2491 m, nur bei ganz lawinensicherem Schnee, ab Lidernenhütte

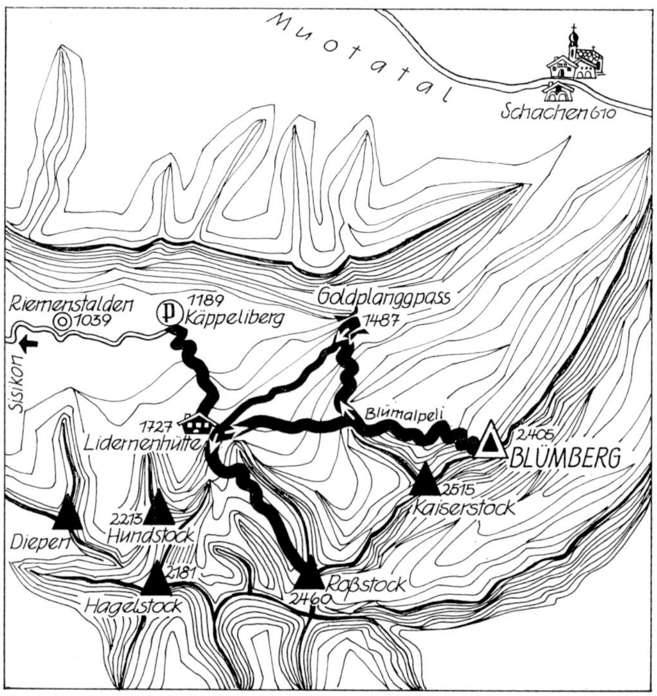

Eine der allerschönsten Frühjahrstouren der Zentralschweiz führt auf den Blüemberg zwischen Riemenstaldner- und Schächen-Tal. Man zweigt – von Norden kommend – von der oft überfüllten Axenstraße am Vierwaldstätter See bei Sisikon scharf links ab und fährt von 446 m Seehöhe bis 1039 m bei Riemenstalden oder gar auf 1189 m Höhe bei Käppeliberg auf. Von hier sind es nur noch gute 1.30 h zur Lidernenhütte des SAC: auf meist guter Spur geht es rechts südlich über den Bach, dann im Zickzack südöstlich steil hinauf. Anderntags steigt man von der Hütte ostwärts bis Ober-Hüttli, dann südlich um den Felskopf 2012 herum und quert mehrere Gräben, am Ende geht es nordöstlich bis in den Sattel zwischen Schnürstock, 1993 m, und dem Nordwestsporn des Kaiserstock. Dergestalt erreicht man das weite Kar der Blüemalp (rechts im Bild oben), in dem man bis hinauf in die Steilmulde am Westfuß des Blüemberggipfelstockes ansteigt: zuletzt recht steil. Der den Gipfel umgebende Felskranz wird zu Fuß – am besten mit Skistöcken – und teilweise mit Drahtseilsicherung erstiegen (2.30 h ab Hütte). – Die Abfahrt kann, aber sollte nicht am Anstiegswege erfolgen! Es gibt zwei besonders empfehlenswerte Abfahrten, beide auf reinen Nordflanken: die eine nach Höchi mit reichlichen 1000 m Höhendifferenz, die andere nach Schachen ins Muotatal mit ergiebigen 1400 bis 1700 m – deshalb wird sie auch bevorzugt. Die Abfahrt nach Höchi (von wo aus man etwas flache 300 Höhenmeter westwärts bis Käppeliberg abfahren kann) führt am Anstiegsweg über die Blüemalp, umfährt aber den Schnürstock östlich und erreicht über Husmätteli und Färlen den Talboden bzw. den Paß. – Die große Abfahrt ins Muotatal setzt die Überschreitung des Blüemberggipfelstockes nach Osten voraus (die Skier am Buckel!), hier geht es vom Gipfel erst zu Fuß südlich kurz abwärts, dann wird angeschnallt und vorsichtig der große, sehr steile Nordosthang in das Becken der Rupperslauiterrasse abgefahren; ab hier fährt man nordostwärts und bei Ahöreli in die Waldzone. Über Äbnet fährt man auf Wiesen, dann schwindelt man sich, je nach Schneevorrat, direkt oder über Bürgeli bis zum Talboden hinab.

Flugbild von Norden auf die Kette (von links) Wissnollen, Misthufen, Blüemberg (links der Bildmitte oben, über den von rechts zusammenlaufenden Felsgraten), Kaiserstock, 2515 m, Fulen, 2491 m, Rosstock, 2460 m. Das Karrenfeld rechts oben am Bildrand dient dem Aufstieg von der Lidernenhütte her, die Abfahrt nach Muotatal erfolgt knapp links der Bildmitte, senkrecht von oben nach unten.

Von der Roßwies ins Rheintal

1900 Höhenmeter über den Gamperneirücken

TALORT Buchs, 448 m (gegenüber Vaduz am Rhein). – Grabs, 476 m (10 Autominuten nördlich von Buchs)

STÜTZPUNKTE Beim Aufstieg von Buchs – Skihütte Malbun, 1369 m (Naturfreunde, Sektion Arbon. 3.00 h von Buchs) oder Malbun-Untersäss, 1411 m (Skiklub Buchs). Beim Aufstieg von Grabs – Bützenhütte, 1450 m (Skiklub Grabs)

CHARAKTER, GEFAHREN Die Roßwies, 2335 m, liegt fast 1900 m über dem Rheintalboden, die Tour ist also außerordentlich lang, auch wenn man auf Malbun oder Bützen übernachtet. Aufstiegszeit zu den Hütten je etwa 3.00 h. Zeit ab Hütte bis Gipfel je etwa nochmals 3.30-4.00 h. Die Abfahrt, gletscherfrei, erst in steilen Mulden, dann am endlosen Gamperneirücken, ist sehr schön. Lawinengefahr nach Neuschneefällen! Beste Zeit: März bis Mai

KARTE SL-Karte Blatt 237, Walenstadt

BENACHBARTE SKITOUREN Buchs–Seveler Berg–Alvier, 2343 m: anstrengend (April/Mai Kfz.Auff. bis etwa 1300 m möglich). – Evtl. auch Faulfirst, 2383 m, über Malbun (anstrengend)

HINWEIS Der Ausgangspunkt Buchs–Grabs liegt niedriger als München! Die Ostsüdostflanke des Aufstieges wird dadurch bald schneefrei. Eine neue muntere Recherche ergab, daß man auf kleinen Bergstraßen gut bis Malbun, oder einen Teil auffahren kann. Das kann die Unternehmung zur Tagestour machen!

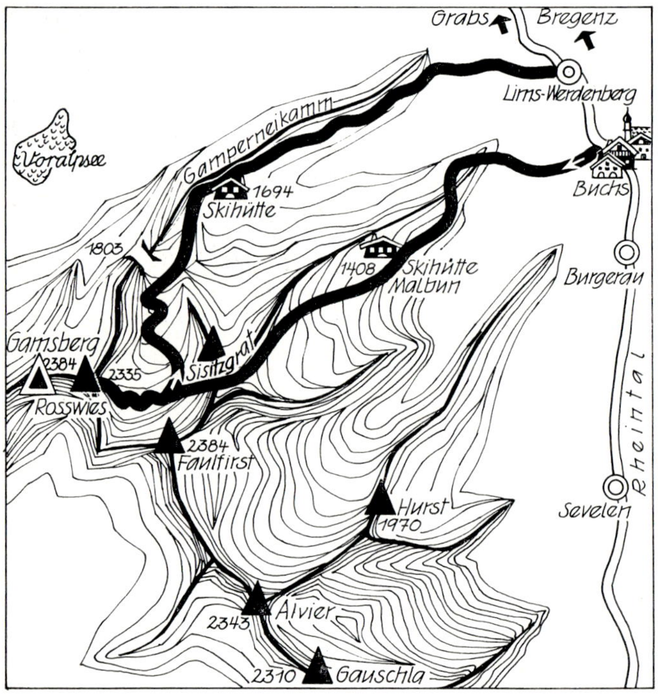

Südlich vom Bodensee stehen als westlichste Säulen der Churfirsten-Gruppe drei elegante Skigipfel über dem tiefen Rheintal-Boden: Alvier, Faulfirst und Gamsberg. Dicht neben dem Gamsberg steht die Roßwies, ein Skigipfel von höchstem Range für ausdauernde Skiläufer. Die überlaufene und zur Dauerpiste ausgefräste Pizol-Tour wäre auch im jungfräulichen Zustande nicht so schön wie diese Roßwies-Tour (die man oft als Gamsberg-Tour loben hört). Es sind nicht nur die bald 1900 Höhenmeter Abfahrt, und es ist nicht nur die vollkommene Einsamkeit, in der man einen vollen Tag steigt und fährt, die die Roßwies-Tour so unvergeßlich schön machen: es ist vor allem auch der Blick aus der tiefen Bergstille hinab in den breiten Rheinboden, hinaus auf den nahen Bodensee, oder aber südwestwärts auf die Sieben Churfirsten überm Walensee, und ins Herz der Glarner Gletscherberge hinein. – Der beste Plan für diese Tour: Man steigt ab Buchs (20 Minuten von Grabs) über den Buchsberg zur Skihütte Malbun, 1369 m, und bittet dort um Nachtquartier. Anderntags geht es über Malbun-Obersäss auf den Sisitzsattel zwischen Glanna- und Margelkopf. Jenseits, im Sisitzboden, steigt man südwärts, bis man bequem hinauf zum Gipfel der Roßwies – auf ihrer dem Faulfirst zugewandten Südostseite – spuren kann. Nach der herrlichen Umschau folgt die große und auch großartige Abfahrt: hinab gegen den Sisitzgrund, dann aber schon frühzeitig westlich des Margelkopfes hinüberqueren zum Chapf, dem höchsten Punkt des mächtigen, bis in den Rheintalboden hinabreichenden breiten Gamperneirückens. Dieser Rücken kann, zumal im Frühjahrsfirn, zum Hochgenuß werden. Weiter unten heißt der Gamperneirücken Staudnerberg; sobald man hier an die Bergstraße gelangt, nimmt man Richtung nach rechts auf Schloß Werdenberg zu, um bis nach Lims-Werdenberg abfahren zu können, von wo aus der Bahnhof Buchs in 20 Minuten erreichbar ist. – Man kann auch die Abfahrtsstrecke hinaufgehen, im Frühjahr auf der eben erwähnten Bergstraße sogar ein Stück hinauffahren (die Tour ist nur im Frühjahr vollkommen schön und auch ungefährlich!); dann übernachtet man am besten auf der Skihütte Bützen, 1450 m.

Blick aus dem Flugzeug von Osten auf den mächtigen Gamperneirücken mit seinem höchsten Punkt, dem Chapf. Links von diesem der felsige Margelkopf, 2163 m. Genau über dem Margelkopf Roßwies und Gamsberg; links oben der Faulfirst. Rechts oben im Hintergrund der Tödi. Links unterm felsigen Margelkopf der für unseren Anstieg (über Malbun-Obersäss) wichtige Sisitzsattel

Frühjahrsfahrten vom Säntis

Großer Schnee – Wagenlücke – Seealpsee

TALORT Urnäsch, 832 m. Schwägalp (Talstation der Säntisbahn), 1352 m. Appenzell, 789 m

STÜTZPUNKT Nicht nötig! – Einkehr: Säntis-Gipfelhaus, 2504 m. – Eventuell Meglisalp, 1517 m (Winterraum), zur Skisaison meist bewirtschaftet

CHARAKTER, GEFAHREN Die hier vorgestellten, zu einer Tour kombinierten zwei Säntis-Abfahrten Säntis – Meglisalp und Wagenlücke – Seealpsee sind zwar meist befahren, doch keinesfalls als Pisten zu bezeichnen! Dazu sind sie zu schwer und gefährlich! Sie sind nur bei allersichersten Verhältnissen zu unternehmen und auch nur von hochalpin erfahrenen Skiläufern. Zwischenaufstieg Meglisalp, 1517 m, – Wagenlücke, 2072 m, etwa 1.30 h

KARTE SL-Karte Blatt 227, Appenzell

BENACHBARTE SKITOUREN Ebenalp-Schäfler, 1923 m, – Garten – Weißbad (rassige Abfahrt). – Hochwinter-Skiwanderung Schwägalp – Kammhaldenhütte – Weißbad (leicht, schön). – Große Rundtour »Rund um den Alpstein«: Bollenwies – Mutschensattel – Gamplüt – Thurwies – Stütze III – Säntis – Meglisalp – Bötzel – Brülisau (großartige Tagestour nur für bergerfahrene und ausdauernde Skibergsteiger!)

HINWEIS Oberes und Unteres Mesmer-Couloir unter der Wagenlücke sind im Herbst 1967 teilweise planiert worden. Das hat die Abfahrt (die dennoch eine Spezialität für große Könner bleiben muß) etwas erleichtert

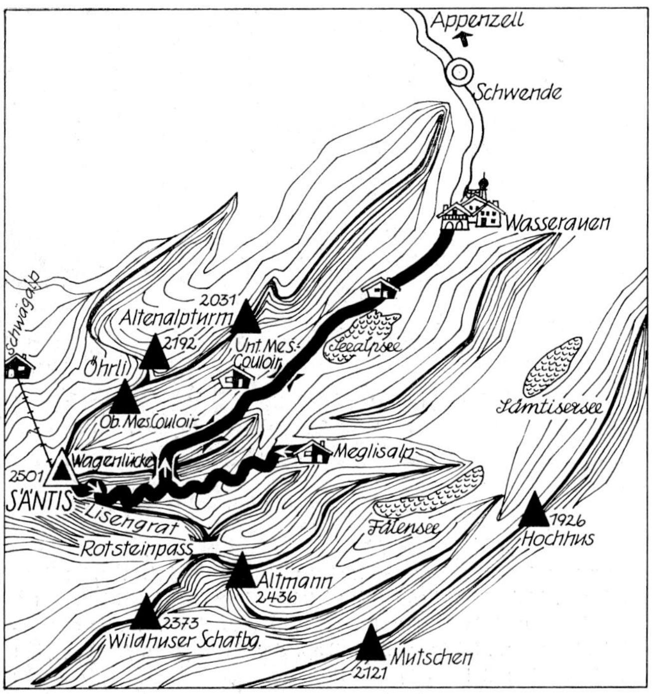

Der Säntis, dominierender Gipfel der Ostschweiz, ist berühmt ob seiner Aussicht: Zugspitze, Ortler, Fluchthorn, Bernina, Jungfrau, Finsteraarhorn, Schwarzwald und Vogesen markieren die Grenzen dieses unerhörten Umblickes. Für den alpinen Skiläufer sind im Frühjahr zwei überaus steile, daher nur für den sehr guten Abfahrer bestimmte – und daher nie zur Piste ausgefahrene – Abfahrten interessant. Man kann sie durch einen Zwischenanstieg prächtig kombinieren und so zugleich das schlechte Gewissen ob der Bergbahn-Auffahrt kompensieren. Startpunkt ist der hohe Säntisgipfel (Bergbahn ab Schwägalp oder 6.00 h). Über die Maßen steil fährt man in den Großen Schnee ein, und steil und zügig schwingt man hinab zur Meglisalp: das sind bereits 1000 Höhenmeter! An der Meglisalp hat man nicht nur der heißen Muskeln wegen Grund zur Rast; sie, die sommerlich überlaufene Rastalp, ist im Winter ein stiller Ort zum Bleiben mit einem großartigen Einblick ins merkwürdige Gefüge des Alpsteingebirges. Später schnallt man die Felle auf und steigt gemütlich in 1.30-1.45 h zur Wagenlücke auf, jenen kühnen Spalt, im Rossmad-Grat, von dem es jenseits abermals steil, ja verwegen steil hinabschießt. Es gehört Mut dazu, in den extrem steilen Hang abzukippen, aber hat man mal die ersten drei Schwünge aneinander gereiht, dann weicht die Angst einer tollen Lust. Beinahe abenteuerlich steil geht es hinab zum Oberen Mesmer-Couloir, wo man den Verhältnissen nach das rechte oder linke zu wählen hat. In schneller Fahrt geht es nach dem engen Couloir am Mesmer-Wirtshaus vorbei und in das Untere Mesmer-Couloir: noch einmal mischen sich hier Schreck und wilde Freude und dann fährt man in Riesenschwüngen erleichtert hinab in den großen Boden des Seealpsees, 1141 m. Zu den ersten 1000 Höhenmetern darf man nun nochmals 900 zählen = 1900 Meter Abfahrt! – Eine Variante für erstklassige Abfahrtsläufer: Säntis-Gipfel (Fuß-Abstieg Vorsicht!) – Anschnallen Blauer Schnee – Abfahrt unter der Wagenlücke durch in die eben erwähnten Mesmer-Couloirs. Bei (warmem) lawinengefährlichem Wetter sollten beide hier dargestellten Abfahrten unterlassen werden. Es hat schon Unglück gegeben ...

Der Säntis, 2504 m (rechts oben). Nach links anschließend Kälbersäntis und Lysengrat. Dahinter eben noch sichtbar fünf der Sieben Churfirsten und der Tödi. Im quer durch das Bild verlaufenden Rossmad-Grat erkennt man die von Sonnenstrahlen markierte Wagenlücke, 2072 m. Links davon die Abfahrt Säntis – Großer Schnee – Meglisalp, rechts davon die Abfahrt Säntis – Blauer Schnee – Mesmer – Seealpsee. Unser Vorschlag Abfahrt Säntis – Großer Schnee – Meglisalp, Zwischenanstieg zur Wagenlücke und von dort Abfahrt über Oberen und Unteren Mesmer zum Seealpsee richtet sich ausschließlich an sehr erfahrene Skibergsteiger. Kein normaler Pistenfahrer darf sich diese hochalpine Extremabfahrt zutrauen!

Auf den Piz Beverin

Riesenfirnfelder über der »Via mala«

TALORT Thusis am Hinterrhein, 680 m; oder südlich der »Via mala« das Dorf Zillis, 933 m. Dörfer Mathon, 1521 m, und Wergenstein, 1485 m

STÜTZPUNKT Beverinhütte, 2000 m (Privat), 1.30–1.45 h ab Mathon (Dorf am linken Rand unseres Fotos), 1521 m

CHARAKTER, GEFAHREN Eine großartige und großzügige Skitour, die bei guten Firnverhältnissen und vernünftig gelegter Spur nicht gefährlich ist. Der Aufstieg erfordert ab Mathon etwa 5.30 h, ab Wergenstein etwa 5.00 h. Der Südostgrat ist unzugänglich. Der Gipfelaufstieg erfolgt von der Beverinlücke, 2825 m, aus über den Südwestgrat

KARTE SL-Karte Blatt 257, Safiental

BENACHBARTE SKITOUREN Surettahorn, 3027 m, ab März, von Splügen über den Schwarzhorngletscher. – Pizzo Tambo, 3279 m, mit grandioser Aussicht vom Grenzkamm, ab Splügen über Neustafel und Liftstation Danazhöhe. – Bruschghorn, 3054 m, höchster Gipfel überm Safiental, ab Wergenstein oder Andeer oder Sufers-Cucercalhütte. – Alle Einzelangaben im SAC Skitourenführer 2, Graubünden

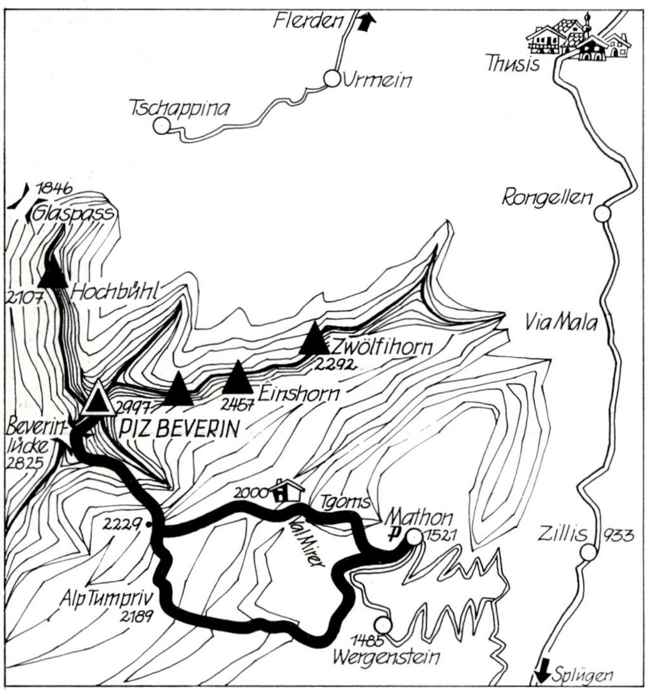

Der Piz Beverin ist einer der schönsten und beliebtesten Aussichtsberge Graubündens. Seine markante, auf vier Graten ruhende Pyramide beherrscht das Domleschg. Im Winter kann dieser schöne Berg allerdings nur von der östlichen Schamser Seite her bestiegen werden; er bietet dann, besonders im Frühjahr bei Firnverhältnissen, eine zwar anstrengende, doch außerordentlich lohnende Ski-Hochtour. Unser Bild beweist es an den fast ungebrochenen, riesigen Skifeldern, die vom Gipfel östlich und südöstlich abfließen, um in einer skifreundlich lichten Lärchen- und Fichtenwaldzone auszulaufen. Es gibt zwei Anstiegsmöglichkeiten: 1. Ab Wergenstein über die Maiensässe von Dumagns westwärts zur Alp Tumpriv, 2189 m (bis hierher etwa Sommerweg). 300 m vor den Hütten von Tumpriv schwenkt man nordwestlich gegen Punkt 2229 ab. Über den Südhang ansteigend in die große Mulde, die zur Beverinlücke, 2825 m, führt. Von hier benützt man den Südwestgrat zum Gipfel, 2997 m. – 2. Aufstieg ab Mathon zu den Hütten von Tgoms, 1859 m, dann quert man das Val Mirer und entscheidet sich hier nach der Schneebeschaffenheit: entweder bei sicherem Schnee durch den Südhang der Blasatscha den Sommerweg entlang und an P. 2229 m vorbei in die Route von Wergenstein, oder besser durch den Osthang hinauf gegen Punkt 2442, wo man in einer kleinen Abfahrt die Mulde vor der Beverinlücke erreicht. – Die Abfahrten erfolgen auf den Anstiegswegen und sind beide großartig. Die (private) Beverin-Hütte steht auf etwa 2000 m Höhe über den Hütten von Tgoms, also noch rechts, das ist nördlich des Val Mirer. Daneben gibt es oberhalb von Wergenstein die Skihütte Alp Dumeins in etwa 1800 m Höhe mit Platz für acht Personen (man wende sich vor der Benützung an den privaten Besitzer in Wergenstein). – Im Hochwinter seien für den, der Thusis berührt, die berühmten, leichten und überaus dankbaren Skitouren am Heinzenberg erwähnt, den nördlichen Kammauslauf des Piz Beverin. Ähnlich wie im westlich benachbarten Safiental warten hier unendliche, ost- und nordwärts abfallende Idealskifelder über stillen, wenig besuchten Talorten. – Die Kirche von Zillis besitzt eine herrliche romanische Decke – die schönste der Schweiz!

Der Piz Beverin, 2997 m, steht als mächtige vierkantige Pyramide über dem Domleschg. Im Vordergrund links, am Bildrand, das Dorf Mathon, rechts unten das Dorf Lohn. Der Aufstieg ab Mathon kreuzt links der Bildmitte die gut sichtbare Schlucht des Val Mirer, dann geht es an dem langen weißen Rücken nach rechts oben, bis die Spur beim ersten felsigen Absatz hinter dem Kamm verschwindet (wo sie weiter zur Beverinlücke leitet).

Frühjahrstour zum Kirchalphorn

Schönste Skitour überm Hinterrhein

TALORT Hinterrhein, 1620 m (Rheinwald, am Fuße des S. Bernardino-Passes)

STÜTZPUNKT Am Berg: keiner

CHARAKTER, GEFAHREN Diese reine Frühjahrstour mit Südosthängen unten, und Osthängen im oberen Bereich, ist einfach zu finden und nicht gefährlicher als jede andere Hochgebirgstour. Nicht nach stärkeren Neuschneefällen, nicht nach plötzlicher Erwärmung! Die Tour gilt als schönste und lohnendste im Gebiet des Hinterrheins!

KARTE SL-Karte Blatt 267, S. Bernardino

BENACHBARTE TOUREN Rheinwaldhorn über die SAC-Zapport-Hütte (Achtung! Gefährlicher Zugang!); Piz Beverin ab Zillis über Beverinhütte (Tour 30); Piz Tambo und Surettahorn am Splügenpaß

BILD Das Kirchalphorn, 3039 m, nördlich über dem Hinterrhein beim Dorf Hinterrhein, aus dem Flugzeug von Nordosten gesehen. In Bildmitte der Gipfel, rechts darüber das Lorenzhorn, 3043 m. Rechts vom Kirchalphorn der Fanellagletscher. Unser Anstieg und die Abfahrt führen über die Hänge jenseits der diagonal vom Gipfel nach links abziehenden, jetzt beschatteten Felsrampen. Rechts im Vordergrund das nordostwärts absinkende Peilertal. Rechts unterm Kirchalphorngipfel die Lücke, die auch den Gipfel des Lorenz- bzw. Fanellahorns einbringen kann

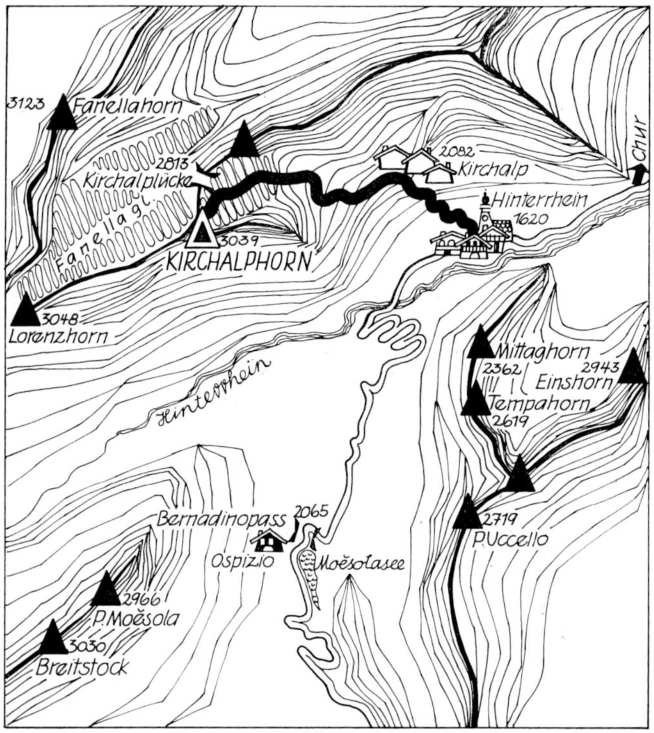

Nicht weit hinter der düsteren »Via mala«, wo aus dem Rheinwald die engen Schlingen der beiden Paßstraßen zum Splügen und S. Bernardino-Paß dem Alpenkamm zustreben, liegt das kleine Dorf Hinterrhein, und unmittelbar über ihm, 3039 m hoch, das unter Skiläufern gutbekannte Kirchalphorn. Es ist einer der schönsten Berge des Rheinwalds, dessen schimmerndes Schneekleid durch das ganze Tal bis zur Roffna hinausleuchtet, während die breite massige Südflanke den S. Bernardino-Paß beherrscht. Nordostwärts unter dem Gipfel bettet sich der kleine Kirchalpgletscher zwischen die Gratrücken, nordwestwärts aber – der Skiläufer gewahrt dies erst am Gipfel, fließt der Fanellagletscher in die Tiefe. – Als Frühjahrsskitour ist das Kirchalphorn über die Maßen lohnend, auch für den mittelmäßigen Skiläufer. Man steigt vom nördlichen Dorfende von Hinterrhein erst in nordwestlicher, dann in westlicher Richtung baumfrei zu den Hütten der Kirchalp, 2082 m, hinauf. In der Regel ist es vorteilhafter, vor allem im späteren Frühjahr, bis hierher die Skier zu schultern. Von den Hütten weg geht es dann über sanfte Hänge gegen Punkt 2795 (der Neuen Landeskarte der Schweiz, Blatt 267) am Ostgrat des Berges und weiter steil über den kleinen Gletscher zum Gipfel. Wer den oberen Teil gemütlicher ansteigen will, hält sich frühzeitig mehr rechts, Richtung Kirchalplücke, und beschreibt dann einen großen weiten Bogen nach links, den Gipfel selbst zuletzt unmittelbar über den Nordgrat betretend. Aufstiegszeit ab Hinterrhein etwa 4.30 h. – Die Aussicht vom Gipfel des Kirchalphorns ist kaum weniger umfassend als die vom westlich gelegenen Rheinwaldhorn; die berühmten Skiberge des Safientales liegen nordöstlich vor uns, westlich Rheinquellhorn und Rheinwaldhorn, und die schönen Berge um den Splügenpaß wie Piz Tambo und Surettahorn. Was die Abfahrt vom Kirchalphorn betrifft, so rühmen sie alle Schweizer Skigenießer als einzigartig schön, zwar nicht lauthals, sondern leise, als Geheimtip sozusagen. Natürlich zieht sie oben über Ost-, dann über Südost- und Südhänge; der Skibergsteiger kann sie also nur befahren, wenn er sehr frühzeitig den Gipfel erreicht und auch frühzeitig zur Abfahrt startet! Des Firns wegen!

Foppa Ziteil – Tiefencastel

Tagestour ab Piz Martegnas

TALORT Savognin, 1207 m. – Tiefencastel, 851 m

STÜTZPUNKT Keiner. – Tagestour!

CHARAKTER, GEFAHREN Hier wird eine kombinierte Tour vorgestellt, – man fährt mit Liften von 1207 bis 2670 m (am Piz Martegnas-Gipfel) auf, fährt auf Skiern 650 m zur Alp Foppa nordwärts ab, steigt zur berühmten Wallfahrtskapelle über der Furcletta Ziteil, 2433 m, auf Fellen empor, und beginnt hier die Riesenabfahrt (siehe Bild) über Munter, Molas, Plangs und Mon nach Tiefencastel. Bei ganz sicheren Schneeverhältnissen ist ab März die Besteigung des kleinen Piz Curvèr (Curvèr Pintg, 2730 m) möglich, dabei werden die oberen Hänge (im Bild rechts oben) gequert: was besondere Vorsicht und ein Gespür für eine gute Spur voraussetzt

KARTE (unerläßlich für diese Tour) Schweizer Landeskarte, Blatt 257 Safiental **und** Blatt 258 Bergün! Je 1 : 50 000

BILD Blick aus dem Flugzeug auf eine der schönsten Ostschweizer Skiabfahrten. Rechts oben der Piz Curvèr, 2971 m, rechts davon am Grat der kleine Curvèr (Curvèr Pintg), 2730 m; links unter dem Piz Curvèr die Furcletta Ziteil, 2433 m (mit Wallfahrtskapelle). Wir kommen von Süden her (nach der Abfahrt vom Piz Martegnas) zur Furcletta Ziteil und fahren von dort, genau in Bildmitte ab. Links die Alp Munter, 1944 m. Ab hier durchfährt man eine kurze Waldzone, dann folgen bis Tiefencastel freie Böden

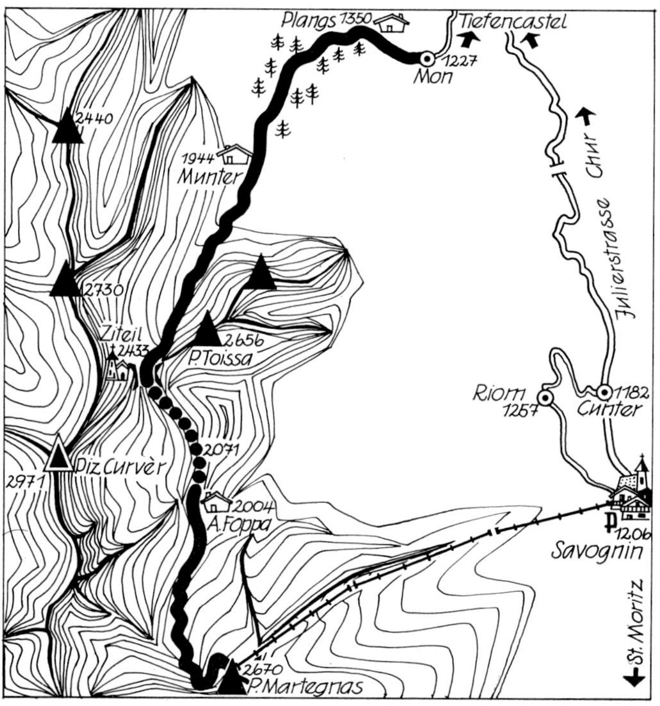

Der bedenkliche »Fortschritt« der Technik, der unsere Alpen immer mehr mit den Spinnennetzen der Seilbahnreviere überzieht, kann auch einmal kleine Vorteile für den Skibergsteiger einbringen: machen wir uns nichts vor... Neuerdings kann man die berühmte Ostschweizer Riesenabfahrt von der Foppa Ziteil nach Tiefencastel (unser Bild) ohne einen fünf- bis sechsstündigen Aufstieg machen. Man fährt ab Savognin, 1207 m, bis zum Gipfel des Piz Martegnas auf unwahrscheinliche 2670 m Höhe empor, – und beginnt hier die Tour. Jetzt ist sie das reine Vergnügen, denn sie beginnt mit einer feinen Nordabfahrt über volle 670 m zur Alp Foppa; daran schließt ein Aufstieg über kaum 430 m an, hinauf zur winterlich vereinsamten Wallfahrtskirche an der Foppa Ziteil, und schon beginnt die Riesenabfahrt über 1600 Höhenmeter nach Tiefencastel, über endlose Firnwellen (genau auf unserem Bild einzusehen). Im März/April kann man bei ganz sicheren Schneeverhältnissen von der Foppa Ziteil auch – mit wachem Skiverstand! – hinüber bis jenseits der Felsrippe queren, die vom kleinen Curvèr herabkommt, und dann zu ihm aufsteigen. Das würde die Abfahrtsmeter bis Tiefencastel auf 1880 m steigern, – oder Anfang April, wenn der Schnee nur noch bis Mon reicht, auf immer noch ansehnliche 1500 m... Diese Abfahrt, über deren Schönheit unser Bild mehr aussagt als alle Worte, muß man gemacht haben. Jetzt ist sie »billig« zu haben, mit nur 1.30 h Aufstieg: wer greift da nicht zu. – Freilich, man muß am Beginn Charakter haben, denn mit dem Lift am Piz Martegnas angekommen, sieht man derart viel schöne Hänge, daß man am liebsten gleich abfährt, etwa um die ungemein schönen Pisten der beiden Lifte südwestlich des Gipfels zu frequentieren. Dann muß man wieder ab Halbstation zum Piz Martegnas. Bei diesem »Hors d'Oeuvre« kann man freilich soviel gute Zeit verlieren, daß man bei der großen Abfahrt von der Foppa Ziteil resignieren muß, – der Schnee wird nun einmal nicht besser, wenn er zu lang in der Höhensonne schmort... Man kann den oberen Teil unserer Hauptabfahrt im Bild gut einsehen: sie führt links der senkrechten Bildmitte von oben nach unten.

Zum Piz Turba

Von Bivio an der Julierstraße

TALORT Bivio, 1769 m, an der Julierpaßstraße nordwestwärts der Paßhöhe. Straße ganzjährig offen (Hotels und Gasthäuser). 40 Minuten Zufahrt von St. Moritz, 1.45 h ab Chiavenna

CHARAKTER Bei einer Höhendifferenz von reichlichen 1200 Meter haben wir ansteigend eine angenehme, stille und interessante Skiwanderschaft zu bestehen, bei der wir bequem gehend 4.00-5.00 h unterwegs sind. Mit Lifthilfe vielleicht 3.00-4.00 h. Die Abfahrt ist im oberen Bereich interessant und zügig, verlangsamt sich aber im unteren Teil. Man kann hier aber leicht ansteigend auf die Piste überwechseln

BESTE KARTE Schweizer Landeskarte 1 : 50 000, Blatt 268, Julierpaß

BILD Das Luftbild zeigt unten links das kleine Skidorf Bivio, 1769 m, an der Julierstraße, ganz rechts oben den Piz Turba. Der Anstieg Bivio – Piz Turba bewegt sich hinter, also südlich des großen Cuolmensrücken in Bildmitte. Man gewahrt dicht hinter dem ersten schattengebenden und etwas felsigen Aufschwung des Cuolmensrückens den uralten Septimerpaß. Vorne unten der Skilift, der bis auf 2500 m Höhe führt. Links oben die Bergeller Granitberge, ganz rechts Piz Badile, links anschließend Piz Cengalo, Pizzi Gemelli, Passo di Bondo, Cima della Bondasca und Scioragruppe

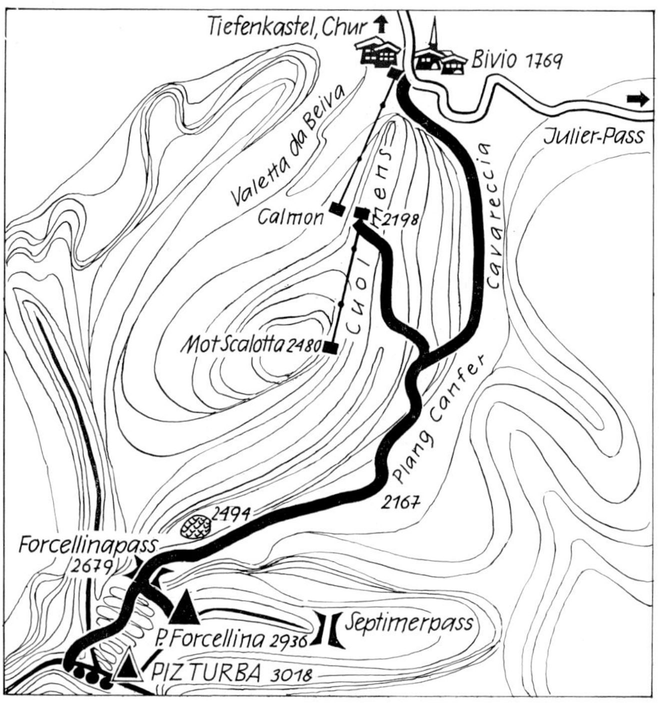

Dicht westlich vom Julierpaß macht die alte Straße nach Tiefencastel und Chur einen scharfen Knick nach Norden. Genau hier liegt das winzige Bergdorf Bivio auf 1769 m Höhe. Bi-vio, das heißt »zwei Wege«, gemeint sind die einst so berühmten wie berüchtigten Übergänge von Nord nach Süd: der Septimerpaß, der südlich Bivio bei 2300 m Höhe den Übergang nach Casaccia und zum Comersee ermöglichte, und der Julierpaß, der östlich ins Engadin leitete und zum Berninapaß. Das Skidorf Bivio, von einer belebten Skifahrerstraße arg geschunden innerhalb seiner engen Gassen, hat überhaupt seine liebe Not: ¾ Fahrstunden weiter warten die berühmtesten Skiberge der Welt um St. Moritz . . . Immerhin bietet sich über Bivio der Piz Turba an, 3018 m hoch und immerhin so exponiert über drei Tälern stehend, daß der am Gipfel Rastende gerne länger bliebe: gegenüber die großartigen Bergeller Granitkanten, Badile, Cengalo, das Bügeleisen der Gemelli, dann die Eisgrate der Bernina, endlich westwärts in der Tiefe, ganz nah, das wilde arme Tal der Walsersiedlung von Avers und Juf, auf 2126 m Höhe, die höchste ständig bewohnte bäuerliche Siedlung in den ganzen Alpen, wo die Bewohner ihre kleinen Hütten mangels Holz mit »Briketts« aus getrocknetem Schafmist heizen – mußten . . . Jedenfalls marschieren wir Skibergsteiger auf diesen Piz Turba, mit oder ohne Lifthilfe, das ist gleich: lassen den alten Römerpaß des Septimer, den wir zuerst ansteuern, links liegen (wir können auch von der Liftstation hierher abfahren oder queren), und nun steigen wir durch sanfte Mulden aus dem Plang Canfer westwärts bis zum alten Forcellinapaß hinauf, 2672 m. Von hier begehen wir südwärts den kleinen Gletscher und kommen so unter die Gipfelfelsen des Piz Turba. Ab Bivio 4.00-5.00 h bequem, mit Lifthilfe etwas weniger. Abfahrt sehr schön am Anstiegswege, evtl. mit Osthangquerung zu der Liftpiste. Die Gipfelsituation um Piz Turba, 3018 m, und Piz Forcellina, 2986 m, ist recht interessant, und daß man die letzten Meter an herrlichen Blöcken klettern muß, gehört auch hierher. Wer sich die Gipfelfreude triftig verdoppeln will, studiere erst die herrlich anschauliche Schweizer Landeskarte.

Zum Piz Jenatsch

Vom Albulatunnel durch das Val Mulix

TALORT Preda, 1789 m (Station der Rhätischen Bahn ins Engadin, am Nordmund des Albulatunnels) bei Bergün (guter Wirt)

STÜTZPUNKT Keiner (Tagestour!)

CHARAKTER, GEFAHREN Diese hervorragend schöne, unbekannte und kaum begangene Tour über 1460 Höhenmeter bei 4.30–5.30 h Anstiegszeit – immer in Nordmulden! – wird im Frühjahr gemacht: je später, desto sicherer und angenehmer. Ohne Gefahr für bedächtige, also erfahrene Skibergsteiger!

KARTE Schweizer Landeskarten 258, Bergün, und 263, Julierpaß, beide 1 : 50 000

BENACHBARTE SKITOUREN Piz d'Err, 3378 m, von der Jürg-Jenatsch-Hütte. – Tschima da Flix, 3316 m, von Jürg-Jenatsch-Hütte. – Beides ideale März/April-Touren

BILD Luftaufnahme von Norden in die obersten Hänge des Val Mulix, die bereits Gletschergrund aufweisen. Vorn knapp rechts der Bildmitte der Piz Laviner, 3137 m (mit schwarzem Felskopf), rechts darüber der weiße Piz Jenatsch, 3251 m: der Piz Laviner wird links an der weißen Firnscharte umgangen und so der Anstieg über den Nordgrat des Piz Jenatsch (rechts, von Sonne und Schatten scharf markiert) erreicht. Die letzten Meter zum Gipfel werden zu Fuß zurückgelegt. Links vom Piz Jenatsch die Tschima da Flix, 3316 m. Links am Bildrand die Bergellberge mit Piz Badile und Piz Cengalo

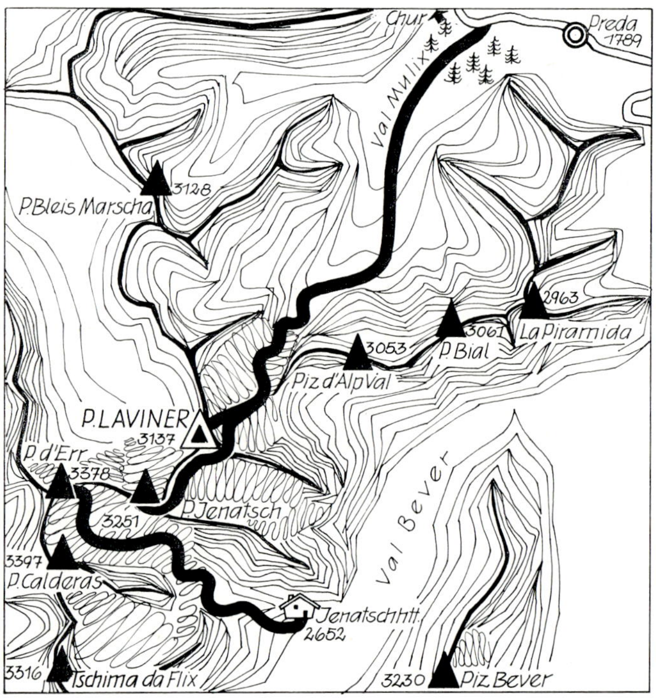

Von Preda aus, der kleinen Bahnstation am Nordmund der Rhätischen Bahn ins Engadin, steigt man (vom nahen Weiler Naz weg) südwestwärts in das einsame Val Mulix hinauf: erst am waldgesäumten Talbach dahin, dann über freie Böden zur Alp Mulix, 2001 m. Ab hier wendet sich das Val Mulix gegen Süden, es wird breiter; bei Punkt 2229 m der Schweizer Landeskarte schlagen wir, steiler aufsteigend, einen kurzen Haken nach Osten und kommen so auf eine längere Westquerung am Hang, die uns genau zu Punkt 2535 m führt – das ist der letzte Boden, wie er auf unserem Bild unten zu sehen ist. Alles Weitere erzählt diese Flugaufnahme: man nimmt den Engpaß neben dem umgletscherten Felsnollen und nähert sich auf idealen Firnböden dem Piz Laviner. Man betritt ihn aber nicht, sondern umgeht ihn links, östlich, gelangt so in seinen südlichen Rücken und steht bereits am scharfen Firngrat (Nordostgrat) des Piz Jenatsch, 3251 m, den man ab Felsrampe zu Fuß ersteigt. Auch von der Aussicht, die man an diesem entlegenen Bündner Gipfel genießt, erzählt unser Bild einiges Interessante: rechts, im Bild nur durch den schwarzen Felssockel angedeutet, steht der gewaltige Piz d'Err, ein König der Albulaberge, südwärts aber, unübersehbar, warten alle Berninagipfel und dazu aller Bergeller Granitriesen auf unsere Bewunderung ... Nebenbei, südwärts unter uns liegt die einsame Jürg-Jenatsch-Hütte des SAC, Ausgangspunkt für den Piz d'Err ... Die Abfahrt führt uns am Aufstiegswege zurück: beim Start schauen wir nordwärts auf Tinzenhorn, den mächtigen Piz Ela, den burgartigen Piz Kesch, und dann schwingen wir von Steilmulde zu Steilmulde, schießen an Punkt 2535 vorüber ostwärts, schwingen links hinab in den Talgrund und hinaus zur Alp Mulix, und lassen es dann im Engtal laufen bis hinaus nach Naz. – Ein unerläßlicher Hinweis: der Albulapaß ist natürlich im Frühjahr noch geschlossen, man muß also die Rhätische Bahn benutzen, um ab Bever im Engadin, oder ab Filisur im Landwassertal (bei Davos) die Station Preda zu erreichen. Diese Bahnfahrt freilich ist eine Freude für sich: immer wieder schaut man dem mächtigen Piz Ela in die schaurigen »Eingeweide«. Guter Hotelstützpunkt Bergün!

Die Kesch-Tour

Vom Engadin über den Piz Kesch nach Davos

TALORTE Zuoz, 1716 m. Madulain, 1697 m. (Beide Oberengadin). – Eventuell Davos, 1558 m, und Sertig-Dörfli, 1861 m

STÜTZPUNKTE Kesch-Hütte SAC, 2638 m, am unteren Porchabella-Gletscher (Erkundigen, ob Hüttenwart oben, 2.30 h von der Raschèr-Hütte. 4.30 h von Sertig-Dörfli). – Klubhütte Raschèr (Chamanna d'Es-cha) SAC, 2594 m. (Wie die Kesch-Hütte als SAC-Hütte unbewirtschaftet. Proviant mitbringen. Zugang ab Madulain oder Zuoz 3.00 h)

CHARAKTER, GEFAHREN Ob ab Zuoz/Madulain hin und zurück oder ab Davos-Sertigdörfli, oder auch als Übergang (am besten Süd-Nord), immer ist der Piz Kesch ein ernstes, hochalpines Ziel. Nur bei sichersten Verhältnissen, nur im Frühjahr, nur von erfahrenen, wohlausgerüsteten Skibergsteigern anzugehen!

KARTE SL-Karte, Blatt 258, Bergün

BENACHBARTE SKITOUREN Davos/Spina – Nüllischgrat, Grat ca. 2500 m (3.30 h). – Davos-Monstein – Bühlenhorn, 2807 m (4.00 h). – Besonders schön: (Klosters) Berghaus Vereina – Flüela-Weißhorn, 3085 m (4.00 h)

BILD Der Piz Kesch, 3417 m, mächtigster und schönster Berg des Albulagebietes (oben rechts). Unter ihm der Porchabella-Gletscher, an dessen Zunge rechts die Kesch-Hütte, SAC. In Bildmitte der Sertigpaß, 2739 m, von dem die Skispuren hinab nach Sertigdörfli (Davos) zielen. Im Hintergrund die vollständige Bernina-Kette von Morteratsch (rechts) über Piz Bernina, Crast 'Agüzza, Bellavista bis Piz Palü

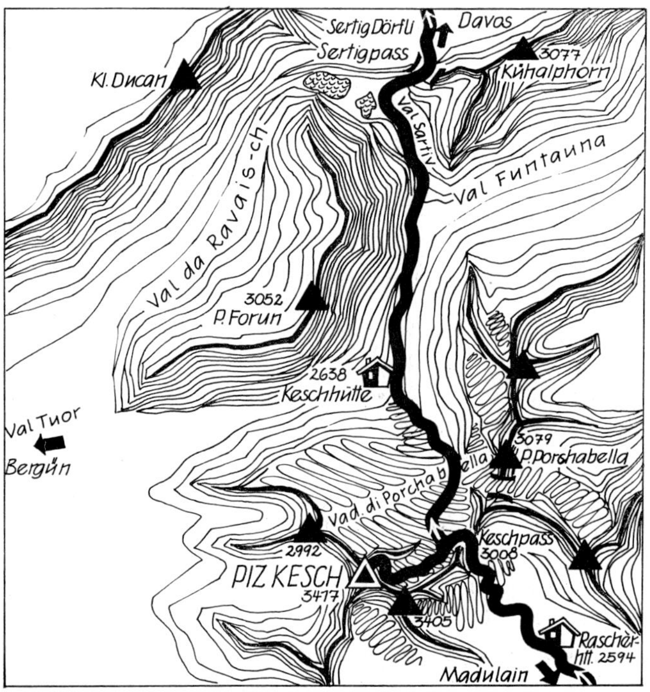

Souverän erhebt sich der Piz Kesch mit seinen 3417 m Höhe über alle Gipfel der Albulaberge zwischen Oberengadin und Davoser »Skigebirge«. Seine zentrale Lage macht ihn zum aussichtsreichsten und damit auch zu einem gern besuchten Gipfel der Bündner Alpen. Im Hochwinter ist der Piz Kesch unersteiglich, im Frühjahr wird er zu einem der schönsten Schweizer Skiberge: natürlich nur als hochalpines Ziel guter, ausdauernder Skibergsteiger. Seine Überschreitung vom Oberengadin bis hinüber nach Sertigdörfli und Davos bei Gutwetter und Firnschnee ist ein ob seines alpinistischen Ranges und ob der dabei in tagelanger Einsamkeit gewährten landschaftlichen Ausblicke ein würdiges Unternehmen. – Der Anstieg von Madulain oder Zuoz am jungen Inn hinauf zur Klubhütte Raschèr kostet gute drei Stunden (man trägt ja auch den Proviant auf die SAC-Hütte!), der weitere Anstieg von der Hütte zum kleinen Kesch-Gletscher und über diesen zum Kesch-Sattel (Porta d'Es-cha, 3008 m) mindestens 1.30 h. Vorsicht nach Neuschnee! Oben die sicheren Mulden wählen, am Schluß unter den Felsen des Gratausläufers der Keschnadel hindurch zur schmalen Lücke (meist wird vorher abgeschnallt). Vom Kesch-Sattel geht es in einem großen Bogen an der Keschnadel vorbei und durch die Firnmulde hinauf unter die Ostwand des Piz Kesch. Die Skier werden in der Regel erst beim Bergschrund in etwa 3270 m Höhe zurückgelassen. Dann über die steile Schneezunge in der Gipfelwand erst schräg nach links, dann nach rechts zum Nordostgrat und auf den höchsten Punkt (ab Kesch-Sattel 2.30 h). Die Abfahrt vom Skidepot zur Kesch-Hütte über der Zunge des Porchabella-Gletschers ist, unser Bild beweist es, in jedem Falle ein Genuß. Von der Hütte fährt man dann durchs Val dal Tschüvel, wobei über P. 2458 durchs kleine Val Sartiv zum Sertigpaß aufgestiegen wird. Die weitere Abfahrt (siehe Spuren im Vordergrund des Bildes) ist abermals ganz besonders schön, doch nur bei sicheren Verhältnissen. Eine sehr interessante Kesch-Variante: nach der Abfahrt vom Piz Kesch steigt man östlich kurz zur Fuorcla Viluoch empor und fährt jenseits durchs Val Viluoch ins Val Susauna und weiter ins Inntal!

Von Sils-Maria zum Piz Fora

Einsame Traumtour vor der Bernina

TALORT Sils-Maria im Oberengadin, 1809 m (20 Autominuten von St. Moritz), Zufahrt über Engadin oder Julierstraße

STÜTZPUNKTE Hotel Sonne und Hotel Fex in Fex-Crasta am Talbeginn

CHARAKTER, GEFAHREN Ideale, abgelegene, vollkommen vereinsamte Frühjahrstour von beträchtlicher Länge. Aufstiegszeit ab Sils-Maria 7.00-8.00 h, ab Fex-Crasta, 1951 m (Unterkunft!) nur 5.30 bis 6.00 h, je nach Verhältnissen. Die Abfahrt ist ohne Schwierigkeiten für gute Läufer. Gefahren drohen nach Neuschnee und Verwehungen (Schneebretter), besonders in den Hängen unterhalb der Fuorcla del Chapütsch. Einzelne Spalten im Vadret dal Güz (Gletscher) möglich

KARTE SL-Karte Blatt 268, Julierpaß, mit Skirouten

BENACHBARTE SKITOUREN Il Chapütschin, 3386 m, großartige hochalpine Tour ab Coaz-Hütte, oder ab Sils-Maria über Lej Alv – Piz Fador- und Piz Salatschina. – Ca. di Rosso, 3366 m, ab Fornohütte. – Piz Tremoggia, 3441 m, aus dem Fextal ab Curtins

BILD Der Piz Fora, 3363 m, (links oben), und der Felsturm des Piz Güz, 3168 m, über dem Güz-Gletscher. Der Piz Fora ist sowohl (den sichtbaren Skispuren entlang) über die Scharte Fex-Fedoz, 3144 m, (genau in Bildmitte), wie von links her zu erreichen

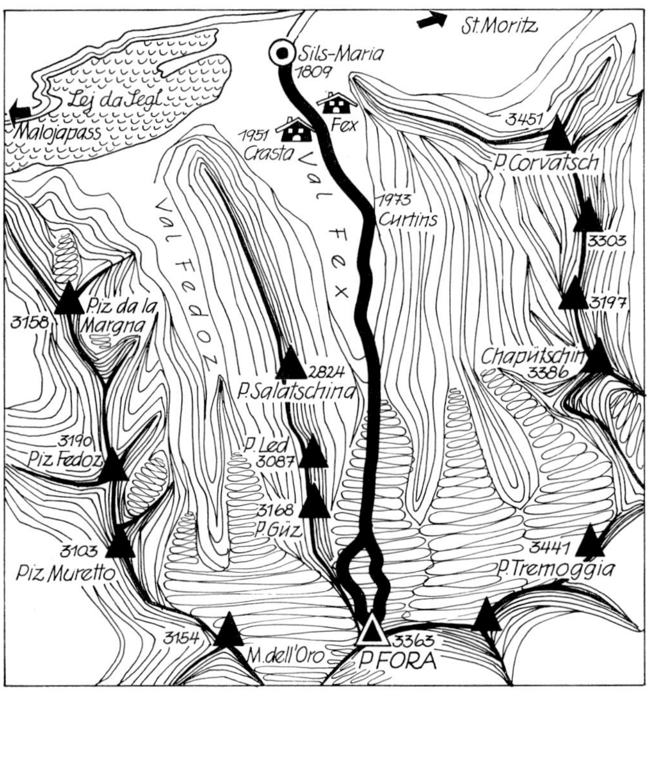

Die schöne Pyramide des Piz Fora wirkt nur von Norden, von der Schweizer Seite her so bezwingend schön – südwärts bricht sie in jähen Wänden nach Italien ab. Ausgangspunkt unserer entlegenen Ski-Hochtour ist Sils-Maria im herrlichen Ober-Engadin, wo der Pessimist Friedrich Nietzsche optimistisch am Traumbild des Über-Menschen arbeitete. Im Frühjahr kommt man bis Crasta, 1951 m, am Eingang des stillen Fextales, wo man zur Nacht bleiben kann. Dann geht es in wundervoller stiller Bergwanderschaft das Sträßchen hinein bis Curtins, 1973 m. Hier folgt man noch 400 Meter dem Talboden, dann wendet man sich westwärts über die Bachbrücke und steigt mählich dem auf der Landeskarte (Blatt 268) eingezeichneten Alpweg entlang zur Alp da Segl hinauf, P. 2058 m. Ab hier verfolgt man rein südliche Richtung und traversiert die Hänge, bis man die Gegend hinter Stüvetta erreicht. Geht man weiter in Richtung auf die Fuorcla Fex-Fedoz, so kommt man bald zum Vadret dal Güz, den Gletscher. Hinter der Scharte, P. 3144 m, (also der Fuorcla Fex-Fedoz), umgeht man die ersten Felshöcker, dann errichtet man das Skidepot im nächsten tiefsten Punkt und steigt den Nordgrat zu Fuß empor. Bei sehr guten Verhältnissen kann man den Gipfel meist mit Skiern erreichen! – Die zweite Möglichkeit, auf den Piz Fora zu gelangen, verlangt, daß man hinter Curtins nicht über den Fexbach setzt, sondern den ganzen langen Talboden ausläuft und schnurgerade auf den Gletscher zielt, und auch diesen Gletscher schnurgerade bis unter die Fuorcla dal Chapütsch, 2929 m, verfolgt: hier steige man nicht zu hoch an, hüte sich auch vor Schneebrettern, mache einen großen Bogen nach rechts, winde sich aufsteigend durch einige kleinere Felshöcker im Gletscher, und suche den Anschluß an die erstgenannte Route etwa bei den Felsinseln von P. 3249 m. Bei nicht völlig sicheren Verhältnissen strebt man auf jeden Fall der Fuorcla Fex-Fedoz zu. Über die Abfahrt sagt das Luftfoto mehr aus als alle Worte: wer im Tiefschnee abfahren kann, den erwarten hier höchste Genüsse. Immerhin fährt man großenteils auf einem wunderbar gewölbten und nordwärts abfließenden Gletscher ab, der Pulver wie Firn bestens konserviert.

II Chapütschin

Firnpyramide über der neuen Coazhütte

TALORT Pontresina, 1805 m. – Silvaplana, 1815 m. – St. Moritz, 1822 m

STÜTZPUNKT Coazhütte SAC (neu errichtet), 2385 m, westlich des Roseggletschers, zugleich am Sockel des Piz Corvatsch (meist bewartet), knapp 4.00 h ab Pontresina; oder abfahrend vom Berghaus Fuorcla Surlej in 1.00 h. – Berghaus Fuorcla Surlej (privat), 2755 m (60 moderne Kabinenbetten); ab Bergstation Piz Murtel, 3303 m, abfahrend in 10 Minuten

CHARAKTER, GEFAHREN Die Tour zum Chapütschin ist eine der schönsten in der Berninagruppe, mit 1000 m Höhenunterschied und 4.00 h Aufstiegszeit nicht zu anstrengend, dabei abwechslungsreich und ungemein aussichtsreich. Man begeht Nord- und Nordostflanken, in der oberen Hälfte auf Gletscherboden. Die übliche hochalpine Vorsicht auf Gletschern darf nicht vergessen werden! Früher Aufbruch ab Hütte unerläßlich! Am Ende 15 Minuten Aufstieg zu Fuß ab Skidepot von Westen. Abfahrt am Aufstiegswege; bei ganz sicheren Schneeverhältnissen und guter Sicht auch nach Sils-Maria über dem Fextal dahin

KARTE Schweizer Landeskarte, Blatt 268, Julierpaß, 1 : 50 000. Dazu SAC-Skitourenführer »Graubünden«!

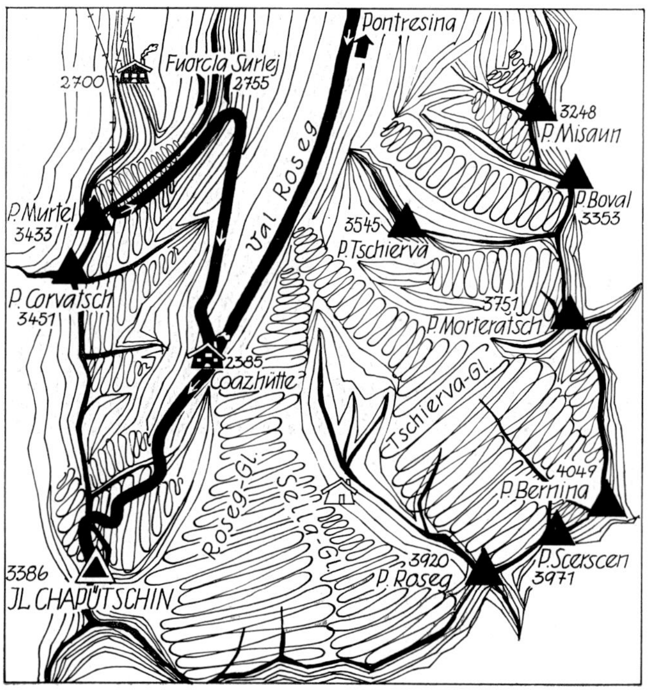

Neben der Paradetour zum Piz Palü auf etwa 3900 m Höhe tritt die Skitour zum Chapütschin überm Rosegtal etwas zurück. 3386 m Höhe sind nicht sehr ansehnlich für den verwöhnten Skibergsteiger in der Bernina. Man muß heute nicht mehr 4.00 h von Pontresina zur Coazhütte hinauflaufen, wenn man nicht will; man kann auch zum Corvatsch mit der 80-Mann-Kabine auffahren und über die Fuorcla Surlej vorsichtig (siehe die Struktur der Hänge im Bild rechts unten!) zur neuen Coazhütte abfahren: Neulinge im Gebiet freilich nur mit einem Ortskundigen, oder zumindest nur auf vorhandener Spur. – Man kann unseren 1000-Meter-Aufstieg ab Coazhütte gut im Bild verfolgen (und wiederhole das Manöver dann auch auf der Schweizer Landeskarte): dann kann man nicht fehlgehen. Es geht darum, erst südlich (Sommerweg) zu steigen und dann rechtzeitig rechts abzubiegen, hinauf gegen den teils felsigen Nordostrücken, der nicht vom Chapütschin direkt, sondern von dessen langem Nordgrat herabkommt. Dieser Nordostsporn wird schon **vor** dem felsigen Teil südwärts überschritten, worauf man die jenseitige Gletscherbucht bis hinauf zum Firngrat vor dem Chapütschin emporsteigt. Über dem Grat benützt man den Gletscher in der Westflanke, bis man das Skidepot dicht vor dem letzten Steilaufschwung erreicht hat. Zu Fuß ist man von hier in 15 Minuten am aussichtsreichen Gipfel: gegenüber Monte della Disgrazia, Piz Roseg, Biancograt und Piz Bernina, Scerscen-Eisnase ... Auch weitere Tourenziele ab Coazhütte sind vom Chapütschin sehr gut auszumachen: La Muongia, 3415 m (im Bild links oben die flache Eiskuppe), 5.30 h ab Hütte; Piz Glüschaint, 3593 m, 6.00 h; La Sella, 3584 m und 3564 m, 4.45 h. – Die Abfahrt wird am Anstiegswege vorgenommen, sie ist bei guten Schnee- und Wetterverhältnissen eine reine Freude. Übrigens sieht man vom Chapütschin aus auch gut ins Fextal hinein und auf dessen prachtvollen Skiberg Piz Fora, 3363 m (unsere Tour 29). Ins Fextal kann man bei guten Verhältnissen auch abfahren, indem man vom überfirnten Nordgrat des Chapütschin – genau nach der Karte! – links abbiegt, sich erst nordwärts hält und dann erst unterm Piz dal Lej Alv in das Seebecken nordwestwärts zielt.

Blick aus dem Flugzeug auf den Roseggletscher. Rechts der Bildmitte oben der Monte della Disgrazia, genau vor seiner schwarzen Nordwand die weiße Firnkuppel des Chapütschin, 3386 m. Unser Anstieg und die Abfahrt führen diagonal durch das Bild von rechts oben nach links unten bzw. umgekehrt. Die neue Coaz-Hütte liegt am orografisch linken Ufer des Roseggletschers, etwas links unterhalb der genauen Bildmitte. Links ganz oben der Piz Glüschaint, 3593 m.

Cevedale, Venezia und Marmotta

Die schönsten Skigipfel im Martellkamm

TALORT Goldrain-Martell, 630 m, im Vintschgau

STÜTZPUNKTE Rif. Nino Corsi (Zufall-Hütte), 2264 m. – Hotel Paradiso, 2160 m. – Einige weitere private Hütten, alle im oberen Martelltal bei der Einmündung des Madritschtales, Bus bzw. Jeep von Goldrain je nach Jahreszeit. – Casatihütte, 3269 m

CHARAKTER, GEFAHREN Die Skihochtouren im Martellkamm sind auch bei besten Verhältnissen hochalpine Unternehmungen, die alle skibergsteigerische Vorsicht und die entsprechende Ausrüstung erfordern. Die Touren auf Cevedale, Venezia und Marmotta sind bei Aufstiegszeiten von 3.30–5.00 h anstrengend, die Abfahrten über rein nördlich absinkende Gletscher und Hochmulden besonders schön. Vorsicht nach starken Neuschneefällen. Am Cevedale Lifthilfe möglich!

KARTE TCI-Karte, Blatt 13, Gruppo Ortles-Cevedale. – Man lese auch im Ortler-Führer/Köll (Rotherverlag)

BENACHBARTE SKITOUREN Alle leichten Skitouren im Vertainkamm (dem Martellkamm gegenüber) ab Zufall- oder Düsseldorfer Hütte; Cevedale ab Casati-Hütte (leicht, Vorsicht am Gipfelgrat); Sulden – Schaubachhütte – Suldenspitze (Aufstieg über Eissee-Paß, Bergbahn im Bau)

BILD Im Anstieg aus dem Martelltal auf dem großen Zufall-Ferner. Links oben die Cima Marmotta, 3327 m, anschließend die Cima Venezia, 3385 m. Unter beiden Gipfeln der Hohen-Ferner, über den man, von der Zufall-Hütte kommend, zu den Gipfeln ansteigt

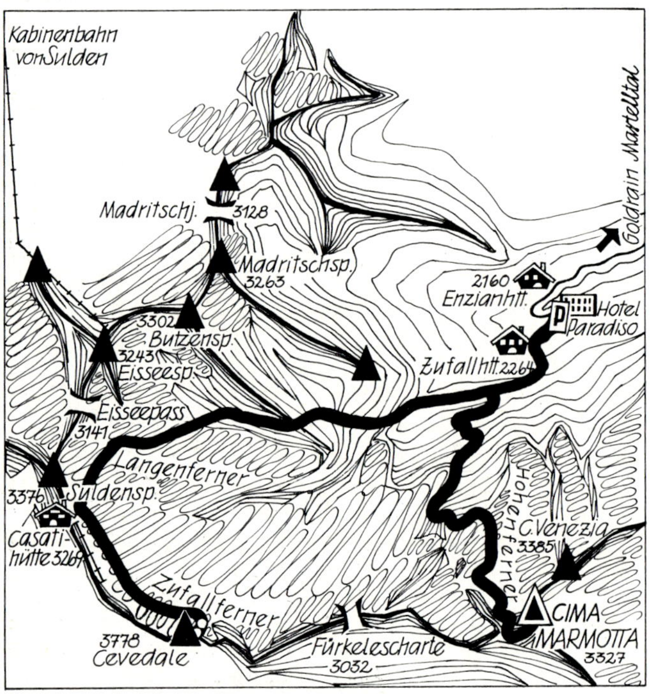

Sie können sich durchaus behaupten neben dem allgewaltigen, als Tour nichtsdestoweniger etwas langweiligen Cevedale mit seinen imponierenden 3778 m Höhe: diese Cima Venezia und Cima Marmotta haben gewiß nur 3385 und 3327 m Höhe, aber ihre Nordabfahrten über Hohen-Ferner oder Fürkele-Fernerzunge haben entschieden Rasse. Sie sind steiler geneigt, sie sind abwechslungsreicher, interessanter, und sie bieten auf alle Fälle ihre reichlichen 1000 Höhenmeter. Daß diese Touren im Frühjahr des April und Mai am schönsten sind, wenn der Firn unter der Sonne glänzt und blendet, versteht sich: es heißt da nur, auf die Minute richtig vom Gipfel abzufahren, wenn die von der Nachtkälte eisige Firndecke eben erst zwei bis drei Zentimeter angeröstet ist. Man macht meist beide Gipfel zusammen. Es geht von der Zufall-Hütte (Rif. Nino Corsi CAI) auf 2264 m Höhe steil zwischen den Felsterrassen durch in das erste große Becken, das man in südlicher Richtung quert, um über einen großen Steilhang auf die Zunge des Fürkele-Ferners aufzusteigen. Südwestlich weiter auf dem Ferner oder ihm entlang, bis man nach links einen mäßig geneigten breiten Hang ostwärts bis zu seinem Ende verfolgt. Nun geradeaus über einige Felsköpfe oder – bei sicheren Verhältnissen – rechts über einen Steilhang, an einem kleinen Eisbruch vorbei, auf das Plateau des Hohen-Ferners und zu dem Sattel unterhalb des Marmotta-Gipfels. Der Übergang zur Cima Venezia ergibt sich von selbst: zurück auf den Hohen-Ferner, zum Fuß der Cima Venezia, dann von Süden auf den Gipfel. Der Ausblick von hier ist, vor allem nach Süden, sehr ergiebig. Neben den eisüberwallten Gipfeln der südlichen Ortlergruppe stehen Presanelle und Adamello, die Türme und Mauern der Brenta, und da und dort blaut es von der Po-Ebene herauf. Die Bernina steht hoch im Westen, die Ötztaler Weißkugel im Nordosten. Bei der folgenden Abfahrt halte man sich an die Aufstiegsspuren und fahre nicht den Hohen-Ferner bis zur Zunge ab! – Der unterm Gipfel immer noch anstrengende Cevedale wird ab Casatihütte mit Lift angefahren: man spart 1.00 h! Das ist kaum nennenswert bei einer Höhendifferenz von gut 1500 m ab Zufallhütte.

Die Garnera-Umfahrung

Frühjahrs-Rundtour über der Tübinger Hütte

TALORT Gaschurn im Montafon, 946 m (Bus von Schruns bzw. Bludenz)

STÜTZPUNKT Tübinger Hütte DAV, 2191 m (Winterraum mit AV-Schlüssel, zur Skisaison von Ende Februar bis Ostern bewirtschaftet. 3.30-4.00 h von Gaschurn, Zugang im Hochwinter lawinengefährlich)

CHARAKTER, GEFAHREN Die Garnera-Umfahrung ist im späteren Frühjahr eine der schönsten Skitouren in der Silvretta mit besonders rassigen Steilabfahrten für gute Skiläufer. Bei Beachtung der angemessenen Vorsicht in bezug auf sichere Schnee- und Wetterverhältnisse ist die Tour nicht gefährlich. Zeitdauer für die ganze Umfahrung etwa 5.00-5.30 h

KARTE SL-Karte Blatt 248, Prättigau + 249, Tarasp, erstere mit Skirouten

BENACHBARTE SKITOUREN Tübinger Hütte – Plattenjoch – Westliche Plattenspitze (leicht, guter Schnee!). – Umfahrung Tübinger Hütte – Plattenjoch – Seegletscher – Seelücke – (Saarbrücker Hütte) Kromerlücke (Vorsicht!) – Kromergletscher – Tübinger Hütte (nur im Frühjahr, Gesamtzeit 4.30-6.00 h nach Verhältnissen). Von der Tübinger Hütte aus gibt es an sich wenig ausgesprochene Skigipfel: etwa Hinterberg und Chessispitz. Viel mehr bieten die »Skijöcher« um die Hütte wie vor allem das Plattenjoch, dazu Hochjöchle und Garnerajoch (die wir bei der Umfahrung berühren)

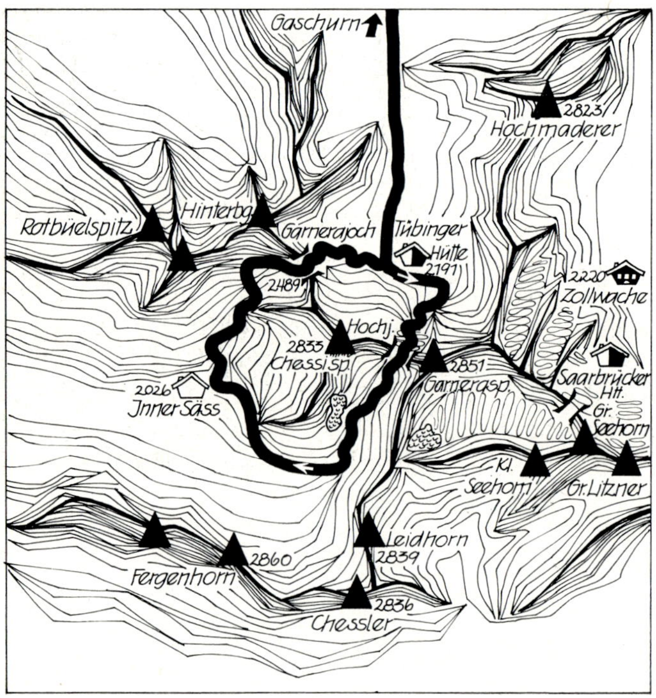

Die Silvretta – als Hohe Skischule für den künftigen Zentralalpen-Skibergsteiger – trumpft an ihrem westlichen Eckpfeiler mit einer hochalpinen Umfahrung auf, die man gemacht haben muß: die Garnera-Umfahrung mit ihren übersteilen Firnabfahrten. Der Verlauf dieser Tour, die natürlich nur bei sichersten Verhältnissen ab März möglich ist: Start an der Tübinger Hütte, – Aufstieg in 1.30 h über den rein nördlich ausgerichteten kleinen Garneragletscher zum Hochjöchli, 2695 m, – Ausblick in die Schweiz und erste Steilabfahrt durch den riesigen, rein südlich ausgerichteten Schneekessel des Hühnersees, 2453 m, und weiter hinab nach Innersäß, 2026 m (verlassene Alm), – zweiter Aufstieg in 1.45 h durch die obersten Böden des Schlappinertales steil hinauf zum Garnerajoch, 2489 m, – und triumphale Schlußabfahrt, die rein nordöstlich ausgerichteten Steilflanken hinab und zurück zur Tübinger Hütte. Gesamtaufstiegshöhe = Abfahrtsmeter etwa 1100 m. Vorsicht bei der Einfahrt vom Hochjöchli in den Hühnersee-Kessel: meist ist zunächst eine Wächte vorsichtig zu überwinden bzw. »abzumontieren«. Unser Luftbild demonstriert den Charakter der Garnera-Umfahrung wie aller übrigen Hochtouren um die Tübinger Hütte auf überzeugende Weise; man hat es hier nur mit Steilkesseln und Steilkaren zu tun, die sich zwischen schwarzen Urgesteinstürmen und -Graten einbetten. Durch die Höhenlage dieser Kessel und ihren Schattenschutz durch die sie umstehenden Felsgrate sind sie relativ ungefährlich, und eben auch ganz besonders schön für den guten Skifahrer. Erst das Trogtal unter der Tübinger Hütte ist gefährlich und man muß auch im Frühjahr darauf sehen, daß man es zur richtigen Tageszeit hinter sich bringt. Im Hochwinter und nach starken Neuschneefällen oder nach Wärmeeinbrüchen muß man es ohnehin meiden. – Für das ganze Gebiet empfiehlt es sich, den ausgezeichneten »Silvretta-Skiführer« von Walther Flaig zur Hand zu haben. – Ab Tübinger Hütte startet man auch zu einer »Kleinen Garnera-Rundfahrt«, die nur 3.00–4.00 Std. beansprucht und hinauf zum Garnerajoch führt, von dort über den Hinterberg zum Hinterbergjoch und auf Osthängen zur Hütte. »Große« oder »Kleine« – das Hochalpine besteht.

Blick ins Garneratal mit der Tübinger Hütte, 2191 m, (rechts der genauen Bildmitte). Im Hintergrund (von links) Großlitzner, Seehorn, Plattenjoch, Garneraturm, Garneraspitze, Hochjöchli, Chessikopf, Chessispitze, Garnerajoch. Die besonnten Westhänge links der Hütte führen zum »Skijoch« unter der Östlichen Plattenspitze (außerhalb des linken Bildrandes).

Piz Tasna überm Fimbertal

Die schönste Skitour um die Heidelberger Hütte

TALORT Ischgl im Paznaun, 1377 m (Bus von Landeck)

STÜTZPUNKT Heidelberger Hütte DAV, 2265 m, im Fimbertal (bewirtschaftet, Voranmeldung nötig, auf Schweizer Gebiet! Grenzpapiere nötig. 5.00 h von Ischgl über das Boden-Wirtshaus, 1848 m. Gepäckbeförderung möglich, zeitweilig auch Personenbeförderung mit Jeep)

CHARAKTER, GEFAHREN Diese lohnendste Tour von der Heidelberger Hütte aus kostet 3.30-4.00 h Aufstiegszeit, landschaftlich von ungewöhnlichem Eindruck, da man am weit südlich vorgeschobenen Piz Tasna wie auf einem Balkon überm Engadin steht. Bei sicheren Verhältnissen keine Gefahren für erfahrene Skibergsteiger. Im mittleren Teil des Vadret davo Lais Vorsicht wegen Spalten!

KARTE SL-Karte Blatt 249, Tarasp

BENACHBARTE SKITOUREN Man kann die schönen Tourenmöglichkeiten des Fimbertales kaum aufzählen, so zahlreich sind sie. Schönste Touren: Piz davo Lais, 3027 m, – Larainfernerspitze, 3011 m, – Breite Krone, 3083 m, – Östliche Schnapfenspitze, 3230 m (sehr hochalpin!), – Piz Mottana, 2928 m, – Piz Laver, 2987 m, – Schnapfenspitze, 3221 m (schwierig)

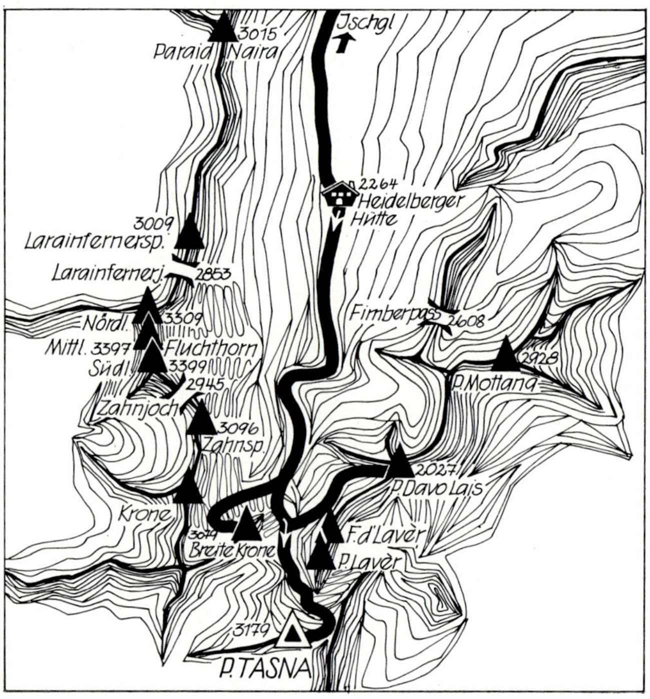

Man braucht der »Blauen Silvretta« unter Skibergsteigern kein Loblied mehr zu singen: sie ist schlechthin das ideale Skitourengebiet in den Ostalpen, hier überkommt den Skiläufer zum ersten Male der Geist des Skibergsteigens. Das macht, weil alle diese Silvretta-Touren lang, doch nie allzu lang sind, interessant, doch selten gefährlich. Man begeht und befährt Gletscher, die – an Ötztaler und Tauernverhältnissen gemessen – Miniaturgletscher sind und die doch denselben Eisatem spüren lassen, dieselben kühlen Schauer. Natürlich sind die Silvretta-Hütten meist überfüllt und es wird noch manches Spektakels bedürfen, ehe diese Alpenvereins-Hütten auch wirklich und in erster Linie für die AV-Mitglieder da sind. Daß man in dieser Hinsicht als Gast Geschick oder sanfte Ellenbogen braucht, ist der einzige »Fehler« der Silvretta. Die Berge ringsum können nichts dafür, sie erstrahlen in ewiger Schönheit und Unschuld. Auch der Piz Tasna hoch überm Fimbertal, den man von der Heidelberger Hütte über die Fuorcla Tasna und den Vadret Tasna in etwa 3.30 h erreicht, das letzte Stück am Ostkamm meist zu Fuß. An diesem Piz Tasna, in 3183 m Höhe, steht man ähnlich wie am benachbarten Muttler des Samnaun wie auf einer weit vorgeschobenen Kanzel über dem Engadin: nord- und westwärts die weißen Jöcher und schwarzen Gipfel der »Blauen Silvretta«, südlich über der Ferientraumlandschaft des Engadin sieht man die letzten Eisgipfel der Ötztaler Alpen mit der Wildspitze und Weißkugel, den Ortler, dicht gegenüber den Schweizer Nationalpark um Piz Sesvenna, Piz Pisoc und Piz Lischanna, und dann kommt gleich der hohe mächtige Eispalast von Piz Palü, Bellavista, Bernina, Morteratsch und Roseg. Stille, Friede, das Glück der Leistung, die Vorfreude auf die Abfahrt, der Blick auf tausend neue Ziele, das alles sammelt sich zu einem äußersten Wohlbehagen: und kommt man nach der prachtvollen Abfahrt in die Hütte, und hat man da wirklich abendliches Gedränge auszustehen, so tut es schon nicht mehr so viel. – Von hier ideale Übergänge zur Idalpe, zur Alp Trida, ins Samnauntal, über Fuorcla Champatsch nach Scuol, zur Jamtalhütte über Zahnjoch oder Kronenjoch (Vorsicht!), nach Galtür.

Das Skigebiet des Fimbertales in der Silvretta mit der Heidelberger Hütte (vorne links). Man kann die Tour auf den Piz Tasna, 3179 m, ziemlich genau verfolgen. Die Gipfel von rechts: Breite Krone, Piz Tasna, Piz davo Lais, Piz Mottana. Im Hintergrund ganz links oben der Ortler.

Der Vergaldener Schneeberg

Im Skifrühling über Gargellen

TALORT Gargellen, 1423 m, im Gargellental (Zufahrt über Feldkirch – Bludenz, Montafon – Schruns. Bus ab Schruns)

STÜTZPUNKT Keiner

CHARAKTER, GEFAHREN Schwelgerische Skiabfahrt, vollkommen baumfrei (Bild), aber im Hochwinter mitunter gefährlich. Man muß erfahrener Skibergsteiger sein, um allein dort Spuren zu legen. Ab März meist glänzende Verhältnisse. Aufstiegszeit Gargellen – Vergaldener Schneeberg etwa 3.30-4.00 h

KARTE SL-Karte Blatt 248, Prättigau, mit Skirouten

BENACHBARTE SKITOUREN Gargellen – Wintertal – Rotbühlspitze, 2855 m (hochalpine, großartige Fahrt, 5.00-6.00 h Aufstieg.) – Gargellen – St. Antönierjoch – Riedkopf, 2532 m (wie vorher, aber nur 3.00-4.00 h Aufstieg)

BILD Blick auf den oberen Teil des Vergaldener Schneebergs, 2586 m, mit seinen Idealhängen über den »Roßberg« hinab ins Vergaldental und nach Gargellen. Rechts der Bildmitte das Palmtaljoch. Im Hintergrund am Horizont Piz Ela, Tinzenhorn und Piz Platta; ganz rechts oben am Bildrand die Weißfluh

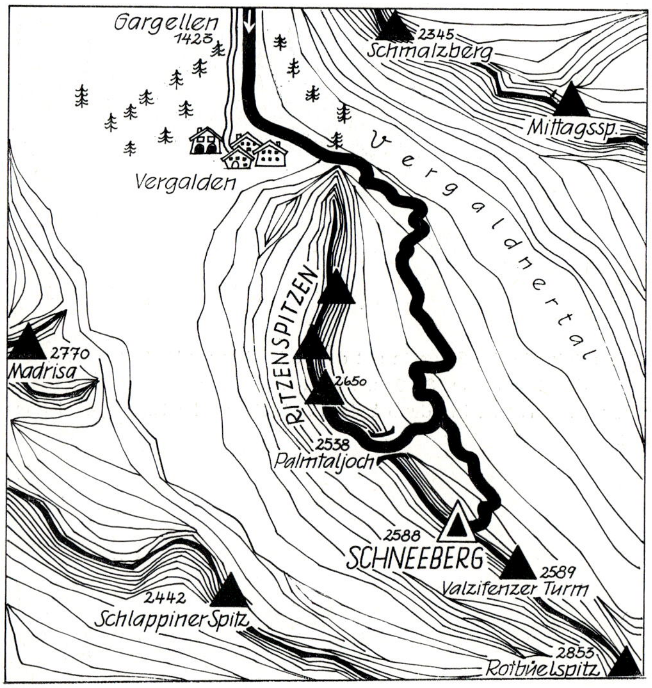

Es scheint ein weiter Weg nach Gargellen – in Wahrheit aber fahren heute schon Kurswagen von Kiel bis Schruns, und von dort führt einen der Bus in einer Stunde Fahrt hinauf ins Gargellental, hinter dem gleich das Vergaldenertal anschließt: der Schauplatz unserer schönen Skitour. Unser Bild erklärt genug: Ideales Skigelände für mittelmäßige und gute Skiläufer, lawinig nach starken Neuschneefällen, großartig bei sicheren Verhältnissen, vor allem im Firnschnee des März, April, ja noch des frühen Mai. Und einsam, still, ein einzigartiges Revier für den besinnlichen Bergfreund. Der Skifahrer kommt aber nicht zu kurz: er wird selten so hindernisfrei von Mulde zu Mulde und von Rücken zu Rücken geschwungen und »geschossen« sein. Man steigt ab Gargellen 3.30-4.00 h auf den Vergaldener Schneeberg, 2586 m. Dabei geht man gleich hinterm Ort nach links ins Vergaldener Tal hinein bis zur gleichnamigen Alpe, 1820 m; hier überschreitet man den Bach und spurt nun geschickt zwischen Tobelgräben hinauf zum riesigen Plan des Roßbergs. Hier hat man die volle Freiheit des Handelns, legt seine Spur nach Lust und Laune und kommt so ganz von selbst hinauf zum Gipfel, oder aber zum Palmtaljoch, von wo aus zu Fuß (teilweise noch auf Skiern nur bei sicheren Verhältnissen) die Ritzenspitzen, 2650 m, bestiegen werden können. Gegenüber steht die herrliche Felspyramide der Madrisa, links daneben aber erkennt man die bekannten Stationen der großen Parsenn-Abfahrt von der Weißfluh nach Küblis. Die Abfahrt am Aufstiegswege ist natürlich vollkommen schön. Man kann dennoch eine nicht minder schöne Variante wählen, kann etwa vom oberen Boden des Roßberges östlich hinüber ins Rotbühel queren und von dort ins hinterste Vergaldental und hinaus nach Gargellen abfahren. Hier hat man gleich Gelegenheit, sich als Tour des nächsten Tages den schönen Skiberg Hinterberg, 2691 m, zu erwählen; dabei geht man das ganze Tal hinauf bis zum Mittelberg-Joch und erst von dort zum Gipfel des Hinterberges. (Ausgezeichnete Informationen über dieses Gebiet gibt der Skiführer von Walther Flaig, Band Silvretta.) Über den Hinterberg und das Hinterbergjoch gelangt man gut zur Tübinger Hütte.

Sulzfluh und Weißplatte

Große Frühjahrstour im Rätikon

TALORT Tschagguns im Montafon, 700 m

STÜTZPUNKT Tilisuna-Hütte ÖAV, 2211 m. Ostern und fallweise an Wochenenden im Winter bewirtschaftet, sonst Winterraum mit AV-Schlüssel. Zugang mit Sessellift nach Grabs-Hochegga, dann Fußaufstieg 3.00 h über Walser-Jöchle (nur bei sicheren Schneeverhältnissen!)

CHARAKTER, GEFAHREN Sicher zu den schönsten Skitouren des ganzen Rätikons zu zählen mit der zweifelsfrei längsten Abfahrt: 2100 m Höhenunterschied! Tour nur für trainierte hochalpine Skiläufer mit großer Erfahrung. Die ganze Tour nur ab März und nur bei ganz sicheren Verhältnissen. Orientierung im Aufstieg nicht einfach (siehe Skiführer von W. Flaig!)

KARTE SL-Karte Blatt 238, Montafon

BENACHBARTE SKITOUREN Ab Lindauer Hütte: Gr. Sulzfluh-Rundfahrt; Drusenturm durch den Sporertobel (siehe W. Flaig/Skiführer)

BILD Blick aus Nordnordost (über Tschagguns) auf den Ziegerberg (Vordergrund) mit der Liftschneise nach Grabs und Hochegga. Rechts oben die Sulzfluh, links der Mitte das Schwarzhorn und die Tschaggunser Mittagsspitze. Links unter dem Schwarzhorn am besonnten Firngrat das Walserjoch. Die Weißplatte, knapp 200 m niedriger als die Sulzfluh, ist im Bild hinter dem Schwarzhorn versteckt

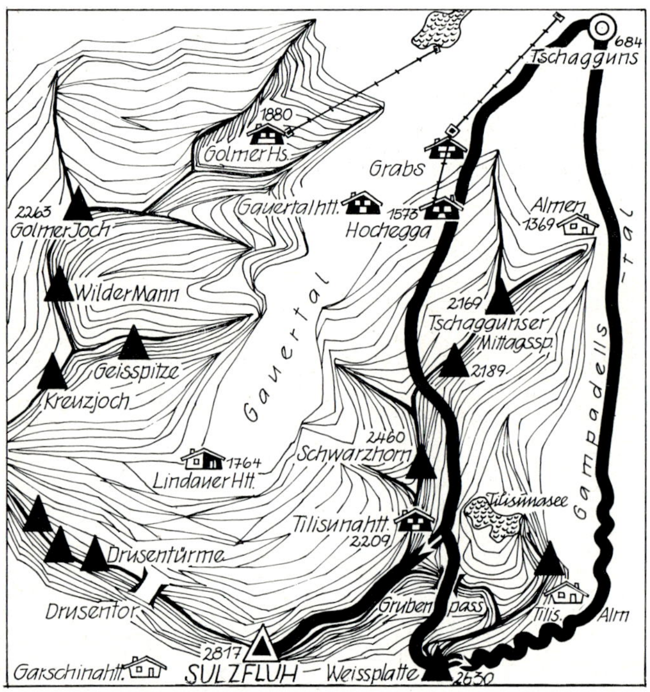

Im östlichen Hauptkamm des Rätikon stehen Weißplatte und Sulzfluh wie breite Felsburgen über Gauer- und Gampadelstal; ihre plateauartig geformten, gegen Süden aufgestülpten, mit zahlreichen Felswänden und -Abbrüchen besetzten Gipfelzonen sind dennoch für den Skibergsteiger erreichbar und man fährt hier wie dort von den Gipfelfelsen auf Skiern ab. Diese nicht nur als Kombination größte Rätikon-Tour mit der längsten Skiabfahrt kann und darf freilich nur bei ganz sicheren Schnee- und Wetterverhältnissen und auch nur von erfahrenen, ausdauernden und orientierungsfähigen Skiläufern ausgeführt werden. Der Aufstieg wird durch den Sessellift Tschagguns – Grabs – Hochegga wesentlich erleichtert; dann steigt man auf Fellen über die Alpe Alpila und, manchmal unangenehme Steilhänge querend, erst parallel zum Grat, dann auf dem Grat, zum Schluß sehr steil zum Walser-Jöchle auf. Hier noch 50 m Richtung Schwarzhorn zu Fuß, dann 30 m Abstieg und auf Skiern leicht über Almböden zur Tilisuna-Hütte (etwa 3.00-3.30 h). Der weitere Anstieg zum Gipfel der Sulzfluh ergibt sich von selbst, dann steht man wie auf einer hohen Burgzinne der Schweizer Parsenn-Abfahrt gegenüber, schaut auf Bernina, Bergeller Berge, Glarner und Berner Alpen. Die Abfahrt zur Hütte ist zwar hochalpin, was die Situation betrifft, doch leicht. – Wer noch von der Tilisuna-Hütte die Weißplatte mitnehmen will, erreicht sie über den Grubenpaß und die ausgeprägte Schulter im Nordkamm in 1.30 h. Man kann bei ganz sicheren Verhältnissen, gar bei Firn nach kalter Nacht, auch die Aufstiegsstrecke nach Tschagguns abfahren; allgemein empfiehlt es sich aber, über die Tilisuna-Alpe und das überaus steile, manchmal lawinengefährliche Kasparloch in die herrlichen Almböden des Gampadelstales einzufahren und hinaus und hinab über Gampadelsalpe, einen kurzen Hohlweg, zum Ziegerberg und nach Tschagguns – Schruns. – Nur für ganz »Zünftige«, also hervorragend sichere, standfeste und hochalpin erfahrene Skifahrer darf man die Abfahrt direkt vom Gipfel der Sulzfluh durch den »Rachen« zur Lindauer Hütte im Gauertal empfehlen: sie ähnelt der vom Drusenturm durch den Sporertobel.

Im Arlberger Urgestein

Durchs Moostal auf die Saumspitze

TALORT St. Anton am Arlberg, 1300 m

STÜTZPUNKT Eventuell Moostalhütte des Skiklub Arlberg, 1783 m (2.00 h ab St. Anton. Übernachtung nur in Begleitung von Klubmitgliedern oder durch Schlüsselübernahme nach vorheriger Anmeldung. Auskünfte im Verkehrsbüro). – Weitere Möglichkeit einer Nächtigung im Winterraum (AV-Schlüssel) der Darmstädter Hütte DAV, 2426 m, (40 Steigminuten oberhalb des Kartellbodens)

CHARAKTER, GEFAHREN Hochalpine Abfahrt großen Stils, die besonders nach längerem Schönwetter im Frühjahr und Frühsommer prächtige Firnverhältnisse bieten kann. Aufstiegsdauer ab Moostalhütte 4.00 h ab St. Anton 6.00 h

KARTE SL-Karte, Blatt 239, Arlberg

BENACHBARTE SKITOUREN Kaltenberg, 2896 m, ab Kaltenberg-Hütte oder Albona-Bergstation; Spuller Schafberg und Mehlsack ab Zürs/Madlochjoch, siehe Route 44, Brüllerköpfe, 2875 m, über Konstanzer Hütte

BILD Blick auf Saumspitze, 3034 m, und Fatlarspitze, 2988 m (links) über dem Kartellferner; dieser Gipfelzone folgen unmittelbar hochalpine Steilmulden hinab zum Kartellboden und von da ab ein langer, mäßig fallender Auslauf das Moostal hinaus. Am Horizont die Gipfel der Silvretta

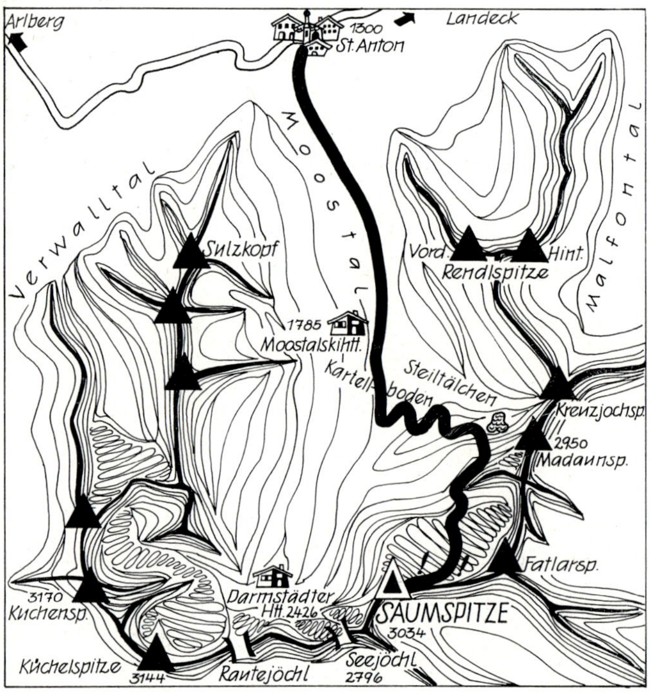

Gegenüber den großen Arlberger Pisten von Valluga, Galzig und Kapall erhebt sich düster und schwer das Urgesteinsgebirge des Ferwall. Das berühmte Skidorf St. Anton ist auch dazu der Ausgangspunkt. Die schönste Skitour im Ferwall ist die auf die Saumspitze, 3034 m, durch Moostal und Kartellboden. Die sehr großzügige, über die Maßen lohnende Skitour ist nur im Frühjahr und Frühsommer durchzuführen, ziemlich genau dann, wenn die gegenüberliegenden Pisten auszuapern beginnen. Dann freilich wartet ein großes hochalpines Erlebnis auf den Skibergsteiger, der schon kurz hinter St. Anton von aller turbulenten Skiwelt Abschied nimmt und allein ist mit Berg und Bach und Spur. Man sollte unbedingt sehen, daß man auf der Moostalhütte des Skiklub Arlberg als Gast nächtigen darf, denn die 4.00 h Aufstieg des folgenden Tages reichen aus, um den Bedarf an Körperplage zu befriedigen. Von der Skihütte aus geht es mäßig steigend in den Kartellboden, dann, südlich der meist verschneiten Almhütten der Hinteren Taja, scharf links, östlich durch steile Mulden hinauf zum Seelein und auf den Kartellferner. Dieser Ferner wallt in mächtigen Wellen (Bild) hinauf zum scharfen Urgesteinskamm zwischen Fatlarspitze und Saumspitze, wo, von weitem sichtbar, ein auffallender, von ferne meist fälschlich als Hütte angesehener haushoher Urgesteinsblock steht. Hier befindet sich in gut 2900 m Höhe das Skidepot, von hier aus steigt man ohne besondere Schwierigkeiten – gleichwohl mit Vorsicht! – auf den Gipfel der Saumspitze. Der Ausblick von diesem Gipfel wird immer wieder als unvergleichlich gerühmt: man rastet wie auf einer Kanzel vor der südlich ausgebreiteten Silvretta mit all ihren Gletschern und Talfalten. Der Kartellferner wird im Anstieg von links her angespurt. Die Abfahrt über meist volle 1500 Höhenmeter ist, vor allem im Frühjahrsfirn, ein Ski-Abenteuer ohnegleichen und wiegt hundert Pistenabfahrten auf. Dies ist freilich nur die Meinung derer, die von der Saumspitze einmal abgefahren sind. – Der genaue Schlußanstieg: aus der genauen Bildmitte links aufwärts zum Sockel der Fatlarspitze, dann unter der felsigen Gratbank nach rechts querend auf den Grat zum felsigen »Haus«.

Mehlsack – abseits der Madlochpiste

Verborgene Steilhänge überm jungen Lech

TALORT Zürs am Arlberg, 1724 m. Lech, 1446 m. St. Anton, 1286 m

AUSGANGSPUNKT Zürser See, 2206 m (Lift), oder Madloch-Joch, 2438 m (Lift)

CHARAKTER, GEFAHREN Eine nicht ganz leichte hochalpine Skitour, bei deren Aufstieg Orientierungsvermögen nötig ist. Die Abfahrt ist einzigartig schön, vielleicht die schönste am ganzen Arlberg. Aufstiegszeit ab Stierloch-Joch, 2011 m, bis Gipfel Mehlsack, 2652 m, etwa 2.30-3.00 h. Gefahren: siehe Text

KARTE AV-Karte, Blatt 3/2, Lechtaler Alpen und Arlberggebiet, mit Skirouten, FB-Karte, Blatt 48, Arlberggebiet

BENACHBARTE SKITOUREN Pazielabfahrt von der Valluga nach Zürs. Ferner Stuben – Albona – Kaltenberg; St. Anton – Moostal – Saumspitze (siehe Tour 36); St. Anton – Fasulferner – Brüllerköpfe

BILD Die große Abfahrtsstrecke vom Mehlsack am Arlberg (rechts oben) zum Ufer des Lech nach Zug. Man sieht das Schneetal, die »Traverse« von der Ebenen Kuppe und den Riesennordhang! Links oberhalb des mittleren Schneetales die Scharte, die man im Aufstieg von Süden her überschreitet. Der schwarze Gipfel links unter dem weißen Mehlsack ist der des weiter zurückliegenden Spuller Schafberg. Ganz unten am Bildrand der junge Lech.

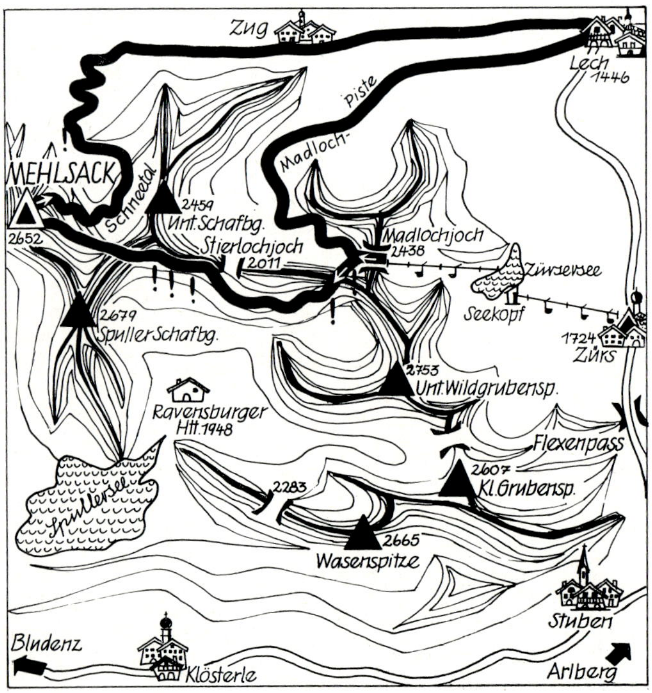

Neben der klassisch schönen, aber oft schauerlich ausgefrästen Madloch-Piste wartet über Zürs und Lech die schönste Skitour am ganzen Arlberg: der Mehlsack, früher fälschlicherweise oft als Spuller Schafberg berühmt. Der Spuller Schafberg, 2679 m, unter dessen Ostsockel die Ravensburger-Hütte steht, wird aber gar nicht betreten. Der Mehlsack, im gleichen Massiv, 2652 m hoch, wird auf drei Seiten vom jungen Lech umspült und seine berühmte Abfahrt über Schneetal, Traverse und Riesensteilhang (Nordhang, stets gleicher Neigung!) mündet unmittelbar am Lechufer, wenig westlich von Zug. Man fährt vom Madlochjoch auf der Piste nur die erste (von Schneebrettern bedrohte) Mulde ab, dann schert man aus und hält sich links im Tiefschnee, umrundet – um Felsabbrüchen auszuweichen – den Steilaufbau der Oberen Wildgrubenspitze, bis man hinüber unters Stierlochjoch schräg nordwestwärts abfahren kann. Wir legen hier die Steigfelle an und spuren nun mit der für einen Südsüdosthang gehörigen Aufmerksamkeit – nie bei warmem Wetter, nie nach viel Neuschnee oder Nebel! – die Riesenostflanke des Spuller Schafberg von etwa 2000 m bis auf etwa 2380 m empor zum Sattel, jenseits dem das Schneetal liegt. Dieses für Skibergsteigeraugen faszinierende Schneetal kommt gegenüber vom Mehlsack als sehr steile Südostmulde herab, wird etwas breiter und sanfter, dreht sich langsam auf Nordrichtung und zieht bis zu einer markanten ebenen Kuppe an seinem Ende. Von der ebenen Kuppe fährt man nun links westlich zwischen Felsabbrüchen schnurgerade zum Beginn des gewaltigen, aus den Felsen der Mehlsacknordwand kommenden Steilhanges, der nun in der modernem Abfahrtsstil am besten entsprechenden Neigung – ohne diese Neigung aufzugeben! – bis hinab zum jungen Lech zieht. Höhenunterschiede: Mehlsackgipfel (man kann nur bei sehr guten Verhältnissen dicht unterm Gipfel starten!) – Ebene Kuppe = etwa 500 m; Steilhangbeginn – Lechufer = etwa 650 m. Am untersten Ende des Hanges hält man sich schon etwas nach rechts, östlich, um die kleine Brücke vor Zug zu erwischen. Mahnung: Beim Aufstieg und Erreichen des Sattels gegenüber dem Mehlsack die Schneetalabfahrt genau studieren!

Dreiwannenabfahrt nach Damüls

Kleine Steilhangartistik im Bregenzerwald

TALORT Damüls im Bregenzerwald, 1431 m (Bus bzw. Kraftfahrzeug über Bezau-Au). Faschinajoch, 1484 m (1.00 h ab Damüls, Lift bzw. Bus ab Bludenz – Großes Walsertal – Fontanella)

STÜTZPUNKT Keiner (die Tour ist kurz)

CHARAKTER, GEFAHREN Es handelt sich um eine klassische Steilabfahrt über drei baumfreie Hochmulden. Die Steilheit ist (trotz Vorgebirge) zunächst verblüffend. Reine Nordhänge, es bildet sich kaum Firn. Mitte Februar bis Ende März. Die Dreiwannenabfahrt kommt nur bei ganz sicheren Schneeverhältnissen in Frage! Aufstieg 1.00 h ab Liftende über dem Faschinajoch

KARTE FB-Karte, Blatt 36, Bregenzer Wald

BENACHBARTE SKITOUREN Hoher Freschen ab Rankweil/Furx; ferner verschiedene kleinere Vorgebirgstouren rund um Damüls (siehe Walther Flaig – Skiführer Rätikon und Bregenzerwaldgebirge)

BILD Blick aus dem Flugzeug auf Damüls (unten) und die Dreiwannenabfahrt vom Damülser Horn, 2136 m (oben). Links unterm Gipfel die besonnte Kante des Schluchtensattels, 1950 m, von dem aus man in die erste Wanne einfährt. Die Ausfahrt aus der untersten Wanne erfolgt – im Bilde nicht mehr ganz sichtbar – nach links, wo man den Talboden ohne Schwierigkeiten erreichen kann

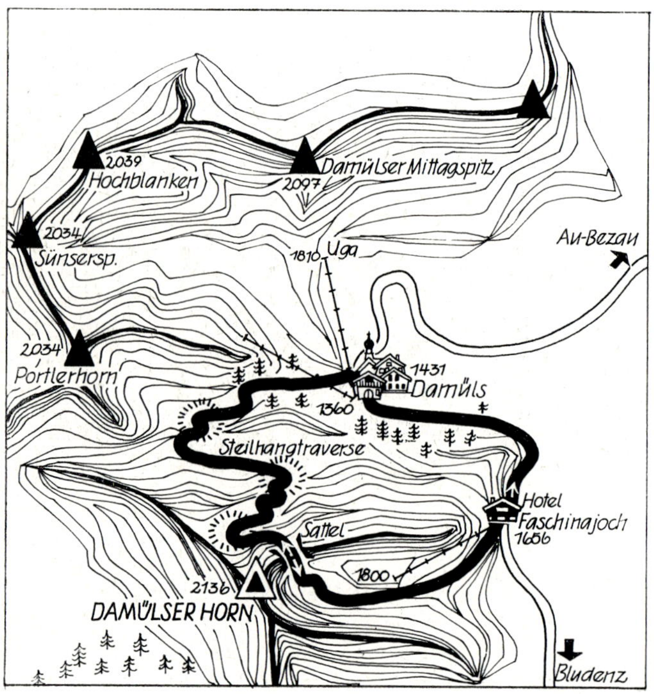

Das wohlversteckte Bregenzerwalddorf Damüls, herzlich umständlich zu erreichen, bietet ein reizendes »wohlsortiertes« Skiparadies mit Liften, Pisten und einer Menge kleiner stiller Skitouren – auch abseits der Piste. Die Damülser Attraktion für den passionierten Skibergsteiger und Steilhangfahrer bildet die »Dreiwannenabfahrt« vom Damülser Horn, 2136 m, genau genommen: vom Schluchtensattel, etwa 1950 m, unter dem Gipfel. Man erreicht die Startstelle zur Dreiwannenabfahrt ab Damüls über das Faschinajoch, 1484 m, Stafelalpe, 1537 m, Hochtal des Faschinabaches zum Sattel (teils mit Lifthilfe), oder im direkten Anstieg über die Abfahrtsstrecke aus dem Damülser Argenbachgrund (2.00–2.30 h), wobei man Streckenstudium betreiben kann. – Bei der Abfahrt vom Schluchtensattel fahre man von rechts her in die erste Wanne ein und schwinge westwärts hinab, bis man scharf nach rechts abbiegend (östlich) die einzige, etwas enge Passage in die zweite Wanne gefunden hat. Nun gerade hinab oder mehr westlich ausschwingend und genau unter der oberen Passage nun von der zweiten in die dritte Wanne, doch diesmal von links nach rechts abfahrend. Gleich nach der Querung wieder scharf abschwingend nach Osten und die herrliche Mulde bis zu den ersten einzelnen Tannen ausschwingend. Es folgen weitere Mulden und Lichtungen zum Arbenbachgrund und nach Damüls. – Diese wunderschöne Steilabfahrt bringt nur etwa 500 Höhenmeter ein; aber man kann ja nach kurzer Damülser Rast nochmals die Felle anschnallen und durch die drei Wannen zum Schluchtensattel wieder aufsteigen (etwa 2.00 h): drüben wartet nämlich die besonders hübsche Abfahrt durch das Hochtal des Faschinabaches zum Faschinajoch hinab. Das sind abermals 500 Höhenmeter, zusammen hat man dann 1000 Höhenmeter gesammelt, ehrliche Höhenmeter wohlgemerkt, keine durch Lifte geschenkte, und wer sich nun zum Tagesausgang noch Lift und Piste ergibt, der braucht sich nicht zu schämen. Durch die Aufstiegshilfe, die der neue Lift gewährt, lassen sich immer mehr Skiläufer dazu verführen, diese Prachtabfahrt zu machen. Man kann also damit rechnen, daß durch die drei Wannen stets Spuren führen.

Stuiben und Gschwenderhorn

Klassische Immenstädter Haustour

TALORT Immenstadt im Allgäu, 728 m

STÜTZPUNKT Alpe Gund, 1502 m, nördlich unterm Stuibengipfel (privat)

CHARAKTER, GEFAHREN Diese Skitour bewegt sich abseits der Immenstädter Bahnen- und Liftepisten. Sie ist bei guten Verhältnissen nicht gefährlich, insbesondere wenn man die richtige Einfahrt zwischen Buralpkopf und Gündleskopf nach Norden wählt (zwischen Grat und erster Rippe rechts hinab). Herrlich um die Osterzeit die Wiesen voller blühender Märzenbecher bei Ehrenschwang! Die Abfahrt vom Sederer und Buralpkopf bis zur Weißach ist absolut »abseits der Piste«, dagegen ist jene vom Gschwenderhorn meist gut eingefahren

BESONDERE HINWEISE Aufstieg Immenstadt–Sederer 3.00 h, dazu kommen 0.30 h zum Buralpkopf und, nach der ersten großen Abfahrt, der Aufstieg Ehrenschwang–Gschwenderhorn mit 1.30 h. – Es empfiehlt sich, am Nachmittag bis zur Alpe Gund aufzusteigen und dort zu übernachten. – Eine schöne Variante: Vom Rindalphorn über den Buralpkessel abfahren ins Weißachtal und bei 1.15 h Gegenanstieg zur Klammer-Höhe. Dort beginnt die Abfahrt nach Thalkirchdorf

KARTE Rother-Skikarte 1 : 50 000, Allgäuer Alpen-West

BILD Unser Flugbild, von Norden aufgenommen, zeigt einen Teil unseres Hauptanstieges. Vorne links im Sattel das Dach der Gundalpe, 1502 m; rechts darüber der große Nordhang des Stuiben, 1749 m; rechts im Bild der Sederer, 1734 m

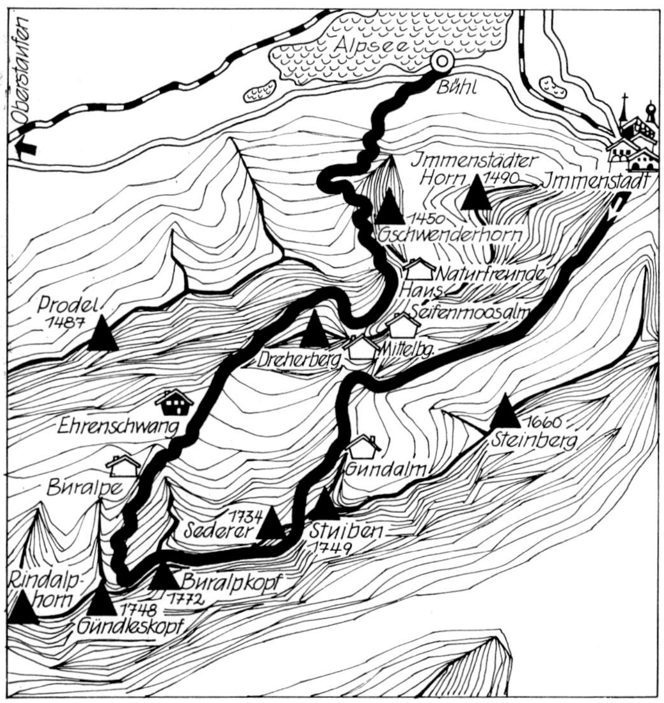

Die Seilbahn zum Immenstädter Mittag und dessen Steilpisten zurück in die kleine Illerstadt müssen unserer abseitigen Skitour zugute kommen ... Wir steigen vom Friedhof am Stadtrand durch den Steigbachtobel südwestwärts davon, passieren am oberen Weg Seifenmoos und Mitterbergalpe und gehen dann auf Richtung Süden: steiler als bisher, erreichen wir so die Waldgrenze und die Alpe Gund, 1502 m (wo wir übernachten sollten). Dann geht es am Krätzenstein vorbei und, die Hänge des Leitenberges querend, hinüber in den flachen Sattel zwischen Stuiben und Sederer. Hier befinden wir uns auf der Ostschulter des langen, aus Nagelfluh gebauten Hochgratkammes. Wir ersteigen den Sederer, schauen uns gemütlich um, fahren am Grat leicht ab, und steigen abermals zum Buralpkopf auf (1772 m). Von da an heißt es achtgeben: nur noch ein kurzes Stück westlich am Grat zum Gündleskopf (1748 m) weiter, dann aber scharf rechts hinab, und zwar genau zwischen Grat und **erster** Rippe rechts – nur diese Abfahrt allein ist ungefährdet möglich! Diese Abfahrt steil hinunter in das weite Kar des Gündleskopfes macht den Aufstieg bereits bezahlt; wir halten uns rechts im Kar, fahren bald in den tiefer gelegenen Kessel ein, schwenken dort nochmals nach rechts und erreichen durch lichte Baumgruppen schwingend die Buralpe. Flacher geht es nun weiter nordostwärts, dann wieder steiler zum Weißachufer hinunter. An der Weißach haben wir 20 Minuten aufwärts, also ostwärts, nach Ehrenschwang zu gehen, erreichen dahinter wieder Seifenmoos und biegen dort rein nordnordöstlich ab zum Naturfreundehaus am Südabhang des Gschwenderhorns, 1441 m. Von Ehrenschwang bis zum Gipfel des Gschwenderhorns sind es 1.30 h! Sie beginnt hoch über dem Alpsee mit einem Steilstück durch Wald mit flachem Auslauf, dann folgt ein langer freier Hang bis zur Alpe Starkatsgund, – hier aber geht es über die Hangkante nördlich hinweg und scharf und steil in die »Höll«. Unten rechts abbiegend schießen wir in einen flüssigen Ziehweg, der uns zu einem feinen Wedelhang bringt, dem »Xaveri«. Über ihn und weiter erreichen wir bald den Alpsee: nach 1300 Höhenmeter Gesamttagesabfahrt!

Zum Fiderepaß

Abfahrt durch das Warmatsgundtal

TALORT Oberstdorf im Allgäu, 815 m. – Mittelberg im Kleinen Walsertal, 1218 m

STÜTZPUNKT Keiner. – Die Fiderepaßhütte des DAV ist im Winter geschlossen. Unsere Tour ist als **Tages**tour möglich

CHARAKTER, GEFAHREN Eine ideale Frühjahrstour auf Nordhängen im Vorgebirge bei über 1100 m Abfahrt und nur 4.30 h ab Oberstdorf bzw. 3.00 h ab Mittelberg Anstiegszeit. Nichts für Anfänger! Man muß die Lawinenregeln beachten, muß früh aufbrechen nach kalter Nacht, nie nach starken Neuschneefällen! (Auf unserem Luftbild kann man gut beobachten, wie vernünftig sich die meisten Spuren vom lawinösen Steilhang rechts distanzieren!)

BENACHBARTE TOUREN Hoher Ifen, 2230 m, 2.30 h ab Ifen-Hütte. – Steinmandl und Didamskopf ab Schwarzwasserhütte, 2.30 h

KARTE Skikarte Allgäu-Süd 1 : 50 000 (Rother)

BILD Blick aus dem Flugzeug (von Nordosten) in den obersten Kessel des Warmatsgundtales unterm Fiderepaß. Oberhalb der Bildmitte der Paß, 2065 m, und die AV-Hütte. Der linke obere Kessel, in den man vom Paß aus zuerst einfährt, heißt »Im Wank«; man verläßt ihn aber bald, um die Steilstufe (links, Spuren!) in das eigentliche Warmatsgundtal hinter sich zu bringen. Rechts über dem Fiderepaß der Schüsser, 2258 m, links über dem Paß die Schafalpenköpfe. Der Hang in der genauen Bildmitte und die Hänge in der unteren rechten Bildhälfte sind bei Warmluft nicht ungefährlich

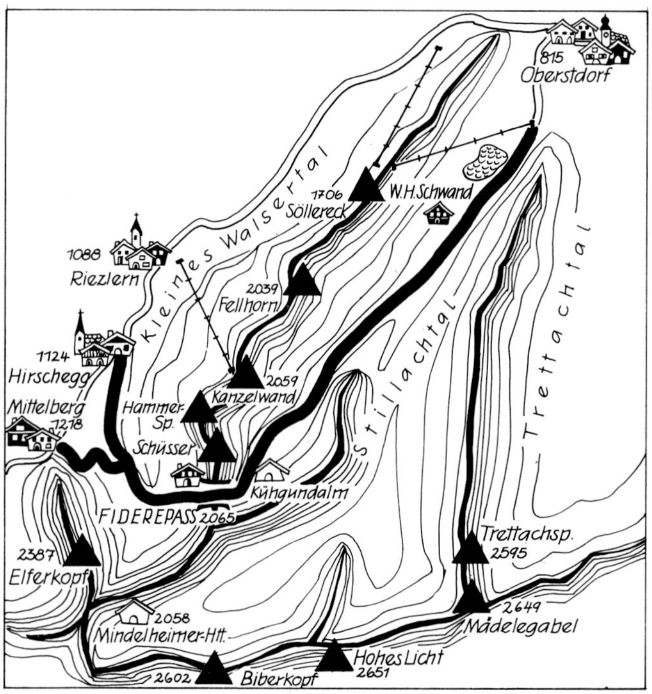

Das Kleine Walsertal ist längst zur »Großen Skistation« aufgestiegen, auch wenn es nur viele kleine Pisten bietet; und Oberstdorf wird trotz niederer Tallage auch noch das Nötige tun, um als »Große Skistation« Anziehung auszuüben. Darüber wird man immer mehr die vielen schönen stillen Skitouren zwischen Schwarzwasserhütte, Riedbergerhorn und Giebelhaus vergessen ... hier ist eine stille Skitour, wahrhaft »abseits der Piste«, die einen Preis von 4.00 h Aufstieg ab Oberstdorf durch das Warmatsgundtal oder 3.00 h ab Mittelberg über Wiesalm und Mittelbergeralm kostet. Die Frühjahrstour kann im Hochwinter nicht, sagen wir besser: nur bei allerbesten Verhältnissen gemacht werden. Im März hat man am meisten davon. Vom Freibergsee über Schlappolthöfle-Alm und Warmatsgundtal erreicht man die Kühgundalpe und dann geht es steil (im Bild) zur Paßhöhe hinauf: das Bild erklärt, wie schön, wie rassig die Abfahrt bei Pulver oder Firn sein kann. – Der Weg ab Mittelberg ist viel kürzer, aber auch durchgehend steiler; aber in 3.00 h hat man ihn bei guten Verhältnissen längstens hinter sich gebracht. Am Fiderepaß träumt man während einer langen Sonnenrast und genießt eine Stille, wie sie in nächster Nähe, drüben an der Kanzelwand, undenkbar wäre. Das Bild beweist erfahrenen Skibergsteigern, daß die Abfahrt nicht leicht zu nehmen ist, daß man seine Aufstiegs- wie auch die Abfahrtsspur vernünftig an die richtige Stelle legen muß: abseits der lawinenverdächtigen Hänge unterm Schüsser und unter den Katzenköpfen (im Bild unten Mitte, und rechts). – Die Abfahrt verliert mit der Länge ihre Rasanz, das versteht sich, aber sie ist auch nicht langweilig. Eine Abfahrt nach Mittelberg zurück lohnt sich nicht, da man zuviel Süd- und Südwesthänge passiert ... Wenn diese sehr schöne Frühjahrstour einen Fehler hat, dann ist es der, daß man keinen Gipfel ersteigen kann. Aber man schaue sich auf dem Bild nur recht genau die Lage von Paß und Hütte an und man wird zufrieden sein. Ganz am Tourenende passiert man übrigens, meist schon zu Fuß, die große Skiflugschanze. Dann bummelt man St. Loretto entgegen, wo man spätestens von den Pistenhelden ausgelacht wird ...

Vom Schochen zum Giebelhaus

Tourenabfahrt unterm Nebelhorn

TALORT Oberstdorf, 815 m

STÜTZPUNKT Keiner. – Auffahrt für diese Tagestour mit Kabinenbahn und Lift über das Nebelhornhaus (Ed. Probst-Haus DAV), 1929 m; bzw. bis zur Liftbergstation ca. 2130 m, am Übergang ostwärts ins Koblat

CHARAKTER, GEFAHREN Der Schochen als Frühjahrstour, das zeigt schon unser Bild, ist ein etwas extremes Vorhaben; also nur für sehr standfeste Skiläufer geeignet, vor allem aber **nur** für erfahrene Hochalpinisten! Die Abfahrt auf idealen Steilhängen über Nord- und Nordostflanken ist teilweise ungewöhnlich exponiert. Außerdem zu gewissen Zeiten lawinenträchtig. Man muß früh dran sein, nie nach warmer Nacht, nie nach Schneefällen, und muß früh abfahren – wann genau, das lehrt allein große Erfahrung. Die Abfahrt überwindet bis zum Giebelhaus über 1000 Höhenmeter, was für Vorberge beträchtlich ist! Die Zeit für das Erreichen des Schochen (man muß erst abfahren, dann querend steil wieder ansteigen) ab Nebelhornlift beträgt für gute Läufer (immer mit Fellen!) 1.30–2.00 h

KARTE Allgäuer Alpen 1 : 50 000 des Bayer. Landes-Vermessungsamtes

BILD Der weiße Schochen, 2100 m, rechts oben, findet nach links seine Gratverlängerung im Lachenkopf, 2111 m, und in der überwächteten Scharte vor dem Laufbacher Eck (ganz links). Links vom Schochen im Hintergrund die Höfats

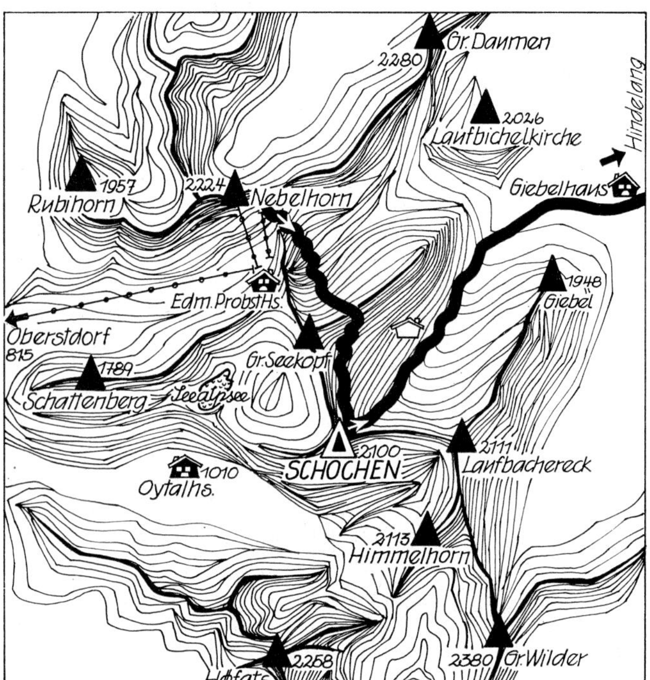

Die klassische Tourenabfahrt vom Nebelhorn führt ostwärts vom Koblat zum Laufbichelsee unterm Daumen und dann über Gundleshütte und Käseralp zum Engeratsgundhof hinab, kurz vor dem Giebelhaus, – aber hier passiert man leider Südhänge, und man mußte schon immer ein ausgekochter Schneekenner sein, um auf dieser großen Abfahrt nichts zu riskieren. Am Schochen hat man nur Nord- und Nordosthänge, genießt ebenfalls gute 1000 Höhenmeter, bezahlt aber mit einer tüchtigen Portion Mut und Geschicklichkeit schon im voraus: beim Anstieg. Denn vom Koblat dicht östlich unterm Nebelhorngipfel hat man erst einmal bis fast zur Oberen Wengenalpe, 1832 m, abzufahren, ehe man sich an die große, aufsteigende und reichlich exponierte Querung zum Schochen machen kann. Diese Querung führt über die steilen Osthänge von Großem und Kleinem Seekopf, und dabei darf eben nichts passieren! Kein Abrutscher, kein Lostreten eines Brettes, kein Sturz. Das heißt, daß diese schneidige Tour eigentlich nur von vielerfahrenen Skibergsteigern gemacht werden kann, die mit der allerersten Kabine aufs Nebelhorn fahren und genau zur richtigen Minute abzufahren beginnen, und genau dort, wo es die Verhältnisse eben gestatten. Auf unserem Bild führt die Abfahrt in einer steilen Diagonale von rechts oben zur unteren Bildmitte: sehr, sehr steil also, und wenn man rechts (im Abfahrtssinne) bleibt, also im steilsten Gehänge, dann muß man schnell durchfahren. Rechts der Bildmitte gibts freilich ein Ausweichen nach Norden auf die Südhänge der unteren Bildhälfte. Daß auch das Schochen-Abenteuer noch übertroffen werden kann, lehrt die im Bilde sichtbare Aufstiegs- und Abfahrtsspur in Richtung Laufbacher Eck bzw. der nördlich davor liegenden, stark überwächteten Sattelschneide. Solche Kapriolen darf sich nur ein wahrer Könner leisten, der mit dem höchsten Mut auch höchste Besonnenheit verbindet ... Daß die Riesenabfahrt nach 600 Abfahrtsmetern, also nach dem Passieren der Kuhplattenalpe, 1493 m, und der Plättelealpe einfacher und flacher wird, versteht sich, – man wird, am Giebelhaus angekommen, dennoch nichts bereuen, und sich zufrieden in den Bus setzen.

Die Ammergauer Hochplatte

Beinlandl, Schlössl und Gamsanger

TALORT Oberammergau oder Ettal, 840 m; Linderhof, 938 m. Eventuell Buching und Halblech im Norden, 826 m (falls man über die Kenzen-Hütte, 1255 m, aufsteigt)

AUFSTIEG Wie beschrieben über Lösertalsattel, 1679 m, zum 2084 m hohen Gipfel in 4.30-5 h. Vorsicht im Hochwinterschnee am Hasentalgraben und im Gipfelbereich

ABFAHRT Wie Aufstieg! Zur Kenzen-Hütte kann man von unserer Spur erst unterhalb des Beinlandls nördlich abzweigen

CHARAKTER Nicht ganz kurze, doch unschwierige typische Vorgebirgstour. Karte und Orientierungssinn von großem Vorteil!

STÜTZPUNKT Keiner, wenn man nach Linderhof zurück will. Ansonsten die Kenzen-Hütte, AV, 1255 m, nordöstlich unter dem Beinlandl

KARTE FB-Karte, Blatt 34, Wettersteingebirge, 1 : 100000

BILD Blick aus dem Flugzeug (von Osten) auf den Gipfelstock der Ammergauer Hochplatte mit dem ihm vorgelagerten »Beinlandl«. Dort wo man die letzten Spuren vorne sieht, fährt man abwärts in den Schatten hinein und kommt dann unter dem Scheinberg (vorne rechts) ins kleine Lösertal, an das der Hasentalgraben anschließt. Man sieht rechts unterm Gipfel die schöne Mulde des »Gamsangerl«, die man über einen kurzen scharfen Grat zu Fuß erreicht. Im Hintergrund links oben die Tannheimer Gipfel

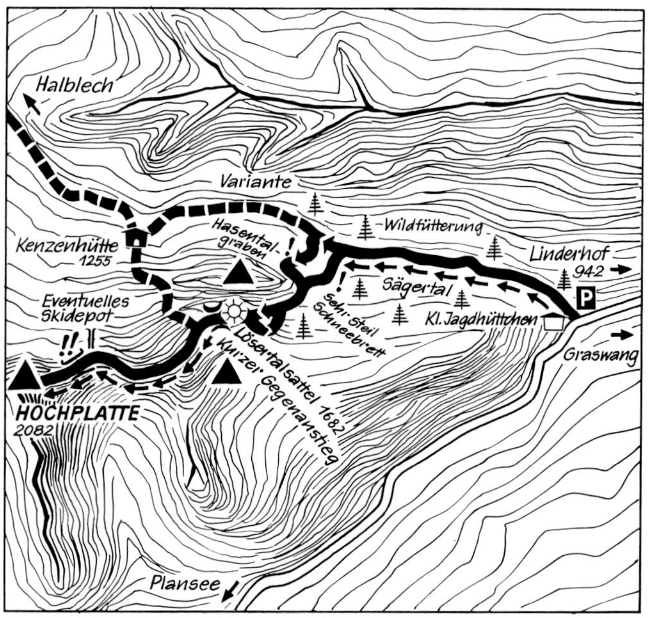

Von Kloster Ettal oder Oberammergau aus fährt man in das Graswangtal ein wie in eine großartige Friedenslandschaft. Das sommerliche Publikum ist ausgetrieben, das Zuckerbäckerschloß Linderhof hält einen tiefen Winterschlaf. Von Linderhof aus geht man (Grenze!) 30 Minuten die junge Ammer entlang, dann streicht man rechts über die Brücke ab ins weltverlorene Sägertal. Nach einer guten Stunde im eisigkalten Waldschatten wird es interessant: kurz unterm Bäckensattel nämlich zweigt man links scharf ab, quert in den steilen, auf ein ganz kurzes Stück lawinösen Hasentalgraben und ist gleich darauf im einsamen Boden des Lösertals. Einige schwere Fichten auf kleinem, ebenen Fleck, dann tiefverschneite, steile Latschenzüge und darüber graue Kalkzinnen. Rechts gibt es einen Ausweg in eine ideale riesige Skimulde hinauf zum Lösertalsattel. Hier steht man der Hochplatte bereits direkt gegenüber. 30 Meter abgefahren, um einen Felskopf herum und in der großen Mulde (Bild) aufwärts ins »Beinlandl«. Es folgt eine verzwickte Spur durch neue Skimulden und über schmale Kämme, bis man am Felskopf des »Schlössl« vorbei ist und einen breiten Kamm zum Ostgipfel hinaufsteigt; das letzte Stück ist sehr steil und beinahe ausgesetzt, aber nichts gegen das folgende, skischmale, links wie rechts senkrecht abfallende, zehn Meter lange Grätlein. Der eine balanciert hinüber, der andere trägt die Skier, nimmt sie jedenfalls mit, denn drüben, unterm Hauptgipfel, wartet ja noch das »Gamsangerl«, die sechste oder siebente schöne Skimulde dieser köstlich stillen und nie langweiligen Skitour. Die Abfahrt auf gleichem Wege bietet bis Linderhof an die 1100 Höhenmeter. Und dies auch noch im März. Im April trägt man die Skier schon ein Stück; aber diese Hochplatten-Tour ist so erholsam still, daß ich schon einmal am 1. Mai aufgebrochen bin. Da blühten an allen Südflanken die Blumen, und als mir heimwärts im Lösertal der Schnee ausging, da hing ich meine Skier (sie waren nicht gerade neu) faul in den Wipfel einer alten bärtigen Wetterfichte, um sie nicht zu Tal tragen zu müssen. Im Dezember holte ich sie mir dann ab; ich zielte wieder auf die Hochplatte – und die Skier hingen noch im Baum.

Mieminger Nordkare

Hölle, Brendlkar und Seebensee

TALORT Biberwier, 987 m; Ehrwald, 996 m; Lermoos, 995 m. (Von der Fernpaßstraße führt dicht südlich von Biberwier ein neuer Skilift zum Marienbergjoch; er verkehrt vorerst freilich nur innerhalb der Pistensaison, also bis Anfang April!)

BESTE ZEIT UND GEFAHREN Ausgesprochene Frühjahrstour! Auch da nur nach kalten Nächten, also bei sicheren Verhältnissen! – Vorsicht im Aufstieg auf der Südflanke Hölle – Grünsteinscharte! In der Scharte manchmal Wächte, die man evtl. abbrechen muß

ABFAHRT Es gibt ab Grünsteinscharte 2 Möglichkeiten: 1. Coburger Hütte – Seebensee – Ehrwalder Alm, 2. Hinteres Tajatörl – Brendlkar – Ehrwalder Alm

STÜTZPUNKT Keiner. Die ehemalige Marienberg-Hütte soll erst wieder aufgebaut werden, die Coburger Hütte kommt nur bei Abfahrt 1 in Frage und ist höchstens Ostern und Pfingsten bewirtschaftet

CHARAKTER Diese Frühjahrstour für gute, ausdauernde Skibergsteiger lohnt jegliche Plage, denn die Abfahrt führt durch steile, meist bis Anfang Mai pulverige Nordkare

KARTE AV-Karte, Blatt 4/2, Zugspitze, 1 : 25 000

BENACHBARTE SKITOUREN Wanneck, 2495 m, über Marienbergjoch durch Kar und Steilrinne; Igelskar über Hinteres Tajatörl, Igelsscharte, 2080 m

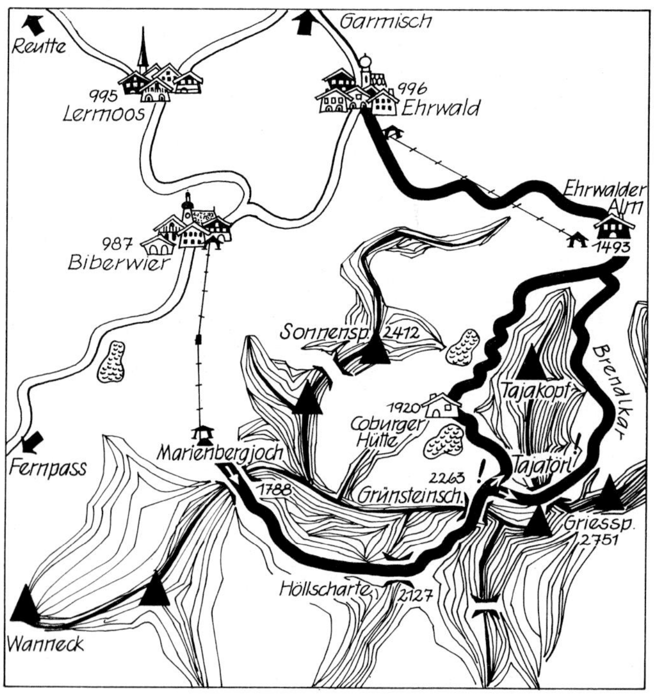

Jeder Skiläufer, der aus dem brettebenen Ehrwalder Talkessel zur schroffen Miemingerkette aufschaut, leugnet dort Tourenmöglichkeiten. Sie sind – für den Skibergsteiger – dennoch vorhanden, und die interessanteste davon heißt »Brendlkar«. Man kann, etwa Ostern oder Pfingsten (wenn die Hütte bewirtschaftet ist) von Ehrwald über die Ehrwalder Alm auf die Coburger Hütte steigen, um dann anderntags über das Hintere Tajatörl ins Brendlkar zu gelangen. Großzügiger, dabei kaum anstrengender, sicher aber eindrucksvoller ist die sogenannte Grünstein-Umfahrung. Man macht sie, der pulverigen Nordkare wegen, nur in einer Richtung: beim Gasthof Lärchenhain oberhalb Biberwier zeigen eine Tafel und eine breite Waldschneise den Weg zum Marienbergjoch, 1796 m, an (neuerdings mit Lift erreichbar!) ab dort muß man aber noch weitere 350 Höhenmeter, nun freilich bei unbeschränktem Ausblick auf die Zentralalpen, bis zum Hölltörl empor. Eine sehr hübsche Abfahrt führt in die »Hölle«, ein bei Sonne am Südhang recht elender Schinder zur Grünsteinscharte, 2270 m, empor: zusammen also ab Marienbergjoch etwa 470 Höhenmeter Aufstieg in insgesamt 2.30 h. Die Grünsteinscharte ist eine extrem ausgesetzte, mit einer Nordwächte ausgestattete Felsenloge, als Rastplatz nicht nur der Einsamkeit wegen köstlich, sondern auch, weil ja nun nur noch Skifreuden bevorstehen. Unter der Wächte quert man an steilem Hang östlich zum Hinteren Tajatörl, 2269 m (etwa 0.20 h), dem Startort fürs Brendlkar. Dieses Brendlkar, riesige, steile, baumfreie Mulden, rein nordseitig, von Felskämmen umschlossen, ist bis zum kleinen Brendlsee hinab ein einzigartiges Vergnügen – für gute Abfahrer. Unterhalb folgt sogleich ein Da Capo: abermals folgen freie Mulden und Rücken, bis man auf etwa 1500 m Höhe in die ersten lichten Lärchen und Tannen des Seebenwaldes einfährt. Aber auch die weitere Waldabfahrt zur Ehrwalder Alm hinab und, bei Glück, hinab und hinaus ins Ehrwalder Becken, ist amüsant, nie langweilig. – Wenn am Marienbergjoch wieder einmal eine Hütte stehen wird (sie ist geplant; der Lift ist bereits in Betrieb!) dann hat man ab Hütte die Chance einer weiteren schönen Frühjahrstour: das einsame Wanneck-Kar.

Blick von Norden (aus dem Flugzeug) in die von mehreren markanten Hochkaren unterbrochene Nordflanke der Mieminger Kette. Wir erkennen links Igelskopf, rechts daneben das schöne Brendlkar. Links oben die Griesspitzen, rechts der weitere Kamm (mit vorgelagertem Tajakopf) zum Grünstein (mit Grünsteinscharte über Drachensee, Coburger Hütte und Seebensee). Im Vordergrund das Gelände über Geißbach und Seebenwänden.

Der Äußere Bärenbartkogel

Extreme Gletscherabfahrten überm Reschenpaß

TALORT Reschen (am Reschenpaß), 1497 m. Bzw. Melag, 1919 m, im Langtauferer Tal (je nach Jahresfortschritt bis Melag befahrbar)

STÜTZPUNKT Weißkugel-Hütte CAI, (Rif. Pala bianca), 2360 m, über der Zunge des Langtauferer-Ferners. 1.30-1.45 h ab Melag. Zur Frühjahrsskizeit bzw. Ostern meist bewirtschaftet. Sonst Winterraum. Man erkundige sich im Tal, ob die Hütte offen bzw. bewirtschaftet ist!

CHARAKTER, GEFAHREN Der Äußere Bärenbartkogel, 3473 m, im Westkamm der Weißkugel, 3739 m, bietet eine sehr selten gemachte Spätfrühjahrs- bzw. Frühsommertour von großem Reiz für glänzende Abfahrer. Es gibt zwei Abfahrtschancen: 1. Am Aufstiegsweg über den Bärenbartferner zurück = hochalpin, nicht sehr schwer, 2. (nur bei glänzenden Verhältnissen!) über den supersteilen Freibrunnerferner

KARTE AV-Karte, Blatt 30/2, Weißkugel, mit Skirouten

BILD Der Bärenbartferner im Langtauferer Tal zwischen Weißkugel, 3739 m (links oben), und Äußerem Bärenbartkogel, 3473 m, (rechts am Bildrand), »Standpunkt« des Fotografen: über der Weißkugel-Hütte. Der Zugang zum Gletscher erfolgt von links (am linken unteren Bildrand über die sehr steile Moräne). Abfahrt über den Ferner von oben rechts nach unten links oder über den Freibrunnerferner (am rechten Bildrand teilweise sichtbar). Der Innere Bärenbartkogel (im Bild dicht rechts unter der Weißkugel) kann im Winter nicht erreicht werden. Rechts oben im Hintergrund die Ortlergruppe

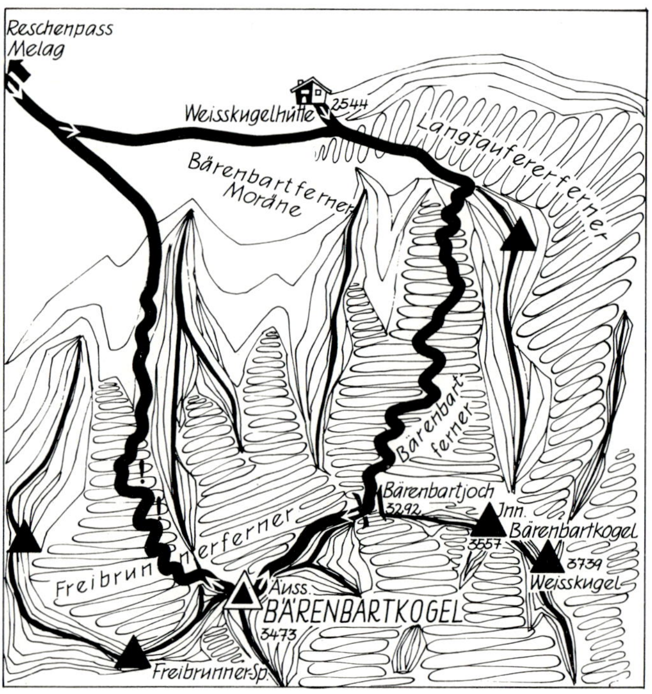

Wer im Mai über den Sonntag noch einmal zu einer großartigen Gletscherabfahrt kommen will, um dabei zugleich allein zu sein mit dem Kameraden, der fahre vom Inn oder von der Etsch her zum Reschenpaß hinauf und biege gleich beim versunkenen Kirchturm von Graun ins einsame Langtauferer Tal ein. Schon hier beginnt man aufzuatmen: kein Auto mehr, keine Menschen, schäumender Frühling an stürzenden Wildwassern, und da und dort ein bitterarmes Gehöft am Hang. Im letzten Dorf, im armseligen Melag auf 1919 Meter Höhe, ahnt man den Frühling nur noch, nach einem Weg von eineinhalb Stunden, auf der Weißkugel-Hütte, rastet man in einer polaren Eiswelt. Alles Leben ist erstarrt. Und doch wartet eben hier eines der größten und erregendsten Ski-Abenteuer auf den guten, erfahrenen und kräftigen Hochalpinisten: die Tour auf den Äußeren Bärenbartkogel und die Abfahrt über den Aufstiegsweg am Bärenbartferner (im Bild) mit etwa 1000 Höhenmetern, oder jene skiartistische Kapriole einer Abfahrt über den Freibrunnerferner (am rechten Bildrand) mit etwa 1500 Höhenmetern. Der Aufstieg führt von der Weißkugel-Hütte über die Zunge des Langtaufererferners in einem Bogen an den Punkt, wo Bärenbartferner-Moräne und der steile Felskamm (vom Inneren Bärenbartkogel herab) zusammentreffen: mit Kraft und alpinem Geschick gelangt man hier auf den Ferner, der, wie das Bild zeigt, einem unabsehbaren Eismeer gleicht. In Wellen wallt die glänzende weiße Flur gegen den Gipfelgrat hinan; hier seine gute Spur zu legen und in rhythmischem Gleichmaß anzusteigen, von Kehre zu Kehre immer weiteren Ausblick gewinnend, bis plötzlich die Weißkugel atemnah über einem steht, bis man über die Kimme hinweg auf den Ortler schaut, das ist ein unvergeßliches alpines Erlebnis. In 3.30 h ist man bei guten Verhältnissen leicht am Gipfelgrat, der manchmal mit Vorsicht zu begehen ist. Am Gipfel kommt die große Entscheidung: Abfahrt über den Bärenbartferner oder über den Freibrunnerferner. Letztere ist nur ganz hervorragenden Abfahrern möglich und denen nur bei allersichersten Verhältnissen. Ihr Gewinn gegenüber der Abfahrt am Anstiegswege beträgt fast 400—500 Höhenmeter.

Die Weißseespitze

Durch den »Sumpf« des Gepatschferners

TALORTE Vent, 1896 m (Jeepstraße ab Zwieselstein im Ötztal). – Feichten, 1289 m, im Kaunertal

STÜTZPUNKTE Gepatschhaus, DAV, 1928 m, Kfz ab Feichten. – Rauhe-Kopf-Hütte DAV, 2731 m, zwischen zwei Zungen des Gepatschferners (3.00 h ab Gepatschhaus, leider meist geschlossen. Winterraum). – Brandenburger Haus DAV, 3272 m, zwischen Gepatsch- und Kesselwandferner (Pfingsten meist bewirtschaftet; ab Vent 6.00 h über Vernagthütte; oder 6.30 h über Hochjochhospiz; 5.30 h ab Gepatschhaus über Rauhe-Kopf-Hütte)

CHARAKTER, GEFAHREN Die Weißseespitze, dicht nördlich der Weißkugel, dominiert am Nordwestrand des Gepatsch-, das heißt des größten Ötztaler Ferners. Ihre Nordflanke bricht steil ins Gepatschtal ab, nach Südosten hin streckt sie einen flachen, aber gewaltigen, viele Kilometer langen Hang in den »Sumpf« des Gepatscheisplateaus hinein. Bei Frühjahrskälte und guter Sicht – aber nur bei guter Sicht! – ist der Berg mit einiger Ausdauer leicht zu erreichen. Kürzester Weg ab Brandenburger Haus: 2.30 h. – Ab Rauhe-Kopf-Hütte 3.00 h. – Ab Gepatschhaus gute 5.30-6.00 h. – Wer unterwegs von Nebel oder Unwetter überrascht wird, kehre sofort in seiner eigenen Spur zurück! Verirren auf dem gewaltigen Gepatschferner kann eine Katastrophe bedeuten. – Abfahrt meist nur gut bei sehr frühzeitigem Aufbruch!

KARTE AV-Karte 30/2, Weißkugel, mit Skirouten. – Nur zur Not die FB-Karte Blatt 25, Ötztaler Alpen

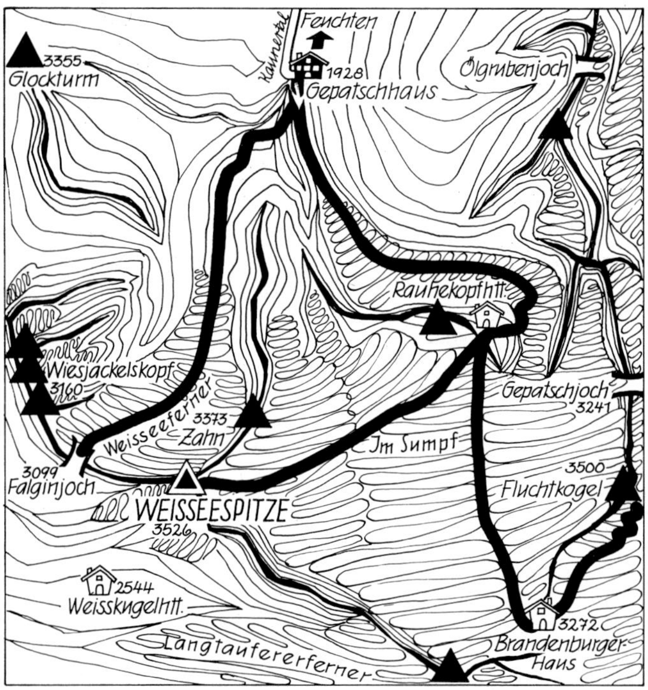

Im Talschluß des Kaunertales, unter der Zunge des größten Ötztaler Gletschers, gibt es noch keine Bahnen und Lifte, also Ruhe, eine geradezu unheimliche Ruhe ... Man schaut wie entgeistert auf den hohen Eisrand des Gepatschferners hinauf, der weit rechts drüben im Eisdom der Weißseespitze mit 3526 m Höhe kulminiert. Eine der schönsten, stillsten – und längsten – Skihochtouren führt vom schönen, ja geradezu vornehmen Gepatschhaus um den Rauhen Kopf herum auf den Gepatschferner und immer am Rand seines Nordabfalles dahin zum Gipfel: vis-à-vis der 3739 m hohen Weißkugel mit ihrem scharfen Nordgrat. – Ist die Rauhe-Kopf-Hütte auf 2731 m bewirtschaftet, oder nächtigt man dort im Winterraum, dann ist der kaum 3stündige Anstieg ein Vergnügen ... freilich nur bei absolut guter Sicht! ... Ein Vergnügen ist auch der Anstieg vom Brandenburger Haus weg, das unter einer Felsinsel auf erstaunlichen 3272 m Höhe steht, und von dem aus man den ganzen riesigen Gepatschferner durchqueren muß, auch den »Sumpf«, das ist die flache Gletschermitte, wo der Spätaufsteher bei Hitze seine blauen Wunder erleben kann. Der schönste Anstieg und die schönste Abfahrt gehen vom Gepatschhaus aus und führen dorthin zurück: man spurt direkt auf die Gletscherzunge zu, hält sich immer am Nordrand des verschneiten Eisstromes, bis man den Ostsockel vom Rauhen Kopf erreicht hat, – genau hier quert man den Gletscherstrom, steigt an der Rauhe-Kopf-Hütte vorbei, erreicht dicht darüber den Hochrand desselben Ferners, quert erst südwestlich bis in den »Sumpf« (in die Gletschermitte) und dann westlich, immer mehr ansteigend, gegen den Gipfel empor. Die Abfahrt führt zwangsläufig am Anstiegswege zurück. Ich erwähne die folgende nicht ungefährliche Kapriole für sehr gewandte und zugleich sehr vernünftige Skibergsteiger der Extraklasse nur, weil ich Zeuge dieser Superabfahrt war: man sieht im Bild, rechts neben dem Rauhen Kopf, einen Eistrichter im Nordabfall des Gepatschferners, sieht auch die von rechts oben diagonal in den Trichtergrund ziehende Eisrampe bzw. Firnrampe – dort kann ein sehr guter Fahrer, der die Schneequalität taxieren kann, im Mai abfahren.

Der Talschluß vom Kaunertal mit dem Platz des Gepatschhauses des Alpenvereins (unterer Bildrand, links der Mitte). Darüber der mächtige Gepatschferner mit seiner Zunge. Genau links über dieser Zunge der Rauhe Kopf, 2990 m, an dessen linker Felsschulter die kleine AV-Hütte steht. Rechts oben ganz außen die Weißseespitze, dicht daneben links die Weißkugel; links oben die Kesselwände und die Dahmannspitze – Felsinseln im Eismeer des größten Ötztaler Gletschers – an deren Sockel das Brandenburger Haus steht. Die Abfahrt von der Weißseespitze zieht links vom Rauhen Kopf zum Ferner hinab und mit ihm zur Zunge. Die Steilabfahrt genau links der Bildmitte (leicht diagonal zur alten Moräne hinab) kann nur von sehr erfahrenen Skibergsteigern und nur bei absolut sicherem Firnschnee riskiert werden. Am besten erst April–Mai!

Die Wildspitze vom Taschachhaus

Parforcetour für Skibergsteiger

TALORT Plangeroß im Pitztal, 1617 m, oder Mandarfen, 1700 m, bzw. Taschachalm, 1796 m

STÜTZPUNKT Taschachhaus, DAV, 2433 m. Winterraum. Ostern usw. meist geöffnet (Erkundigen in Plangeroß!)

AUFSTIEG Je nach Schneelage und Zeit 2.00-3.00 h bis Taschachhaus, von dort 5.00-6.00 h zum Skidepot, 3680 m, am meist verblasenen Südwestgrat der Wildspitze, 3772 m

ABFAHRT Genau wie Anstieg, auch Anstiegsspuren benützen! (Spalten.) Bei starker Sonne so früh als möglich abfahren!

CHARAKTER Hochalpine Skitour, anstrengend, doch keine extreme Schwierigkeit. Komplette hochalpine Ausrüstung vonnöten!

KARTE AV-Karte, Blatt 30/2, Weißkugel, mit Skirouten

SCHÖNE TOUREN AM WEGE Bliggspitze, 3454 m, über Sexegertenferner; Hochvernagt-Spitze, 3530 m, über Taschachjoch

BILD Die doppelgipfelige Wildspitze, 3772 m, über dem in drei Bruchzonen abfallenden Taschachferner, aus dem Flugzeug aufgenommen. Rechts unten das Taschachhaus, links davon die sehr hohen und steilen, im Morgenfrost oft sehr gefährlichen Moränenwälle. Das Flugfoto ist von Nordwesten aufgenommen. Rechts am Bildrand also die schöne Petersenspitze, 3484 m, links darüber (beschattet) der Hintere Brochkogel, 3635 m. Links oben vorne der Brunnenkarkopf, 3250 m

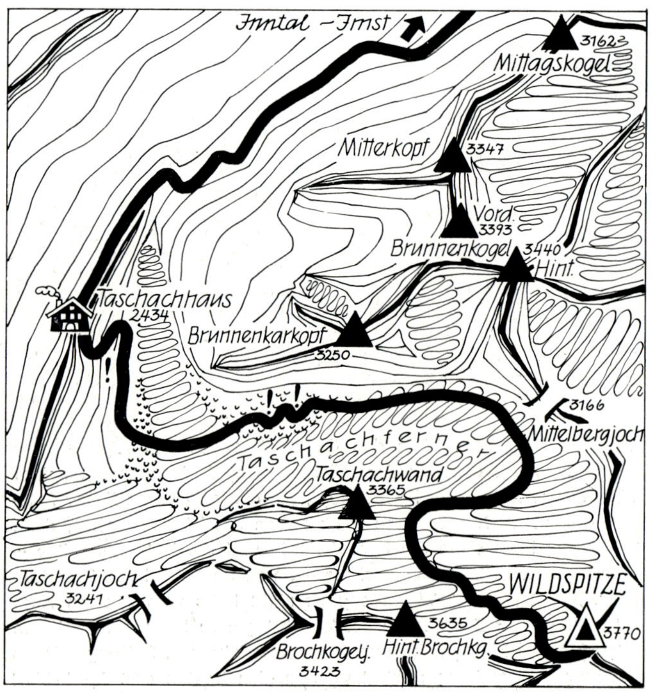

Für gewöhnlich wallfahrtet man zum begehrtesten Gipfel der Ötztaler Alpen über die Braunschweiger- oder die Vernagt-Hütte, wobei man jedes Mal mindestens ein Joch mitnehmen muß. Unser Luftbild zeigt nun einen unmittelbaren Anstieg, der ohne Zwischenjoch direkt auf die Wildspitze führt. Hier steigt man zwar nur ein Stück in den sicheren Geleisen einer ausgetretenen Spur, muß also besonders vorsichtig und auf hochalpine Zwischenfälle vorbereitet sein: dafür fährt man aber in einem einzigen Zuge gute 1700 Höhenmeter ab, bleibt abseits vom Strom und ist am Ende in dem stillen, noch relativ unberührten und deshalb reizvollen Pitztal. Von München aus, zum Beispiel, ist man in 3.00 Autostunden im hintersten Pitztal, im April in Mandarfen, 1700 m, im Mai sogar an der Taschachalm, 1800 m; von hier geht und steigt man, den Taschachbach auf einer Lawinenbrücke überschreitend, gute 2.00 h auf das Taschachhaus hinauf. Dort muß man zuweilen mit dem Winterraum vorlieb nehmen. Die Gefahrenstellen des folgenden Anstieges sind: 1. Beim Anstieg frühmorgens die unangenehm steile und oft beinharte Moränenflanke auf die Gletscherzunge hinab, 2. die steilen Hänge der jenseitigen Moräne (im Bild links neben erstem und zweitem Gletscherbruch) hinauf (in der Abfahrt müssen diese Hänge bis spätestens 13 oder 14 Uhr passiert sein!), 3. Die Spaltenzonen im »Nährbecken« des großen Taschachferners, wo man aber bereits in der »Braunschweiger Spur« geht, 4. der Übergang am verwächteten Gipfelgrat zum Nordgipfel (nur mit Seilsicherung!), 5. in der Abfahrt die große Kurve beim Verlassen der »Braunschweiger Spur« nach links, wo man der Spalten wegen nie abschneiden darf (man bleibe allgemein dicht an den Aufstiegsspuren!). Die nun eventuell im Aufstieg zu nehmende Steilmoräne vor dem Taschachhaus ist dagegen mittags zahm geworden. – Auf dem Bilde erkennt man rechts unten das Taschachhaus, darüber die drei großen Bruchzonen. Bei sehr guten Verhältnissen kann man den Gletscher auch zwischen erstem und zweitem Bruch statt an der Zunge queren. Nochmals: Den Übergang vom Süd- zum Nordgipfel sollte man stets mit großer Vorsicht vornehmen (Wächten)!

Unbekanntes Pollestal

Außenseiter-Abfahrt von der Braunschweiger Hütte

TALORT Sölden, 1362 m, im Ötztal – Mittelberg im Pitztal, 1740 m – Huben im Ötztal, 1194 m

AUSGANGSPUNKT Braunschweiger Hütte DAV, 2759 m (3.30-4.00 h ab Hochsölden, Lift von Sölden bis Hochsölden und Rotkogelhütte), 3.30 h ab Mittelberg (steil)

CHARAKTER, GEFAHREN Diese Tour ist eine ausgefallene, unbekannte Abfahrtsmöglichkeit von der Braunschweiger-Hütte, die man nur im späteren Frühjahr, vor allem aber nur bei ganz lawinensicheren Verhältnissen machen kann. Je später im Jahr, desto sicherer und schöner. Die Abfahrt ist lang, doch nie schwer, manchmal muß man Lawinenreste überfahren. Aufstiegszeit Braunschweiger-Hütte – Pollesjoch 1.00 h, hier ist am Südhang Vorsicht geboten!

KARTE AV-Karte, Blatt 30/3, Kaunergrat – Geigenkamm

BILD Das Pollestal mit seinen oberen Böden, am obersten Fernerboden links ist das Pollesjöchl, unter dem jenseits die Braunschweiger Hütte steht. Oben links am Bildrand die Wildspitze, links darunter der linke und der rechte Fernerkogel, die beiden sehr beliebten Hausberge der Braunschweiger Hütte. In Bildmitte vorne am linken Bildrand der Rotkogel (mit Skispuren), genau rechts über ihm das Pollesjoch mit dem Start nach rechts unten zur großen Pollestal-Abfahrt: Im Hintergrunde links der Bildmitte oben die Weißkugel; rechts oben die Weißseespitze, dahinter die Gipfel der Ortlergruppe

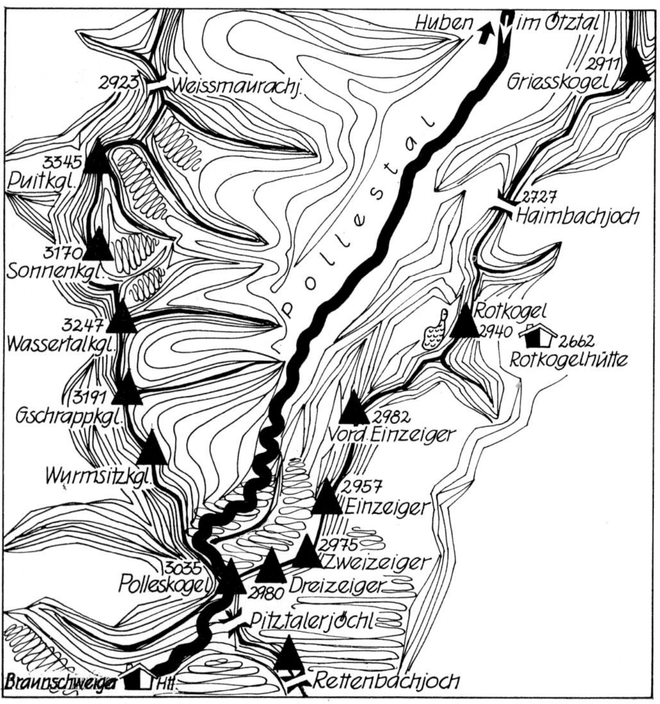

So unbekannt das Pollestal ist, es wurde beileibe nicht neu »erfunden«, sondern es war schon immer da, wartete schon immer auf eine Entdeckung durch Skiläufer mit Einsamkeits-Komplex. Man muß ja auch wirklich nicht immer nur übers Rettenbachjöchl nach Sölden heimfahren und dabei fade Südhänge abspuren, während im Pollestal noch Pulver wartet oder Firn. Man geht von der Braunschweiger Hütte gleich nordostwärts unter der Karlesschneide hinauf, natürlich vorsichtig, und sucht das 2995 m hohe Pitztaler Jöchl zu überschreiten, über dem, 3035 m hoch, links oben gleich das Pollesjöchl steht (1.00 h). Man ist richtig gegangen, wenn man oben unmittelbar am Rande des Pollesferners steht; hier sind alle Sorgen vorbei, denn, dies zeigt unser Bild, es geht nun von Kessel zu Kessel, und von Absatz zu Absatz immer weiter und tiefer das Pollestal hinab und hinaus. Natürlich trügt das Luftbild etwas, was die Steilheit betrifft. Langsam ist diese Abfahrt gar nicht. Aber das muß den Skiläufer letztlich nur freuen. In seinem unteren Teil ist das Pollestal eine Mordslawinengrube und eine Mordgrube für jeden, der dort im Januar abzufahren versuchte, etwa bei Föhn oder nach starken Neuschneefällen. Im späten Frühjahr spürt man nur noch Lawinenbollen unter den Stahlkanten. Die Abfahrt durch dieses einsame Pollestal ist endlos lang, und wer gerne Schuß fährt, der muß einmal hier gewesen sein. Erst ganz unten gelangt man in die Waldzone, und das Trogtal von oben wird hier zum schmalen V-Tal. Ist der Schnee zu Ende, so findet man an Pfadspuren leichter aus dieser Enge, bei Schnee aber halte man sich vorsichtig am orographisch linken Ufer des Baches und suche dort, wo der Bach in die Klamm springt, links oben den »Sattel« zu erreichen, von dem aus es harmlos hinaus nach Huben an der Ötztaler Ache geht. – Jeder, der das Pollestal abfahren will, muß erfahrener Skibergsteiger sein und vor allem die Schnee- und Wetterverhältnisse richtig beurteilen können. Schon der kurze Aufstieg zum Pollesjöchl, ein reiner steiler Südhang, kann zum kleinen Problem werden. Es ist klar, daß man hier stets im Hartschnee des frühesten Morgens ansteigt und unter keinen Umständen in der schweren Sulze.

Similaun und Hintere Schwärze

Genußtouren über der Samoarhütte

TALORTE Vent, 1896 m (Jeep von Zwieselstein). – Zwieselstein, 1472 m (Bus von Innsbruck und Imst)

UNTERKÜNFTE Martin-Busch-(Samoar-)Hütte, DAV, 2470 m (erneuert), 2–2½ h von Vent, etwas mühsam. – Similaunhütte (privat, 3049 m, überm Niederjoch. 2–3 h ab Samoarhütte)

CHARAKTER Beide Skiabfahrten sind hochalpin. Man passiert Spaltenzonen und hat bei Nebel und Schneetreiben Risiken auf sich zu nehmen! Nur in kompletter Ausrüstung mit Pickel, Seil und ausreichendem Wärmeschutz, nur bei ganz sicherer Wetterlage in den ersten Morgenstunden aufbrechen! In der Spur bleiben! Beste Zeit: März bis Ende Mai! (»Skiführer Ötztaler Alpen«)

BESTE KARTE AV-Karte, Ötztaler Alpen, 1 : 25 000!

BILD Marzell- und Niederjochferner, vom Marzellkamm getrennt. Links überm breiten Marzellferner der Similaun mit seiner eisigen Nordwand. Die Hintere Schwärze ist links oben außerhalb des Bildrandes, die Spur zu ihr führt oberhalb der gut sichtbaren Spaltenzone von rechts nach links aufwärts. Rechts an der Licht-Schatten-Grenze die Samoarhütte, genau unter ihr, zum unteren rechten Bildrand ziehend, der oft heikle letzte Teil des Anstiegsweges von Vent her (Querung am steilen Hang)

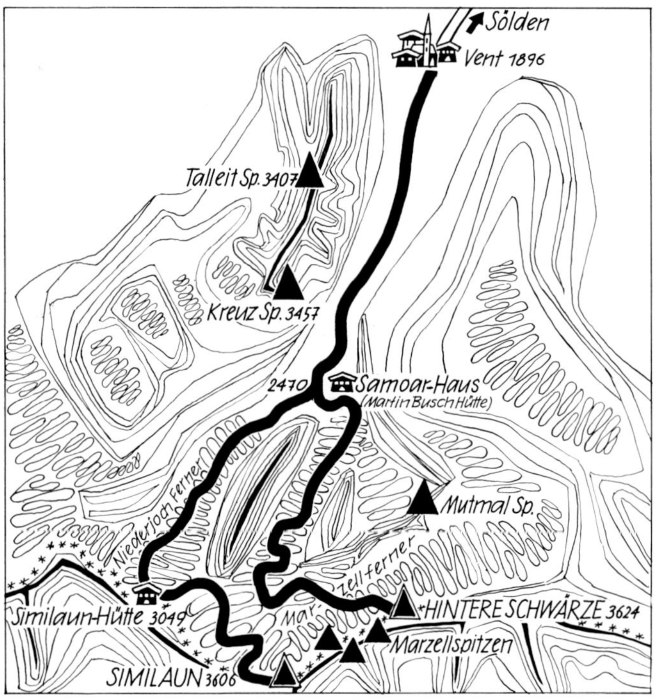

Wer die Lifte- und Pistensysteme über Sölden ausprobiert und auch dem Gaislachkogel mit seiner großen Kabinenbahn die Reverenz erwiesen hat, der gehe wieder in sich, strebe in die Einsamkeit: fahre also mit dem Jeep von Zwieselstein nach Vent. Das ist wie ein Sprung in die Urwelt und das Blut tobt in den Adern: Ruhe, Einsamkeit, Armut, alles in jeder Weise erregend, ja erschütternd. Beim Marsch auf die Samoar-(Martin-Busch-)Hütte, also zu Fuß von 1896 auf 2470 m Höhe, einem stillen Gang von gut 2.00 h, führt uns die Urwelt in ein neues Bewußtsein – man vermag sich plötzlich die nahende Apokalypse vorzustellen, in der die Menschheit als Opfer von Abgasen, Giften, Streß und Dummheit endet ... All das darf vergessen sein, wenn wir die beiden Touren machen, Genußtouren ersten Ranges: 1. die leichtere Unternehmung, Aufstieg 3.00–4.00 h zur Similaunhütte, Weitermarsch in 1.30 h zum 3606 m hohen Eisgipfel des Similaun, evtl. bei Gebrauch des Eispickels dicht vor Erreichen des Gipfelgrates, – 2. die schwierigere Tour: von der Samoarhütte (siehe Bild) nach links umständlich hinab bzw. hinüber zur hohen Westmoräne des Marzellferners, dann auf gut sichtbarer Spur am Westrand des Gletschers empor und oben von rechts durch die große Bruchzone auf das ebene Gletscherplatt. Nun den steilen Schlußanstieg zum schmalen Gipfelgrat der Hinteren Schwärze, 3628 m, – alles zusammen mindestens 4.30, meistens gute 5.00 h ab Hütte. Das Luftbild von Franz Thorbecke zeigt rechts den Hüttenanstieg zur Similaunhütte am Grenzgrat, von dort nach links den Similaunaufstieg bis über die schwarze Nordwand hinaus, oben am hellschimmernden Eisgrat, – und zeigt links alle Details des Schwärzen-Anstiegs bis vor den Schlußanstieg. Am Similaun wenige Spalten, eine kurze Zone unterm Gipfelgrat ist einfach zu umgehen. Bei der Hinteren Schwärze wartet eine breite Bruchzone, die bei schlechter Sicht Kopfschmerzen erregen kann. Im Vordergrund rechts unten der Steilhang, den der Weg von Vent quert. Links unten im Bildeck mündet der Schalfferner aus, auf dem man beim Übergang vom Hochwildehaus absteigt. Niederjochferner (rechts) und Marzellferner werden vom Keil der Mutmalspitze getrennt.

Hochwilde und Seelenkögel

Rechts und links überm Langtaler Ferner

TALORT Obergurgl, 1910 m (Kraftfahrzeug-Zufahrt frei, Bus von Station Ötztal bzw. Zwieselstein)

STÜTZPUNKT Neue Karlsruher Hütte, DAV, 2430 m, am Langtaleregg (2.30 h über Schönwies ab Obergurgl) – bzw. Hochwildehaus DAV, 2873 m (2.30 h ab Neuer Karlsruher Hütte, Materialseilbahn für Gepäck! Der Aufstieg Obergurgl–Hochwildehaus an einem Tag kostet Kraft und mit Rucksack mindestens 5.00–6.00 h!

CHARAKTER, GEFAHREN Die Touren von der Neuen Karlsruher Hütte aus, ob auf den Mittleren Seelenkogel oder auf die Hochwilde, gehören zu den typischen Ötztaler Gletscherfahrten: sie sind anstrengend durch die Länge. Spalten und Brüche sind meist sehr gut verschneit, trotzdem ist die übliche Vorsicht geboten

KARTE AV-Karte, Blatt 30/1, Gurgl, mit Skirouten, 1 : 25 000

BENACHBARTE SKITOUREN Hochwilde-Haus – Schalfkogel (am schönsten als Übergang zur Samoar-Hütte); Neue Karlsruher Hütte – Hinterer Seelenkogel über Langtaler Ferner (anstrengend, prächtige Abfahrt). – Bei ganz sicheren Verhältnissen im Spätfrühjahr der Übergang Obergurgl – Mannigenbachkogel (3313 m) – Latschferner – Vent

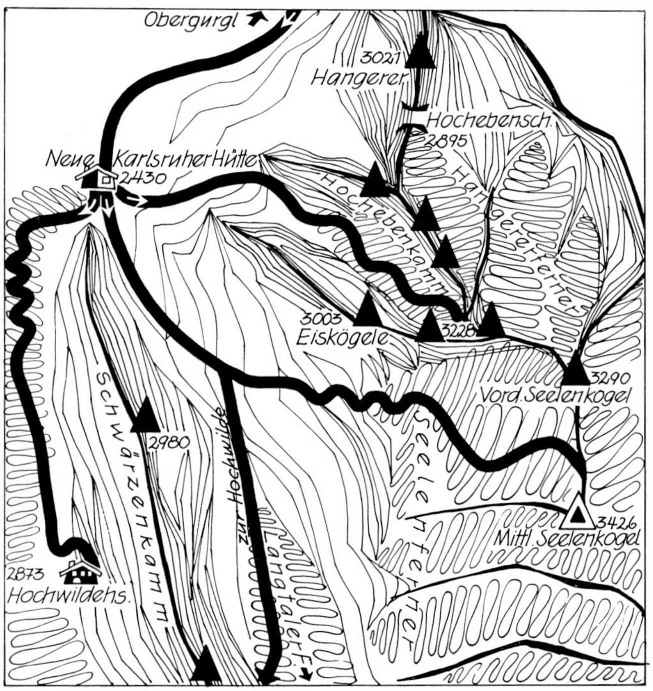

Zwei größere Skitouren des späten Frühjahrs im klassischen Skirevier der Gurgler Berge – beide werden auf dem beschriebenen Wege nicht oft ausgeführt. Ausgangspunkt ist die Neue Karlsruher Hütte am Langtalereck, unmittelbar der steilen Zunge des Gurgler Ferners gegenüber (über die man für gewöhnlich aufs Hochwilde-Haus steigt). Der Mittlere Seelenkogel wird in etwa 3.30 h über die große Gletscherbucht nördlich seines Westgrates bis zur Scharte hinauf erstiegen; die Scharte kann unangenehm sein, zumindest sind Eispickel und Seilsicherung oft vonnöten. Die Scharte benützt man, falls man die Skier nicht unter ihr lassen muß, als Ski-Depot, um von ihr aus den steilen Nordgrat des Mittleren Seelenkogels (nur bei ganz guten Verhältnissen möglich!) zu ersteigen. Die Abfahrt bei guten Firn-Verhältnissen ist einzigartig schön. – Die Tour auf die Hochwilde dauert wesentlich länger, sie kostet 4.00–5.00 h Zeit, wenn nicht mehr. Man steigt den wundervoll einsamen Langtaler Ferner in seiner Mitte empor, umgeht oben hinter dem Schwärzenkamm (er teilt Langtaler und Gurgler Fernerbecken) einen meist gut verschneiten Bruch und kommt steil auf die Scharte 3290 m südlich des Annakogels; ab hier sind es nur noch dreißig Minuten zum Skidepot. Der Gipfel der Hochwilde, 3461 m, muß zu Fuß, zuweilen mit Eispickel, erstiegen werden. – Man fährt von der Hochwilde am besten über den Anstiegsweg, also über den Langtaler und nicht über den Gurgler Ferner ab. Im letzteren Falle hätte man am Ende den Anstieg von unterhalb der Gurgler Gletscherzunge zur Neuen Karlsruher Hütte hinauf. – Eine zwar kleine, aber ihrer rassigen Abfahrt wegen hübsche Tour führt (man verfolge es im Bilde nebenan) direkt von der Hütte schräg nach links oben in das kleine Fernerbecken zwischen Hochebenkamm und Eiskögele. Ein anderer Tip: Aufstieg ab Rotmoos über den unten supersteilen Wasserfallferner bis P. 3424 vor dem Hinteren Seelenkogel, dann aus der Scharte vor dem Mittleren Seelenkogel westwärts zum Langtaler Ferner hinab und im Schuß zur Karlsruher (Langtalereck-)Hütte zurück: eine feine Rundtour bei guten Verhältnissen – aber lang, sehr lang: 6.00 h sind mindestens drin!

Rechts unten vorne die Neue Karlsruher Hütte, rechts oben am Bildrand das Hochwilde-Haus, 2873 m. Rechts neben dem Hochwilde-Haus der obere Teil des Gurgler Ferners, genau in Bildmitte Becken und Auslauf des Langtaler Ferners, darüber zweigipfelig die Hochwilde, 3482 m. Ganz rechts oben am Bildrand die Falschungspitze, 3363 m, ganz links oben am Bildrand der Hintere Seelenkogel, 3472 m, rechts ihm vorgelagert der Mittlere Seelenkogel, 3426 m, links unter dessen schattigem Nordgrat die Scharte mit dem Skidepot unserer Tour. Der Seelenferner fließt von den Seelenkögeln in drei Karbecken gegen das Becken des Langtaler Ferners ab, ist aber sehr zurückgegangen.

Auf die Innere Schwarze Schneide

Hausberg der Braunschweiger Hütte

TALORTE Sölden, 1300 m. – Hochsölden, 2090 m (Lift 20 Minuten ab Sölden und Jeepstraße). – Mittelberg im Pitztal, 1740 m

STÜTZPUNKT Braunschweiger Hütte DAV, 2759 m (7.00 h von Sölden über Rettenbachalm und -Ferner; oder 3.30 h teils sehr steil ab Mittelberg; oder 3.00 h ab Hochsölden über Rettenbachjöchl, 2988 m) – Achtung: eine Bergstraße von Sölden bis ins obere Rettenbachtal ist geplant (im Bau)!

CHARAKTER, GEFAHREN Die Innere Schwarze Schneide – wie das Bild zeigt, ein idealer Skiberg mit steil gewellter Nordflanke – ist ab Braunschweiger Hütte (übers Rettenbachjöchl) schnell und gefahrlos zu erreichen; von der Rotkogelhütte aber nicht ungefährlich wegen der Querung von der Hütte südlich zum Rettenbachferner. Die wunderschöne Tour ist bei Nebel **keinesfalls** durchführbar!

KARTEN AV-Karten 30/3 Kaunergrat/Geigenkamm und 30/1 Gurgl mit Skirouten. – Evtl. aber sehr unzureichend, auch FB-Karte Blatt 25

BILD Blick von Nordnordost aus dem Flugzeug auf Hochsölden mit seinen Skiliften unter Heimbach- und Rotkogeljoch. Rechts oberhalb der Bildmitte die Rotkogelhütte, 2662 m: von ihr nach links führt die manchmal heikle Querung auf den nahen Rettenbachferner (links oben). Ganz oben als höchster Gipfel die Wildspitze. Links gegen den Bildrand zu die breite Gipfelrampe der kräftig überfirnten Inneren Schwarzen Schneide, 3369 m. Rechts unter der Inneren Schwarzen Schneide das Rettenbachjöchl, hinter dem die Braunschweiger Hütte liegt. Rechts oben am Bildrand der Polleskogel, darunter der Rotkogel

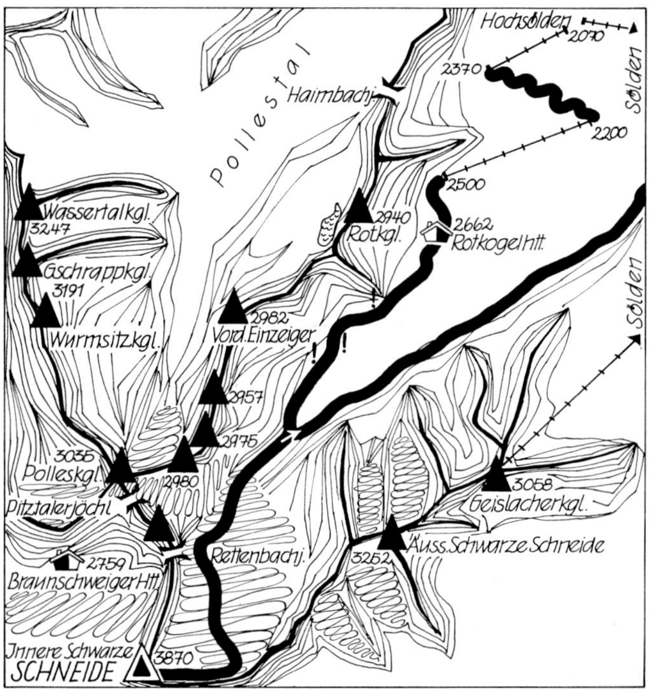

Auch wenn dieser großartige Frühjahrsskiberg noch so oft von der mit Liften erreichbaren Rotkogelhütte aus gemacht wird – mittels einer bei ungünstigen Schneeverhältnissen immer etwas heiklen Querung zum Boden des Rettenbachferners hinüber! – es bleibt dabei, daß dieser Berg ein Hausberg der Braunschweiger Hütte ist. Man sieht auf dem Bild links unten das lange Rettenbachtal, aus dem man einst volle 7 Stunden, nach Neuschneefällen nie ungefährdet, bis unters Rettenbachjöchl und zur Braunschweiger Hütte bzw. zur Inneren Schwarzen Schneide aufstieg; das muß man heute noch, – tut es aber nur selten. Der steile Aufstieg ab Mittelberg kostet nur die gute halbe Zeit. Und die besagte Querung ab Hochsölden via Rotkogelhütte führt in guten 2.30 h zur Braunschweiger Hütte oder direkt in 4.00 h zum Gipfel ... Nochmals sei gewarnt: ab Rotkogelhütte darf man 1. nur als erfahrener Skibergsteiger oder in Gesellschaft eines vernünftigen Skibergsteigers queren, 2. nie nach starken Neuschneefällen, nie nach Lufterwärmung, 3. im Frühjahr schon in den allerersten Morgenstunden, da die Sonne sehr früh schon auf die Südosthänge der Querung trifft. – Ab Braunschweiger Hütte überschreitet man erst das Rettenbachjöchl (40 Min.), ab Rotkogelhütte steigt man am Rettenbachferner bis dicht unter dieses Rettenbachjöchl auf, dann geht es auf derselben Route am Westrand des Ferners empor und unter dem Eiswust am Gipfelkamm in einer großen Schleife östlich und auf den Ostgipfel, 3336 m, dann am Grat zum Hauptgipfel, – oder man steigt bei sehr günstigen Schneeverhältnissen direkt die steile Gipfelkalotte hinauf. Bei Gutwetter steht man da droben wie in einer Götterloge, hoch über allen Pistengefilden, auch hoch überm nahen Pistenzirkus am Gaislacher Kogel, und zählt die Hüttenberge der Braunschweiger Hütte ab: Linken Fernerkogel, 3278 m, 1.45 h – Rechten Fernerkogel, 3298 m, 2.30 h – Wildspitze, 3772 m, 5.00 h – u.s.f. Noch ein Hinweis: man kann bei der Besteigung der Inneren Schwarzen Schneide im oberen Bereich auf so harten Firn, wenn nicht gar auf abgeblasenes Eis treffen, daß man genötigt ist, die Skier zu deponieren und mit Pickel aufzusteigen.

Vom Rifflsee zum Wurmtalerkopf

Leichte Frühjahrstour aus dem Pitztal

TALORT St. Leonhard oder Plangeroß im Pitztal, 1372 m bzw. 1617 m, auch Mandarfen, 1700 m (Wagen eventuell bis Taschachalm, 1796 m; durch die Kraftwerksbauten werden evtl. bessere Auffahrmöglichkeiten geschaffen)

STÜTZPUNKT Rifflseehütte AV, 2293 m (eventuell in St. Leonhard bzw. am Weiler Neurur erkundigen, ob geöffnet). Seilbahn im Bau!

CHARAKTER Nur wenig anstrengende, sehr hübsche Frühjahrstour (Rostitzkogel anstrengender und komplizierter)

KARTE AV-Karte, Blatt 30/3, Kaunergrat – Geigenkamm

SCHÖNE TOUREN AM WEGE Siehe Tour 53, Wildspitze ab Taschachhaus; und 54, Pollestal ab Braunschweiger Hütte. Evtl. Rostitzkogel, 3392 m, 4.00 h

BILD Der Rifflsee über dem Pitztaler Talschluß. Links unten am Bildrand die Rifflseehütte, rechts davon der Rifflsee, darüber der Anstieg durch das Rifflseekar auf den Rifflseeferner und den Wurmtalerkopf, 3228 m (links der Bildmitte mit Sonnenkante über dem schattigen Nordabbruch. Der Anstieg verläuft auf dem Bild in S-Form). In zweidrittel Höhe am rechten Bildrand erkennt man über den unangenehm durchschroften Steilhängen auch das »Schneidige Wandl«, über das die ganz Guten bei sicherem Schnee zum Nördlichen Löcherferner und Rostitzkogel aufsteigen

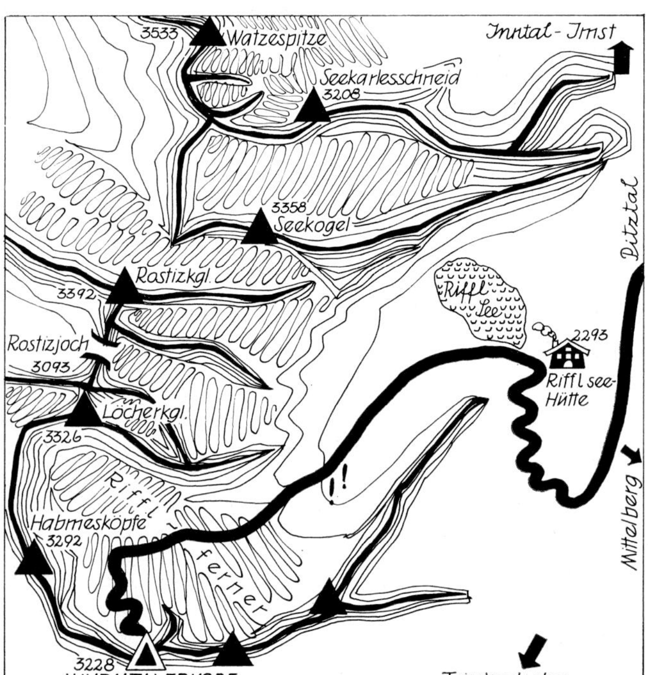

Das vor seiner Ausmündung ins Inntal bei Imst so üppig-breite und in seinen letzten und höchsten Böden und Weilern so armselig-schlichte Pitztal im Frühjahr hinein oder hinaus zu fahren, ist allemal ein Erlebnis, ein stilles dazu, denn es kommen wenig Leute hierher. In St. Leonhard, in Plangeroß oder auch in Mandarfen kann man reizend, sauber und billig nächtigen, man kann aber auch ab Anfang Mai bis zur Taschachalm, 1796 m, fahren, von wo aus man seine Skier nur noch eine kleine Stunde hinaufträgt zur gemütlichen Rifflseehütte (2293 m). Schon das Bleiben wäre hier schön, über den Eisschollen des kleinen, kalten, traurig-öden Bergsees, unter den zerrissenen Graten des wilden Seekogels, vor der großen Eisszene der südlich ausgebreiteten Ötztaler Ferner – aber man will ja skilaufen: es heißt, man muß vom Rifflsee zum Rostizkogel auf 3392 m hinauf. Da man dort nur sehr steile Südflanken passiert, schlage ich vor, sich mit 160 Höhenmetern weniger zu begnügen und in 3.30–4.00 h den Wurmtalerkopf zu besteigen. Er ist nur 3228 m hoch, heißt unter Münchnern »Wurmdobler« und verspricht Aufstieg und herrliche Abfahrt in reinen Nordflanken. Es geht erst am südlichen Seeufer entlang, dann durch eine, wenn schon aper, brettebene, filzige Ödlandzone, und dann zieht man durch »Die Löcher« gemütlich dem kleinen Rifflseeferner entgegen und dem Gipfel. Die letzten Meter steigt und klettert man auf Urgesteinsblöcken. Wer zu den Tüchtigen zählt, fährt vom Rifflseeferner nur bis auf etwa 2400 m Höhe ab und quert dort unterm Ostgratsockel des Löcherkogels hinüber und hinauf zum Mittleren und Nördlichen Löcherferner, zwischen denen der bekannte Rostizkogel thront. Dies hat natürlich den Nachteil, daß man bei der Abfahrt über die teils südlich, teils östlich abfallenden Flanken nur noch später dran ist: man sollte dieses Unternehmen also nur bei besonders günstigen Verhältnissen starten. Sonst genügt der »Wurmdobler« durchaus, es kommt ja noch das Vergnügen des Abstieges, wo man an wildrauschenden Wasserstürzen entlang den ersten Blumen entgegenbummelt. Übrigens ist der Wurmtalerkopf eine der wenigen Skihochtouren ohne Lawinengefahr – außer nach schwerem Neuschneefall!

Wilder Freiger und Zuckerhütl

Spätfrühjahrstouren von der Sulzenau-Hütte

TALORT Ranalt im Stubaital, 1304 m (Bus ab Fulpmes bzw. Neustift)

STÜTZPUNKT Leipziger Hütte DAV, (Sulzenau-Hütte) 2191 m. (Ab Ostern meist bewirtschaftet, sonst Winterraum mit AV-Schlüssel.) 3.00-4.00 h ab Ranalt

CHARAKTER Teilweise sehr steile, lange, ausgesprochen hochalpine Gletschertouren, nur für erfahrene Skibergsteiger. Sehr genußvoll für gute Abfahrer! Siehe AV-Karte Südblatt (Hochstubai) mit Skirouten! Niemals vor Mitte März!

KARTE AV-Karte, Blatt 31/1, Hochstubai, mit Skirouten, 1 : 25 000

BILD Das ungewöhnlich informative Luftfoto zeigt, ziemlich genau in Bildmitte, die Leipziger Hütte auf der Rampenkante über dem Sulzenauboden; rechts oben der Sulzenauferner. Oben von rechts: Aperer Pfaff, Zuckerhütl und Wilder Pfaff, ganz links Wilder Freiger, 3418 m. Etwa am linken Bildrand entlang, zwischen den Eisbrüchen durch, verläuft unsere rassige Skiabfahrt (+ Aufstieg!) vom Wilden Freiger herab. Andererseits erkennt man am ganzen rechten Bildrand entlang den Skiweg zum Zuckerhütl: immer rechts am Sulzenauferner, immer nahe dem aperen Pfaffengrat, bis das oberste Firnplateau erreicht ist – dann links unterm Zuckerhütl durch in die Skischarte

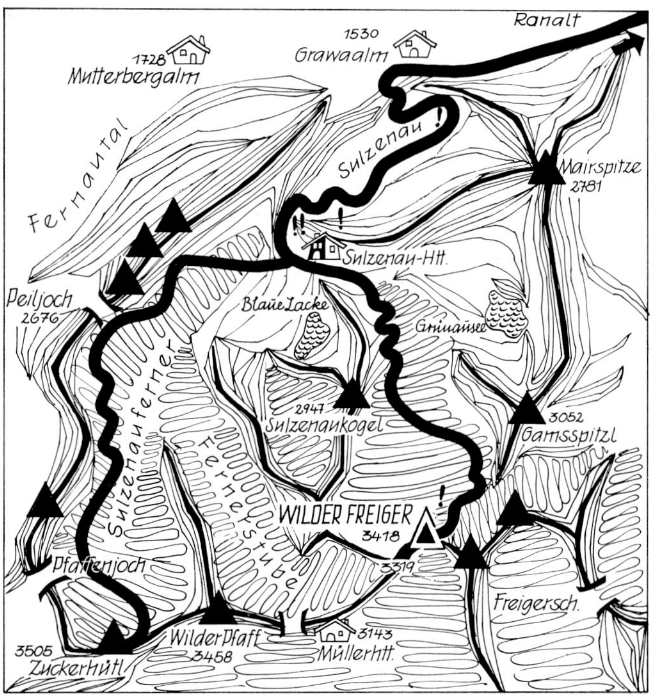

Die steile Gletscherabfahrt vom Wilden Freiger hätte man vor 30 Jahren als Tollheit bezeichnet. Sie führt über die unmittelbare Nordflanke des 3418 m hohen Freiger, genau gesagt: (im Foto gut zu sehen) vom Gipfelpunkt weg über supersteile Firnhänge und mehrfach zwischen recht steilen Bruchzonen durch. Diese Brüche sind natürlich wohltätig verschneit, von zusammengebackenem Schnee ausgepolstert, und man findet dort, je nach Tageszeit und Chance, bis ins späteste Frühjahr, ja bis in den Sommer hinein Pulverschnee oder herrlichen Firn. Es gehört natürlich Mut zu dieser Tour, deshalb haben unerfahrene Skiläufer dort nichts zu suchen. Ausgangspunkt ist die freundliche, im Frühjahr meist für die Skiläufer teilbewirtschaftete Sulzenau-Hütte; von ihr weg – man kann den Aufstieg fast zur Gänze am linken Bildrand unseres Fotos verfolgen – strebt man auf und ab rein östlich unter den Wänden des Sulzenaukogels durch das »Übergschritt« hindurch bis unter die besonnte Gletschermulde, deren Eis noch zwischen den Felsbarrieren nach unten lappt. Nun den steilen Aufschwung hinauf, dann rechts, also westlich dicht unter dem Kamm des Sulzenaukogels auf die nächste besonnte Terrasse des Wilden Freiger-Ferners und von hier ab scharf links, südlich, auf den mächtigen, eisüberwallten Freigerrücken und zum Gipfel. Ab Hütte benötigt der tüchtige Skibergsteiger bei guten Verhältnissen 3.30-4.00 h, zuweilen aber auch 5.00 h. Sehr gutsitzende, moderne Schnallfelle sind zu empfehlen! – Vor dieser steilen Tour muß gewarnt werden, sobald unsichere Verhältnisse herrschen, warme Luft nach Schneefällen. Die zweite Skitour führt über den mitunter sehr zerrissenen Sulzenauferner auf das Zuckerhütl; diese Tour (5.30–6.00 h ab Hütte) ist viel schöner als die übliche Aufstiegsroute ab Dresdener Hütte. Siehe Bild und Skizze: man steigt von der Hütte nach rechts oben zur Gletscherzunge, erreicht am rechten oberen Bildrand fast die Felsen vom Pfaffenkamm, schlängelt sich unterm Kamm durch die Brüche und zieht dann weit und flacher nach links unter das eisige Zuckerhütl: die letzten 70 m zu Fuß! Eispickel angenehm! Nur Aufstiegsspur abfahren – der Spalten wegen!

Wildes Hinterbergl und Östliche Seespitze

Trümpfe über der Franz-Senn-Hütte

TALORT Neustift im Stubaital, 993 m (Bahn und Bus ab Innsbruck)

STÜTZPUNKT Franz-Senn-Hütte ÖAV, 2147 m, im obersten Alpeinertal (meist Jeep oder »Schneewiesel« von Neustift bis Oberißhütte; weiter in ca. 1.30 h, Gepäckaufzug ab Oberiß-Hütte. Zur Skisaison bewirtschaftet, meist sehr stark besucht!)

CHARAKTER UND GEFAHREN Hochalpine Frühjahrstouren für sehr gute Skiläufer, schönste Fahrten im Gebiet. Nur bei sehr sicheren Schneeverhältnissen, ab März möglich! Am besten Aufstieg wie Abfahrt auf gleicher Route

KARTE AV-Karte, Blatt 31/1, Hochstubai, mit Skirouten

BENACHBARTE SKITOUREN Kräulscharte über den Sommerwandferner und das Stiergschwetz (leicht, 2.30 h); Ruderhofspitze über Alpeiner Ferner (sehr lang, sehr schön, 5.00-6.00 h); Schrankogel, 3500 m, über Wildgratscharte (5.00-6.00 h)

BESONDERER HINWEIS Die starke Ausaperung der Gletscher in den letzten Jahren hat die Skibesteigung von Östlicher und Westlicher Seespitze zeitweilig unmöglich gemacht. Man befrage diesbezüglich den Wirt der Franz-Senn-Hütte!

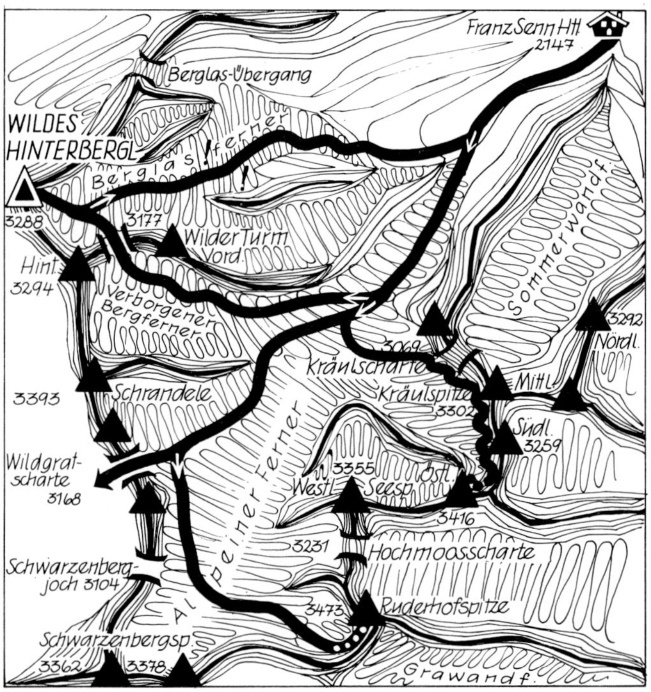

Von der berühmten Franz-Senn-Hütte aus – einem der ältesten Stützpunkte des Skibergsteigens – gibt es überlange »Hatscher« den Alpeiner Ferner hinauf, auf den Schrankogel, auf die Ruderhofspitze. Heimzu folgen dann endlose, manchmal langsame und langweilige Schußfahrten. Der in seiner Abfahrtstechnik so verblüffend fortgeschrittene Skiläufer unserer Tage möchte da natürlich »schnell« fahren. Er kann es – wenn er nur Schneid hat! – am Wilden Hinterbergl und an der Östlichen Seespitze. In beiden Fällen geht es sehr steile, von Brüchen und Spaltenzonen durchsetzte Gletscher hinauf und hinab, in beiden Fällen heißt es also 1. sichere Verhältnisse abwarten, 2. eine überlegte Spur anlegen, und 3. mit dem Kopfe abfahren. Das Wilde Hinterbergl, 3288 m (4.00–4.30 h ab Hütte), wird normalerweise über den Verborgenen Bergferner und die Turmscharte bestiegen; der Berglasferner bietet demgegenüber den steilen, verwegenen Abkürzer, er führt unmittelbar zur Riesenmoräne des Alpeiner Ferners hinab bei etwa 1100 Höhenmeter Differenz zwischen Gipfel und Hütte. Die Abfahrt ist bei guten Verhältnissen ausgesprochen rassig. Bei der Östlichen Seespitze, 3416 m, wird mehr der gute Skibergsteiger als der Abfahrtskünstler angesprochen, denn das Anlegen der Spur auf den extrem steilen Gletscherhängen, dreimal durch Bruchzonen hindurch, erfordert ein sehr entwickeltes hochalpines Gefühl für das Mögliche. Die Abfahrt kann, etwa bei wenig Pulver oder Firn zur rechten Stunde, einem Abfahrtsrausch gleichkommen: freilich nur beim sehr guten Abfahrer. Gegenüber diesen beiden Touren gleicht der Ausflug über das hüttennahe Stiergschwetz und den Sommerwandferner zur Kräulscharte, 3069 m, einem hübschen Spaziergang. Es ist eine Angelegenheit des Nachmittages, wenn es die Schneeverhältnisse erlauben. Erwähnt wird dieser Spaziergang nur, weil die Abfahrt so reizend ist, leicht, aber nie langsam. – Wer sich einmal ganz absetzen will von der Menschheit, der muß in diesem Gebiet zu dreiviertel den Alpeiner-Ferner hinauf, dann östlich über die Hochmoos-Scharte, 3231 m (beim Übergang abschnallen), auf den Hochmoosferner und nach Falbeson abfahren.

Das Skigebiet der Franz-Senn-Hütte im Stubai, rechts vorn die Hütte, dahinter Tal und Auslauf des Alpeiner Ferners. Ganz rechts der steilere Berglas-Ferner, der vom Wilden Hinterbergl herabkommt, in Bildmitte rückwärts der Schrankogel zwischen Schrandele und Wildgratspitzen. Links von der Franz-Senn-Hütte das Stiergschwetz zum Sommerwandferner und zur Kräulscharte, direkt über der Scharte die Östliche Seespitze.

Kuhscheibe und Roßkarferner

Leichter Stubaier Seitensprung

TALORT Längenfeld im Ötztal, 1171 m; Gries im Sulztal, 1572 m (Jeep ab Längenfeld)

STÜTZPUNKT Amberger Hütte DAV, 2135 m (zur Skisaison des Frühjahrs bewirtschaftet; 2.00 h Fußmarsch ab Gries)

CHARAKTER UND GEFAHREN Hochalpine Skitour ohne besondere Schwierigkeiten bei guten Verhältnissen. Der 200 m hohe Steilabfall über der »Sulz« kann bei Hartschnee sehr unangenehm sein wegen Abrutschgefahr! Nach Neuschneefällen kann es hier auch lawinös sein. Für den Aufstieg am frühen Morgen bei Hartschnee seien in diesem Falle Harschteisen empfohlen!

KARTE AV-Karte, Blatt 31/1, Hochstubai, mit Skirouten, 1 : 25 000

BENACHBARTE SKITOUREN Kuhscheibe-Vorgipfel über Sulztalferner und Kuhscheibenferner; Windacher Daunkogel, 3351 m; Schrankogel, 3500 m (sehr anstrengend!)

BILD Das Roßkar (im Vordergrund) mit den Spuren über die beiden Mulden des Roßkarferners zur Kuhscheibe, 3189 m. Links über der Kuhscheibe die Wilde Leck, 3361 m. Rechts im Hintergrund die Skiberge von Obergurgl im Ötztal: (von rechts) Karlesspitze, Hochwilde, Seelenkögel, Rotmooskogel, Kirchenkogel, Liebenerspitze, Hoher First

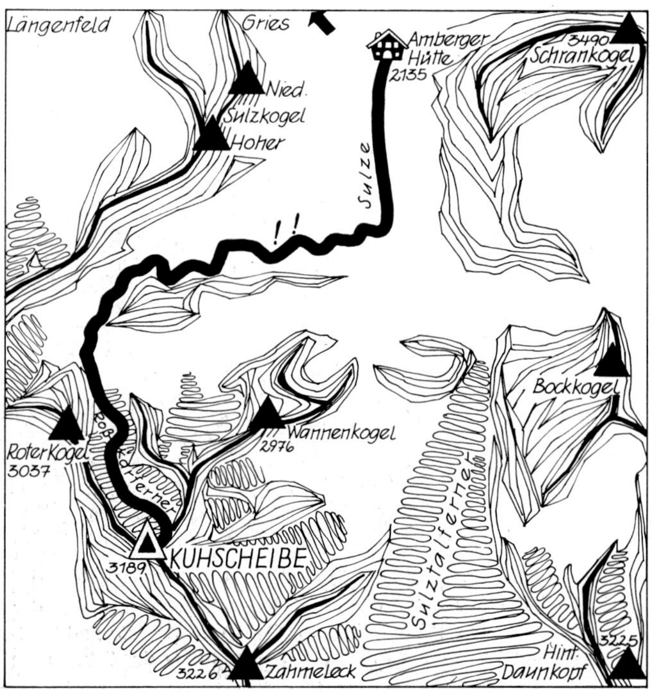

Von der Amberger Hütte am Felssockel des unnahbar wirkenden Schrankogel geht man die Normalwege über den endlosen Sulztalferner gegen Daunkögel, Daunjoch und Hinteren Daunkopf, oder über den noch anstrengenderen Schwarzenbergferner. Hübscher, interessanter, unbekannter, kürzer, in der Abfahrt rassiger sind freilich die Seitengletscher des Sulztalferners, zum Beispiel der Roßkarferner, durch dessen sanfte Mulde (Bild) man in 3.30 h auf die Kuhscheibe geht. Man kann, sobald man im Roßkar ist, eigentlich überall ansteigen und abfahren; nur der Steilaufschwung aus dem ebenen Boden der »Sulze« hinauf ins Roßkar, kaum 200 Meter hoch, der ist nicht immer einfach zu bezwingen. Im Anstieg geht man von der Hütte eben talein, bis nach etwa 0.45 h eine auffallende Rippe in den steilen, westlichen Troghängen des Sulztales den Aufstieg zur tiefsten Einsenkung der Trogschulter vermittelt. Hier geht es im Zickzack mühsam hinauf, zuweilen schnallt man besser ab und trägt die Skier in die tiefste Mulde des von unten nicht einzusehenden, überraschend stillen und menschenleeren Roßkares. Der weitere Weg ergibt sich von selbst: der Gletscherzunge folgt ein Durchlaß zur unteren Gletschermulde (Bild), dieser eine steile Engstelle als Passage zur dachartigen Gipfelmulde. Am Gipfelaufbau heißt es abschnallen, Achtung auf loses Blockwerk! Der Umblick ist eindrucksvoll, die Abfahrt im Pulver oder Firn überaus schön. Eine Abfahrtsvariante bildet für sehr gute Abfahrer bei sehr guten Verhältnissen die unmittelbare Einfahrt aus der Gipfelmulde nordöstlich in den supersteilen kleinen Wannenferner (im Bild links unter der Gipfelmulde). Unten am Rand des Roßkares darf man nicht die richtige Einfahrt in die steilen Troghänge zur »Sulze« hinab verfehlen! – Die Kuhscheibe ist überaus reizvoll, etwas schwieriger auch über den nordöstlich vom Stock der Wilden Leck ablaufenden Kuhscheibenferner zu erreichen, den man über den Sulztalferner und dessen sehr steil geboschte Seitenmoräne angeht. Oben mäßig schwierige Blockkletterei bei etwas lockerem Gestein! Vorsicht in der Abfahrt, damit man nicht im Schuß über den unteren Moränenkamm fährt – was schon mehr als einmal passiert ist ...

Das Brechtenjoch überm Inntal

Von Inzing über die Galtalm

TALORT Inzing am Inn, 621 m (10 Autominuten von Zirl)

STÜTZPUNKTE Keiner. – Nur in Notfällen die Inzinger Alm, 1636 m, im innersten Hundstalboden (unbewirtschaftet, meist geschlossen)

CHARAKTER, GEFAHREN Ausgesprochen hochalpine Unternehmung für sehr erfahrene, aber auch sehr ausdauernde Skibergsteiger. Durch die geringe Höhe des Inntalbodens kann man den Idealrücken meist nur bis Ende März bis ins Tal abfahren. Also keine eigentliche Frühjahrstour! Am Aufstieg von der Waldzone zum Brechtenkamm muß auf Lawinen geachtet werden! Bei zuviel Schnee und Wärmegraden kann man die Hänge nicht passieren! Der Kamm selbst ist dann fast ungefährlich. Der Aussichtsplatz des Rauherkogel kann als Abstecher mitgenommen werden. Nochmals: Tour nur nach längerer Schönwetterperiode möglich, bei frühestem Aufbruch vor Tagesbeginn, mit Proviant und Karte! Nie bei Nebel! – Die Einfahrt ab Brechtenjoch erfolgt bei guten Schneeverhältnissen meist rechts (südlich) vom runden Kamm!

BENACHBARTE SKITOUREN Koflerspitze, 2641 m, über dem Hundstalsee; Peiderspitze, 2808 m, durchs Flaurlinger Tal; Roßturm-Umrundung; oder Zirmbach (Kühtai) – Flaurlinger Scharte – Flaurlinger-Alm usw.

KARTE AV-Karte 31/2 Sellrain, mit Skirouten

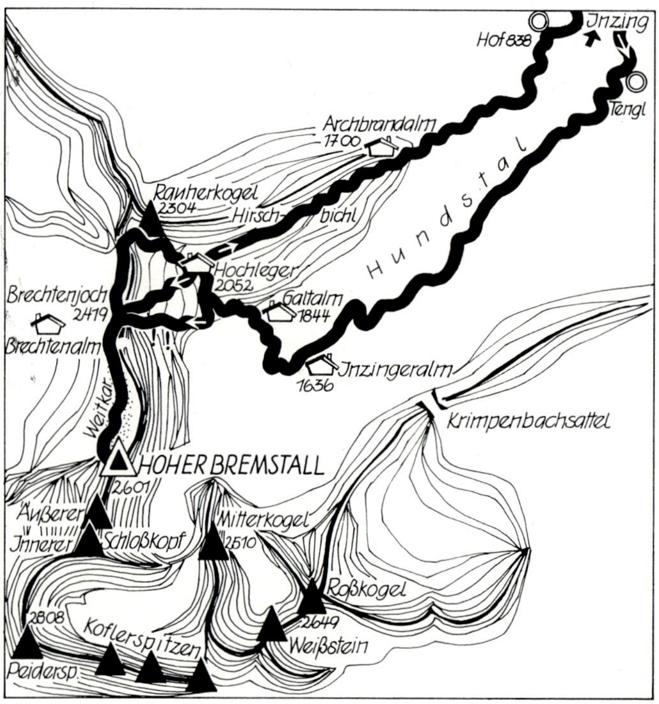

Wer mit Skifahreraugen den Zirlerberg herabbremst, kann ihn nicht übersehen, den riesigen, schöngewölbten Bergrücken gegenüber, der sich vom Brechtenjoch über Rauherkogel, Hirschbichl und »Flaurlinger Hoarlig« bis zum Mittelgebirgsplateau bei Inzing absenkt: welch eine Abfahrt! Das Brechtenjoch ist 2419 m hoch, bei den Bauern von Hof, wo man abschnallt, steht man auf 838 m Höhe: also kann man 1600 Höhenmeter Abfahrt kassieren (in guten Zeiten, im März etwa, bis Inzing volle 1800 Meter!) – muß freilich ebensoviel Meter aufsteigen. Die tüchtigen Innsbrucker machen die Tour als Eintagesfahrt, nachdem die Inzingeralm auf 1636 m selten zugänglich und obendrein nicht sehr appetitlich ist. Man geht also in aller Herrgottsfrühe los, am besten bei Nachtzeit, steigt von Inzing – links, östlich vom Enter-Bach – ins Hundstal hinein und marschiert dort bis zur Inzingeralm hinauf auf 1636 m Höhe. Dort wendet man sich west-, dann nordwärts gegen die Galtalm, 1844 m, zu, wobei man erst lichten Wald, dann schon freie Hänge passiert. Von hier zum Hochleger auf 2052 m, ist es nicht mehr weit, und da ist man schon hoch an jenem schönen Kamm, der in unserem Bild links der Mitte senkrecht herabkommt. Jetzt bleibt man in Kammnähe, läßt den Rauherkogel, 2311 m, rechts oben liegen, und erreicht in Südwestrichtung ansteigend schließlich das Brechtenjoch, 2419 m. Wer hier noch nicht genug hat, kann den Hohen Bremstall, 2604 m, mitnehmen ... dann geht die große Abfahrt los, nicht am Kamm dahin, sondern bei guten und sicheren Schneeverhältnissen, erst die Steilmulden östlich direkt zum Hochleger hinunter und von dort erst zum Kamm beim Hirschbichl querend. Jetzt bleibt man am immer steiler werdenden Kamm, gratuliert sich, wenn man unterhalb dem »Flaurlinger Hoarlig« noch Schnee findet, und meldet sich beim ersten Wirt im Tal zu einem Liter Roten an ... Warnung: Der Anstieg von der Waldgrenze unter der Galtalm bis zum Brechtenrücken ist im Hochwinter nie ungefährlich, hier wurde nicht erst einmal durch Skifahrer der ganze Hang abgetreten. Also nur mit »Gespür« ansteigen, Schneelage und Luftwärme beachten, und je nach Schneequalität am Kamm oder im Hang spuren!

Der Brechtenkamm (links der Bildmitte senkrecht verlaufend), von Nordost aus dem Flugzeug gesehen. Der vom Waldsockel unten nach oben ziehende Rundkamm biegt in 4/5 Höhe nach rechts zum Rauherkogel ab, dann wieder nach links zum weißen Brechtenjoch. Er endigt aber erst ganz links am Bildrand im Hohen Bremstall. Links oben am Bildrand der Boden der Inziger Alm. Ganz rechts oben der Hocheder, 2798 m.

Der Lisenser Fernerkogel, 3300 m

1650 Höhenmeter und ein eleganter Klettergrat

TALORT Berggasthaus Lisens (Hospiz), 1636 m, mit fortschreitendem Frühjahr auch mit Kfz-Parkplatz. Wenn nicht bewirtschaftet, Wirt in Praxmar. Wegen frühen Aufbruchs oben nächtigen!

CHARAKTER Eine hochalpine Gletschertour, recht anstrengend. Dafür sagenhaft schön. Man geht erst im späten Frühjahr auf den Lisenser. Niemals nach viel Neuschnee! Wer keine hochalpine Erfahrung hat, gehe nur mit dem erfahrenen Freund. Pfundige Granitkletterei am Gipfelgrat, leicht. Keine Tour für Untrainierte! Man gehe erst auf den Lisenser, wenn man mehrere andere Hochtouren hinter sich hat

BESTE KARTE AV-Karte 1 : 25 000 (Stubaier Nordblatt, Sellrain)

BILD Der Flieger knipste über den Spielgruben (links unten) an der Hohen Villerspitze. Wir schauen direkt auf den mächtigen Abfall des Lisenser Ferners und auf sein hohes Gletscherplatt. Rechts oben der Lisenser Fernerkogel, 3300 m. Wir steigen von rechts unten aus dem Talschluß, erst rechts vom Sonnenrad im Schatten, dann ab Bildmitte in der Sonne auf, nun immer leicht nach links oben, dann aber scharf rechts das ganze Plateau entlang bis hinter die auffallende scharfe Felskante des ersten Pfeilers vom Gipfelstock. Rechts über dessen besonnte Firnschneide kommen wir dann auf den kleinen Gipfelgletscher, von dem aus wir den Südgrat hinaufklettern. – Der flach erscheinende Gipfel in Bildmitte oben ist übrigens das feine Wilde Hinterbergl von der Franz-Senn-Hütte. Im rechten unteren Bildeck zieht eine Spur in den Schatten – zum Westfalenhaus hinauf

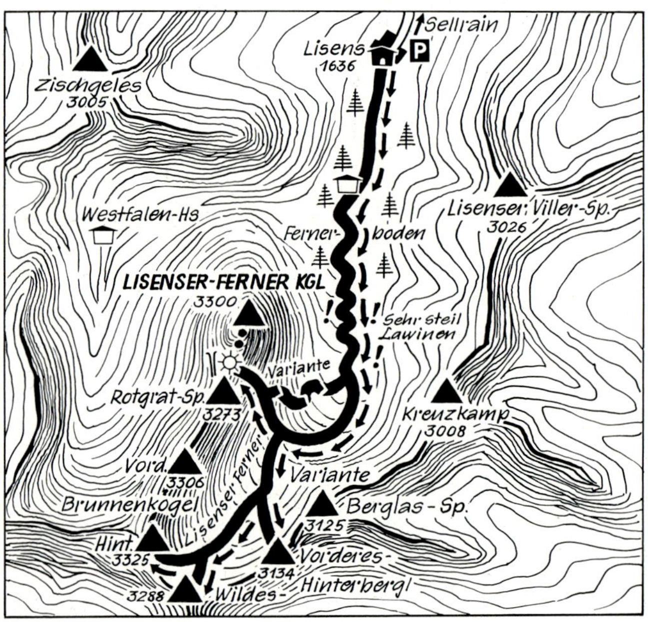

Auch wenn ihn neue Autobahnen und Bergstraßen zum »Hausberg« der guten Münchner Skibergsteiger machen, er ist und bleibt eine ernste, lange und anspruchsvolle Skihochtour. Bleibt gefährlich, wenn einer Schnee, Wetter und Temperatur nicht taxieren kann. Nach einer kalten Nacht im März, April, Mai und bei Sonne ist er sicher das NON PLUS ULTRA aller Sellrainer Skihochtouren. Abschreckend schwarz, wenn man von Gries her über die Serpentinen beim »Kniepiß« näherkommt, ein drohender Felsberg – wäre nicht die blendendweiße Firnkante links des Gipfelstockes ... Man steigt vom alten Hospiz 50 Minuten in den Talschluß hinein, läßt die eisigen Melachwasser rechts, und zielt, etwas verschreckt, direkt auf den steilen, felsdurchsetzten Sockel. Lawinenkegel, harte Schneebollen, plötzlich findet man von links nach rechts hinauf eine Terrasse; anstrengend weiter gerade hinauf, durch zwei Felstore hindurch. Gleich darnach legt sich der Riesenhang das erste Mal zurück. Weit zieht man die Serpentinen nach links, weit nach rechts, acht, zehn, zwölf, und erreicht unter Paukenschlägen im Herz die leuchtende Sonnenkante des hohen Eisplatts – erreicht nach knapp 3.00 h ab Lisens die strahlend weiße, endlos breite Firntafel. Schwarze Granitkulissen umranden sie. Tief unten das dämmernde Tal ... Jetzt folgt ein Schlag dem anderen: westlich zwei Kilometer fast flach an der Firnkante dahin, und schon ist man an der mächtigen Felsrampe, die den Lisenser Ferner vom oberen »Rotgratferner« trennt. In einer kurzen Südhangquerung kommt man hinauf, und sofort sind wir ein zweites Mal verzaubert: der kleine Gletscher bricht überall ins Unsichtbare ab, nur dicht vor uns fährt der Gipfelblock des Lisensers ins Ungemessene. Es sind aber doch nur 3300 Meter, vom Skidepot klettert man auf die reizendste Weise an Blöcken hinauf. – Abfahrt an der Aufstiegsspur, oder gleich beim Erreichen der Eiskante links in 999 Wedelbögen hinab zu den Felsdurchlässen, wo man wieder vorsichtig fahren muß. Ich kann mir nicht helfen: der Lisenser ist halt doch eine unvergeßliche, meine Lieblingstour, auch über ein ganzes Bergsteigerleben hinweg – ist eine Hausaufgabe für Bergsteigerfamilien ...

Längentaler Weißenkogel

Hochalpine Damentour überm Westfalen-Haus

TALORT Gasthof (Hospiz) Lisens, 1636 m, über Gries im Sellrain, 1328 m. – Zufahrt Innsbruck–Sellraintal. Nächtigung am Westfalen-Haus, 2273 m, DAV, zur Tourenzeit bewirtschaftet, 2.30 h ab Lisens. – Wenn Lisens geschlossen, Gasthof Gletscherblick in Praxmar, 1693 m (auch Jeep ab Gries)

CHARAKTER UND HINWEISE Man sollte diese alpine Skitour erst ab März und nur in Verbindung mit dem Westfalen-Haus als Tourenstützpunkt machen. Für das Wochenende empfehlen sich dann zwei Tourentage, neben dem Längentaler Weißenkogel vor allem (nur bei lawinensicherem Schnee) der Hohe Sebleskogel, 3225 m, 3.00 h ab Haus, evtl. der Winnebacher Weißenkogel, 3185 m, übers Winnebachjoch mit der unerläßlichen Bedingung, ab Joch den Südostkessel unter der Roßkarscharte von rechts nach links auszugehen. – Der Längentaler Weißenkogel wird in gut 3.00 h ab Haus erstiegen. Die Abfahrt ist leicht und lang, bei der vom Winnebacher Weißenkogel muß man je nach Schneequalität am Gipfelhang Vorsicht üben, evtl. (von oben gesehen) erst nach links unter die Roßkarscharte fahren.

BESTE KARTE AV-Karte, Stubaier Alpen/Nordblatt: Sellrain, 1:25000!

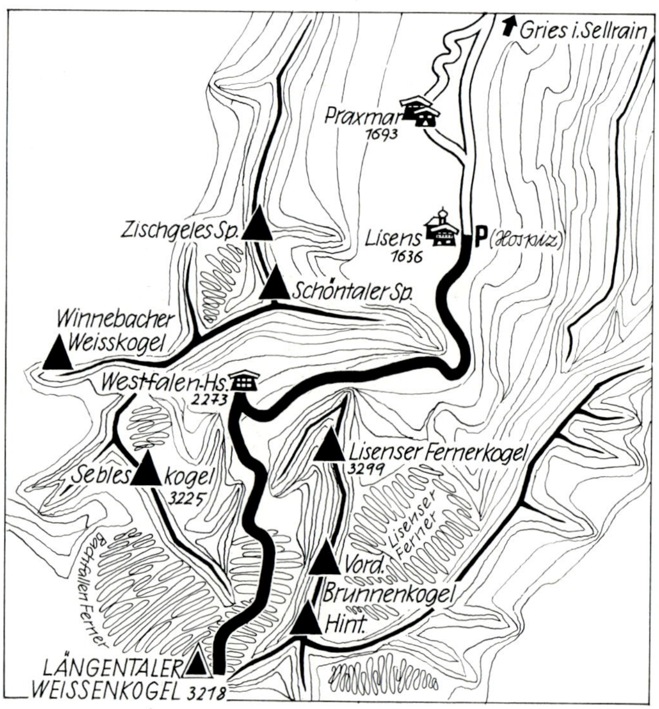

Ist der Lisenser Fernerkogel eine großartige, effektvolle, aber kräftezehrende Männertour, und der Zwieselbacher Roßkogel eine vertrackte Angelegenheit für wilde Stürmer, dann ist dieser Längentaler Weißenkogel mit seinen hübschen 3214 m Höhe eher eine feine vornehme Damentour – innerhalb hochalpiner Ansprüche, versteht sich. Das Flugbild beweist es: eine riesige, sanft ansteigende Firnwanne jenseits von Gut und Böse, Wald und Wiese, Vogellied und Menschenwahn, nach Norden absinkend, mit einem von dünnen abgewehten Blockrippen gebildeten Irrgarten in der Mitte, und ringsumher nichts als Firnhänge, Firnkessel, Firngrate. Groß, ernst, still, ein hochalpines Arkadien unter dem Westfalen-Haus (das der fliegende Fotograf eben passiert). 2273 m hoch das alte Haus, 3214 m der Gipfel. Man ist, vom Inntal herkommend, das alte Straßerl nach Lisens heraufgefahren, ist mit der Melach in den Talschluß und dann scharf rechts zur Längentalalm und (den lawinösen rechten Hang meidend!) zum Westfalen-Haus aufgestiegen: 3.00 h gemütlich ab Lisens ... Früh am Morgen steigt man dann nicht links im Bild an den Riesenhängen des Fernerkogels auf, sondern bleibt im Zentrum, bleibt im Bereich des Irrgartens, und schleift in langen Serpentinen, nie zum Schwitzen aufgelegt, zum großen einsamen Block am Oberkar, und dann etwas steiler – am Bachfallenkopf vorbei – zum Gipfelgrat. Die letzten Schritte über Blockwerk auf volle 3214 m Höhe, und nun den Schrankogel bewundert, gegenüber, und seine mächtige Stubaier Gipfelwelt. Die Abfahrt bis unter das Westfalen-Haus (den Gegenanstieg erspart man sich) macht schon 1200 Höhenmeter aus, und bis Lisens zum Wirt sind es nochmal 400 Höhenmeter: und 1600 Höhenmeter für eine skitüchtige, von einem frommen Geist oder guten Kameraden geführte Dame sind doch 1600 Glücksmeter, ungelogen! Stürzen kann man auf dieser Tour nicht! Und wenn eine Skidame in dem steilen Stückerl zwischen Längentaler Alm und Talschluß wirklich einmal in den Schnee taucht – dem mächtigen Eindruck aus wahrhaft großer Welt ist nichts abzuzwacken. Sonne sollte halt sein, und der volle Kulissenzauber des strahlenden Feuerballes.

Einblick von Norden aus dem Flugzeug auf die Westreißen des Lisenser Fernerkogels (links), den Längentaler Ferner mit dem Weißenkogel (oben links), ihm direkt vorgesetzt der Bachfallenkopf, 3176 m. Daneben rechts der Große Gaislehnkogel, 3216 m. Rechts oben der hochalpin anspruchsvolle Hohe Sebleskogel mit den Abfahrtsspuren. Das Flugzeug befindet sich über dem Westfalen-Haus.

Zum Zwieselbacher Roßkogel

Von Haggen über Kraspessee und Kraspesferner

TALORT Haggen, 1650 m, guter Wirt, an der neuen Straße von Gries im Sellrain nach Kühtai (2,5 km oberhalb Gries). Bus von Innsbruck

CHARAKTER UND HINWEISE Eine hochalpine Frühjahrstour, die ernster genommen werden muß als andere wegen der besonderen Struktur des Berges. Achtung: schmale felsige Durchlässe im unteren Teil der Tour! Man gehe kein Risiko ein! Nebel, Neuschnee, Wärme heißen die Gefahren auch für den noch so brillanten Abfahrer! – Aufstiegszeit bei 4.00-5.30 h, Abfahrtshöhe im März 1400 Höhenmeter

BESTE KARTE AV-Karte 1 : 25 000, Stubaier Alpen, Nordblatt (unerläßlich)

BILD Ein ungewöhnlich instruktives Luftbild vom Aufstieg zum Zwieselbacher Roßkogel (oben rechts). Oben der Gletscher über dem Kraspesseekessel, unten die drei schmalen Durchschlufe zum Kraspesbach hinab. Den letzten schmalsten Durchschluf sieht man unten rechts nicht mehr, er heißt die »Hinterzwing«

HINWEIS Erfahrung lehrte mich, daß die hier hervorgehobenen Durchlässe in der felsigen Nordflanke des Berges vor allem bei Faulschnee gefährlich sind, wie er im späten Frühjahr vorkommt. Man merkt es sofort! Dann besser den Tag verschlafen, unter einer Lärche neben dem Kraspesbach!

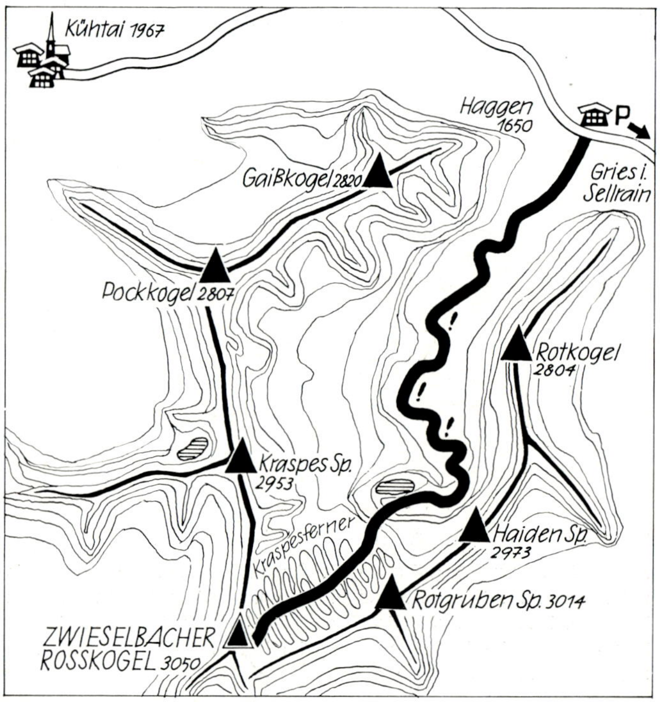

Von den drei Klassetouren des Sellrain – Lisenser Fernerkogel, Längentaler Weißenkogel und Zwieselbacher Roßkogel – ist der letztere der interessanteste: er bietet einen verzwickten Anstieg durch diverse schmale Felsgassen mit ebenso viel Überraschungen wie bösen Drohungen. Das sieht man ja auf dem Flugbild! Immer ist man wieder gespannt, wie es beim »Zwieselbacher« weitergehen soll, ob man den ersten, den vorletzten oder den letzten steilen Durchschluf in die von Schneerutschen ungefährdete Höhe um den Kraspessee erreicht. Bei Nebel enorm aufregend! Aber man soll halt weder bei Nebel noch bei Warmwetter, und schon garnicht nach Neuschnee ansteigen ... April, Mai, das ist die rechte Zeit: unten treiben lichte Lärchen einen Hauch von Grün aus, die Sonne fleckt die ersten aperen Wiesen. Da steigt man also aus dem freien Tal beim Wirt von »Haggen« flach südwärts ins Bergdunkel, in die Bergenge. Zuerst tröstet einen noch der lustige Kraspesbach, dann stößt man plötzlich an den Fels, und wo Bachfalle, Zwingeben, Eisenlehner und Burgschrofen auf der AV-Karte stehen, genau da gehts ganz eng und steil durch die »Hinterzwing« hinauf in den ersten Schmalboden. Rechts, links, ganz nah und steil, überall Felsgewänd und Firnmauern. Nach dem ersten flachen Kessel kommt der »Muggenbichl« – wir haben ihn im Bild unten rechts, da geht's scharf links ums Eck, und dann kommen, immer steiler, die drei Schlangenkurven, immer grad noch durch die Felsen, immer grad noch knapp am schmalen Steilhang hinauf. Damit steigt man direkt auf den supersteilen Lawinenhang unter der Rauhenkarscharte zu – zum Glück ist der nicht lang. Aber ein fetter Schneerutscher, gar bei altem nassen Sulzschnee, ist immer drin! Droben jodelt man, läßt den verschneiten Kraspessee rechts liegen, steigt zum Gletscher hinauf, strebt von den Felsinseln weg zum Brotzeitfelsen, dem letzten Steinbrocken im Firn, und packt schließlich den Gipfel: 3050 Meter. Eine feine Aussicht, Stille, und ganz genau abgemessene 1400 Höhenmeter Abfahrt vor sich ... Nach den langen Gletscherschüssen fährt man nicht ohne Nervenkitzel in die verzwickten Steiltobel hinein.

Der Rote Kogel im Sellrain

Im Innsbrucker Sonntagsrevier

TALORT Innsbruck, 574 m. Rotenbrunn-Sellrain, 909 m

STÜTZPUNKTE Fotscher Skihütte des Skiklub Innsbruck, 1445 m (2.00 h von Rotenbrunn); AV-Jugendherberge, 1445 m (2.00 h ab Rotenbrunn); Potsdamer Hütte DAV, 2012 m (3.30 h ab Rotenbrunn; meist bewirtschaftet)

CHARAKTER, GEFAHREN Diese einst als »schönste Skitour Tirols« gepriesene Tour ist alpin, vor allem aber etwas anstrengend: man hat von der Fotscher Skihütte aus 5.00-5.30 h, von der Potsdamer Hütte aus wenigstens 3.00-3.30 h anzusteigen. Die Abfahrt ist bei guten Schneeverhältnissen nicht schwierig. Die Orientierung ist nicht immer ganz einfach, bitte Spuren bzw. Bildbeschreibung beachten! Eine unangenehme, weil zuweilen lawinengefährliche Stelle befindet sich östlich unterhalb der Hochfläche, auf der der Kastengrat aufsitzt. Hier müssen vor allem die von der Potsdamer Hütte aufsteigenden Skiläufer vorsichtig sein!

KARTE AV-Karte Blatt 31/2, Sellrain, mit Skirouten

BENACHBARTE SKITOUREN Fotscher Windegg, 2577 m; Schaldersjöchl, 2645 m; »Großer Expreß« Roter Kogel, Schafleger – Hoadl – Birgitzköpfl – Innsbruck

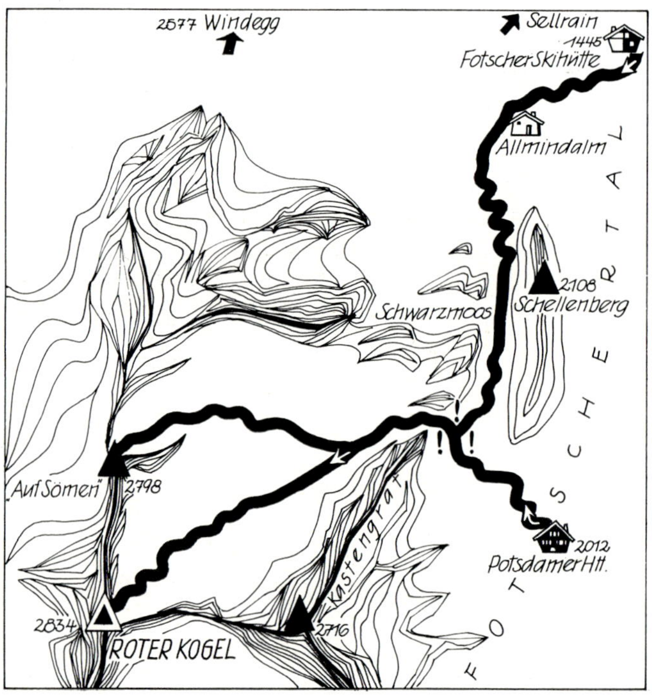

Das Fotschertal im vorderen Sellrain ist schon immer das Leib- und Hauptrevier der Innsbrucker Skiläufer gewesen: noch heute fahren sie samstags in Scharen nach Rotenbrunn und steigen auf ihre Fotscher Skihütte, zur Potsdamer Hütte oder auf die und jene abgelegene Alm, um am Sonntag den Roten Kogel zu machen, den »Kleinen Express« oder auch nur das Windegg. Der Rote Kogel, 2834 m, galt durch Jahrzehnte hindurch den »Zünftigen« als schönste Skitour Tirols; warum er es heute nicht mehr sein soll, ist unerfindlich. Ich empfehle nur, jeder Skifreund möge diese kolossale Prestige-Frage vom eigenen Augenschein her prüfen und einfach einmal hinaufsteigen. Unser Bild, unübertrefflich in seinem verführerischen Glanze, zeigt genau den Weg hinauf und hinab: wie man von der Potsdamer Hütte her einfacher, schneller, aber etwas gefährdeter den Treffpunkt am Kastengrat-Sockel erreicht, und von der Fotscher Skihütte und der Allmind-Alm her länger, aber schöner, reizvoller durch das die untere rechte Bildhälfte füllende Schwarzmoostal mit dem verschneiten Allmindbach. Die Steilstufe vor dem Sockel des Kastengrates wird in diesem Falle von links her erreicht; dann spurt man nicht unmittelbar unterm Felssockel des Kastengrates durch, sondern bleibt unterhalb der (im Bild gut sichtbaren) hufeisenförmigen Felsformation. Anschließend folgt eine fast 1,5 Kilometer lange Gerade, dann beginnen die Kehren, die zum Gipfel führen. Erst an der Schafalm wird der Gipfel sichtbar, und zunächst flachere, dann immer steilere Hänge führen zu seinem Ostgrat, der meist zu Fuß erstiegen wird. Bei aller Freundschaft der Innsbrucker für den Roten Kogel, es braucht keiner Angst zu haben, daß es dort keine Stille und Einsamkeit gibt. Dazu ist der Bann, den die vielstündige Aufstiegsplage schafft, denn doch zu schwer zu durchbrechen. Deshalb findet man bei der Abfahrt wohl oft viele Spuren, ja zuweilen eine »eingefahrene Bahn«, doch niemals eine Piste. Wenn das Frühjahr vorbei und das Tal schon grün ist, und wenn oben noch der letzte Firn glänzt, dann muß man mal unterm Gipfel des Roten Kogel nordwärts zum Gipfel »Auf Sömen« queren und von dort (Bild, rechts) zu Tal fahren.

Dieses sehr informative Bild zeigt fast die ganze Abfahrt vom Roten Kogel. Links über dem Gipfel des Roten Kogel der Gipfel des Lisenser Fernerkogel. In der oberen linken Bildhälfte der felsige Kastengrat; dort wo er aufsitzt, muß man hindurch, und zwar am besten unterhalb der hufeisenförmigen Felsformation. Die Skiläufer von der Potsdamer Hütte kommen auf den flacheren Boden unterm Kastengratende von links (lawinös), die von der Fotscher Skihütte kommen durch das von unten rechts hinaufziehende, locker bewaldete Schwarzmoostal.

Der Wolfendorn vom Brenner

Spätfrühjahrstour für gute Skibergsteiger

TALORT Brennerpaß, Gasthof Kerschbaumer, 1371 m, kurz VOR der österreichischen Grenzstelle. – Kein Stützpunkt!

CHARAKTER, GEFAHREN Eine aktuelle Gefahr bildet heute (1968) die Tatsache, daß man am Wolfendorn die italienische Staatsgrenze betritt. Man muß a. Grenzpapiere mit sich führen, b. eine angemessene Vorsicht üben! – Die alpine Gefahr besteht, dies beweist schon unser Bild zur Genüge, in den unter Umständen lawinösen Steilhängen und den bei Nebel äußerst gefährlichen Felsabbrüchen, zwischen denen man unten und im Gipfelbereich hindurch muß. Also: nur bei klarem Wetter, nur bei ganz sicheren Schneeverhältnissen! Nie nach viel Neuschnee, nie im Hochwinter, nie nach starker Lufterwärmung! Die Tour ist eine spezielle Spätfrühjahrstour!

KARTE Alte AV-Karte Brennergebiet, 1 : 50 000. – FB-Wanderkarte Blatt 15, Zillertaler Alpen, 1 : 100 000

HINWEIS Die Aufstiegszeit im Frühjahr ab Gasthof Kerschbaumer bis Gipfel Wolfendorn, 2775 m, beträgt etwa 4.00-5.00 h. – Man halte sich genau an die nebenstehende Routenbeschreibung!

BILD Blick von Westen aus dem Flugzeug in das Ursprungstal der Sill mit dem Wolfendorn, 2775 m (rechts oben). Man beachte in der Bildmitte unten den dreieckig beschatteten Steilabbruch: er enthält Felsabbrüche! Man steigt links dieses Abbruches in den oberen Almkessel empor, – und man fährt (bei besten Verhältnissen) rechts am Steilhang ab! In Bildmitte ganz links am Rand die Griesbergalm

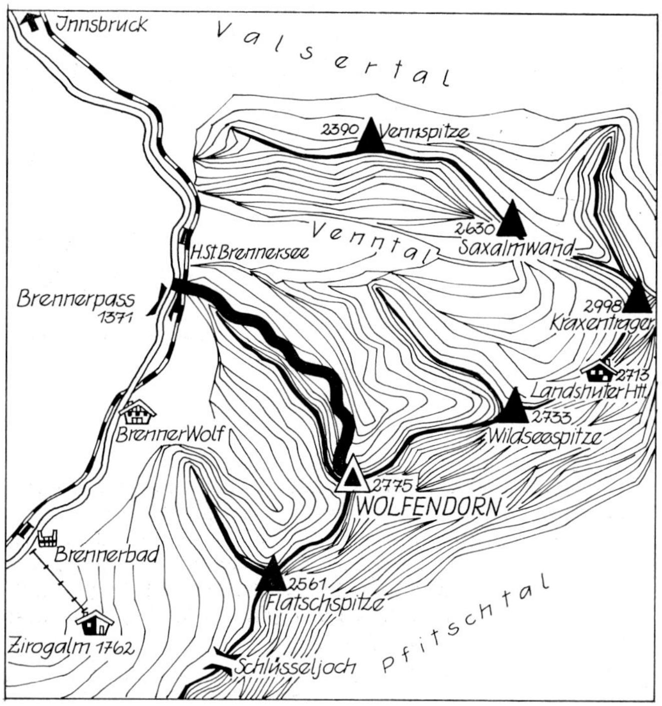

Vier bis fünf Stunden Anstieg verschaffen im Zeitalter der Lifte und Bergbahnen außer Schweißperlen das noble Bewußtsein, abseits der Massenträgheit zu leben ... Die Innsbrucker »machen« den Wolfendorn seit Jahrzehnten, es ist ihr Geheimtip, nur wenige stören ihr Treiben. Dennoch sage ich: fahren Sie zum Brennerpaß hinauf, aber nicht hinüber; und steigen Sie dann vom Gasthof Kerschbaumer (also auf der österreichischen Seite!) links in das Ursprungstal der Sill hinein. Sie kommen schon nach kurzem vor den (im Bild unten beschatteten) Steilabbruch, aus dem breiten ist ein enges Tal geworden, man ist in Ostrichtung angestiegen und steht nun im Talschluß. Man weicht nun LINKS der Steilstufe aus – geht also nicht in den teils besonnten, teils beschatteten Steilhang der rechten Nordflanke! – und kommt so mit etlicher Mühe aus der lichten Waldzone heraus und in den ersten oberen Almkessel. Von hier steigt man in Serpentinen zwischen den für das Gebiet so charakteristischen Felsterrassen hindurch und gewinnt so bald das kleine Firnplateau unterhalb des (im Bild zwiebelförmig beschatteten) schwarzen Felsabbruches. Hier wendet man sich südlich dieser »schwarzen Zwiebel« hinauf und bezwingt drei terrassenartige Nordhänge, bis man, links steigend, auf dem Dach der »schwarzen Zwiebel« steht. Wer bei der Abfahrt von oben, dem Spornverlauf entlang abgefahren kommt, muß hier besonders achtgeben! Man kann auf unserem Bilde den Weiterweg gut verfolgen; man hält sich vom Dach der Schattenzwiebel weg an den nach oben ziehenden Sporn, den man, weil er meist abgeblasen ist, selber nicht betritt. Man kann dann zwei Wege gehen: 1. in Spornnähe bis zum Gipfelstock ansteigen, dort ein Skidepot errichten und zu Fuß zum höchsten Punkt, oder aber 2. unterm Gipfelstock südwestlich, dann südlich am Steilhang hinaus auf den flachen Nordwestkamm zielen, um auf ihm bis nahe an den Gipfel mit Skiern heranzukommen. – Die Abfahrt folgt dem Anstiegswege NUR bis in den letzten Kessel an der Waldgrenze: hier kann man rechts ungefährdet, aber etwas mühselig (Südseite!) in den Talschluß abfahren, – bei Kälte und sicherem Schnee aber fährt man den Nordhang ab.

Gewalttour im Karwendel

Schlauchkar, Marxenkar, Neunerkar

TALORT Grenzort Scharnitz bei Mittenwald, 964 m

STÜTZPUNKT Nur Winterraum des Karwendelhauses DAV, 1765 m (mit AV-Schlüssel) 4.30 h ab Scharnitz, oder 4.30 h ab Hinterriß durch das Johannestal. Keine Bewirtschaftung zu Ostern oder Pfingsten!

CHARAKTER, GEFAHREN Diese Skitour gehört zu den extremsten, den anstrengendsten hochalpinen Touren dieses Buches! Die Tour kann nur bei sicheren Verhältnissen, am besten erst im Mai, und sie kann nur von erstklassigen Hochalpinisten unternommen werden. Daß man der Lawinengefahr aus dem Wege geht, versteht sich von selbst. Trittsicherheit am Gipfelgrat der Ödkarspitzen vonnöten

KARTE AV-Karte, Blatt 5/2, Karwendel, mittl. Teil, 1 : 25 000

BILD Ein hochinteressanter Einblick in die Nordkare der großen Karwendelkette. Von links die Gipfel: Schlauchkarkopf, 2502 m, darunter das Schlauchkar, durch das der erste Anstieg vom Karwendelhaus her erfolgt. Mitte oben die Ödkarspitzen, 2743 m. Vom letzten Ödkargipfel senkt sich steil das Marxenkar ab, das wir bis unter den von rechts oben herabkommenden Nordgrat der Marxenkarspitze abfahren, um gleich hinter dem Grat zur Großen Seekarspitze anzusteigen. Das dann bis in den Karwendeltalboden abzufahrende Neunerkar ist im Bild nicht mehr zu sehen

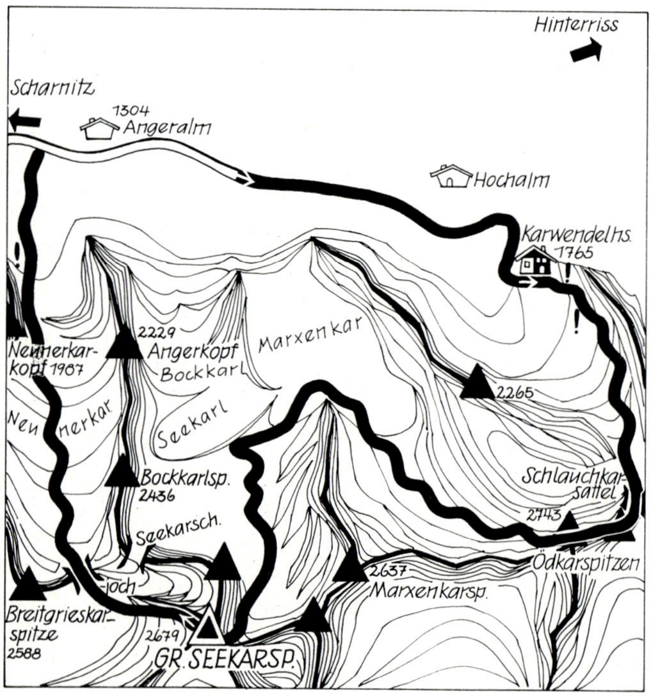

Dies ist wohl die extremste »Münchner Skitour«, die man über Samstag-Sonntag unternehmen kann. Sie ist ihrer Länge wegen, und weil es kein Zurück mehr gibt nach einmal begonnener Tour, nur jungen, sehr ausdauernden und wohltrainierten Hochalpinisten vorbehalten, etwa von der Sorte wie sie in den Jugendgruppen der großen Münchner AV-Sektionen liebevoll gezüchtet werden. Für diese Könner ist diese großartige Karwendelkar-Traverse natürlich ein unvergeßliches Abenteuer. Es beginnt mit einer kühlen Nacht im Winterraum des Karwendelhauses, nachdem man erst einmal bis hierher gelaufen ist. Anderntags steigt man (gleich oberhalb des Karwendelhauses ist die unangenehmste Abrutsch-Stelle der ganzen Tour) geschlagene drei Stunden zum Schlauchkarsattel hinauf und bestätigt hier lauthals, daß der Name »Schlauchkar« gut erfunden ist. Es folgt eine erste Rast, worauf die zuweilen (je nach Schneeverhältnissen) heikle, meist aber für trittsichere Bergsteiger gefahrlose Überschreitung der Ödkarspitzen an die Reihe kommt (links der Bildmitte oben). Und schon beginnt das große Vergnügen: unser Bild zeigt genau die Riesenabfahrt von den Ödkarspitzen das steile schöne Marxenkar hinab, etwa bis Punkt 1900 m. Das Marxenkar ist, was wichtig ist zu wissen, niemals bis zum Karwendeltalboden abzufahren, weil es ab 1800 m Höhe in Steilwänden abbricht. Es heißt nun, um den Sockel des Nordgrates der Marxenkarspitze herum wieder anzusteigen, um in etwa 2.00–2.30 h auf die Große Seekarspitze zu kommen. Hier beginnt die zweite, die ganz große Abfahrt: Breitgrieskarscharte und Neunerkar; auch das Neunerkar bricht unterhalb der 2000-Meter-Grenze in Steilwänden ab, diese Wandabbrüche lassen sich aber weit westlich am Karrand, also dicht an der Ostwand des Neunerkarkopfes, überwinden. Reicht der Schnee aus, so gelangt man hier ziemlich ungefährdet bis auf den Boden des Karwendeltales in der Nähe der Anger-Alm, 1304 m. Die Gesamtanstiegsdauer dieser Tour ab Karwendelhaus beträgt etwa 6.00–7.30 h, die gesamte Abfahrtshöhe, falls man bis Anger-Alm fahren kann, gute 2100 Höhenmeter. Dies reicht aus, um von einer Gewalttour reden zu können.

Zum Gilfert

Über Lawaster- oder Nonsalm

TALORT Terfens-Weer, 559 m, am Inn. – Mitter-Weerberg, 882 m (mit Bus oder eigenem Kfz auf neuer Bergstraße). – Evtl., je nach Jahreszeit, weiter auffahren mit Kfz bis Gasthaus Hausstattalm, ca. 1200 m. – Oder ausgebaute Straße ab Mitter-Weerberg bis Wirtshaus Innerst, 1287 m

STÜTZPUNKT Keiner!

CHARAKTER, GEFAHREN Es gibt immer noch zwei Wege zum 2505 m hohen Gilfert, den man am besten mit ortskundigen Kameraden oder in der Spur von Einheimischen zum ersten Mal geht. Die meisten Skibergsteiger fahren heute bis Mitter-Weerberg bzw. sogar bis zur Hausstattalm auf, und bevorzugen den reinen Nordanstieg über die Lawasteralm; der kürzere, aber steilere Anstieg ab Innerst über die Nonsalm wird seltener gemacht (Westflanke). Die Tour ist sehr lang, sie erfordert Ausdauer, Orientierungssinn und Lawinenkenntnis

KARTE Es gibt keine wirklich brauchbare Karte (etwa nach Art der Schweizer Landeskarte). Man muß sich zur Not mit der FB-Wanderkarte 1 : 100 000, Blatt 15, Zillertaler Alpen zufriedengeben

BILD Blick aus dem Flugzeug von Norden – auf das Massiv des Gilfert, 2505 m, ganz oben Mitte. Vorne unten die Nonsalpe. Hierher quert man von der nördlichen Hausstattalm auf einer Forststraße bzw. an den oberen Talhängen. Der zweite Aufstieg über die Lawasteralm an der Nordflanke läge hier links jenseits, also östlich des Nordwestkammes, der unser von Westnordwest aufgenommenes Foto von links bis rechts durchzieht

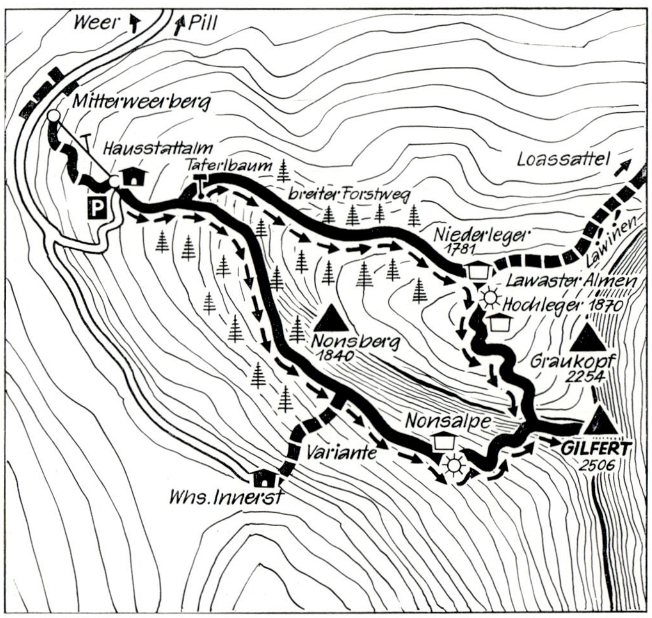

2000 Meter über dem Inn-Ufer bei Schwaz in Tirol ragt der Gipfel des Gilfert weit über seine Umgebung hinaus. Die Abfahrt von ihm im Frühjahrsschnee gilt immer schon als eine der schönsten von ganz Tirol. Einstens mußte man ab Terfens-Weer aus 559 m Höhe bis zum Gipfel ansteigen; heute fährt man die neue Asphaltstraße nach Mitter-Weerberg, im April und Mai sogar bis zur Hausstattalm auf etwa 1200 m empor und schnallt dort seine Felle an. Der heute übliche Weg zieht von der Hausstattalm (bei den Höfen von Zalln) durch Wald aufwärts (er ist fast immer gespurt) bis zu einer ebenen Lichtung; hier muß man auf jeden Fall scharf links abschwenken und, meist eben, später wenig ansteigend, durch Wald queren. Am Ende folgen steile Hänge, die wir ebenfalls queren müssen (Vorsicht), um in die große Mulde oberhalb des Lawasteralm-Hochlegers, 1870 m, zu gelangen. Aus dieser Mulde steigt man über schöne, nicht mehr allzu steile Hänge gegen die Einsattelung des Nordkammes vor P. 2342 und weiter auf den Gipfel. – Der zweite, früher mehr bevorzugte Anstieg führt vom Gasthaus Innerst, genau westlich unterm Gilfert im Talgrund gelegen, über die Nonsalm zum Gipfel: hier geht es vom Gasthaus über steile Wiesen empor, bis man auf einen östlich ziehenden Weg kommt, den man verfolgt; von ihm nach links durch einen Waldgürtel aufwärts zu den freien Flächen der Nonsalm. Über der Alm müssen wir eine Reihe von Mulden ausgehen, um von Westen her den Vorgipfel von P. 2342 zu erreichen. Ab hier verfolgt man den breiten leichten Kamm bis zum Gipfel. – Die Abfahrt folgt in beiden Fällen dem Anstiegswege. Es empfiehlt sich für den, der erstmals in dieses Gebiet kommt, in Mitter-Weerberg bzw. an der Hausstattalm Auskünfte einzuholen über die Verhältnisse. Er darf keinesfalls die vorhandene Spur verlassen, insbesondere nicht in der Abfahrt. Natürlich wird von ortskundigen Läufern auch die Abfahrt zur Schneebruggenalm und weiter zum Loassattel gemacht... aber das ist sehr risikoreich und hängt ganz und gar von den Schneeverhältnissen ab. Wem der Anstieg zu lang wird, der tröste sich am Anblick der am Arbeser schwebenden Pistenskifahrer.

Zum Gilfert

Über Lawaster- oder Nonsalm

TALORT Terfens-Weer, 559 m, am Inn. – Mitter-Weerberg, 882 m (mit Bus oder eigenem Kfz auf neuer Bergstraße). – Evtl., je nach Jahreszeit, weiter auffahren mit Kfz bis Gasthaus Hausstattalm, ca. 1200 m. – Oder ausgebaute Straße ab Mitter-Weerberg bis Wirtshaus Innerst, 1287 m

STÜTZPUNKT Keiner!

CHARAKTER, GEFAHREN Es gibt immer noch zwei Wege zum 2505 m hohen Gilfert, den man am besten mit ortskundigen Kameraden oder in der Spur von Einheimischen zum ersten Mal geht. Die meisten Skibergsteiger fahren heute bis Mitter-Weerberg bzw. sogar bis zur Hausstattalm auf, und bevorzugen den reinen Nordanstieg über die Lawasteralm; der kürzere, aber steilere Anstieg ab Innerst über die Nonsalm wird seltener gemacht (Westflanke). Die Tour ist sehr lang, sie erfordert Ausdauer, Orientierungssinn und Lawinenkenntnis

KARTE Es gibt keine wirklich brauchbare Karte (etwa nach Art der Schweizer Landeskarte). Man muß sich zur Not mit der FB-Wanderkarte 1 : 100 000, Blatt 15, Zillertaler Alpen zufriedengeben

BILD Blick aus dem Flugzeug von Norden – auf das Massiv des Gilfert, 2505 m, ganz oben Mitte. Vorne unten die Nonsalpe. Hierher quert man von der nördlichen Hausstattalm auf einer Forststraße bzw. an den oberen Talhängen. Der zweite Aufstieg über die Lawasteralm an der Nordflanke läge hier links jenseits, also östlich des Nordwestkammes, der unser von Westnordwest aufgenommenes Foto von links bis rechts durchzieht

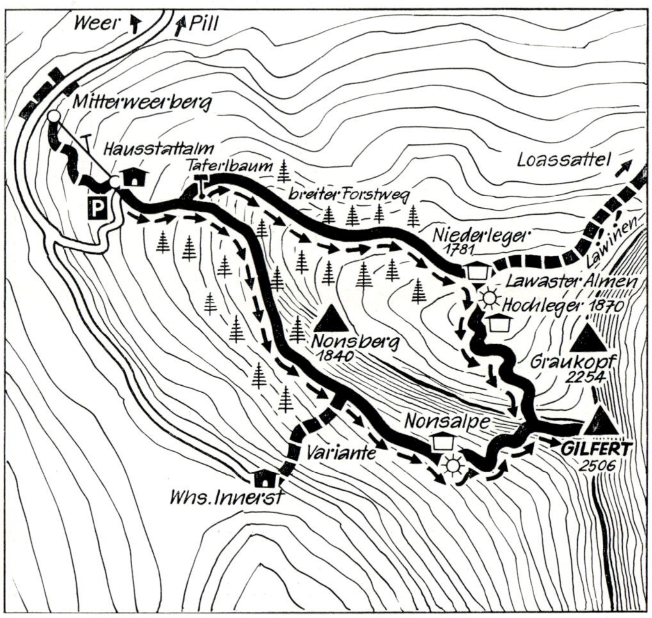

2000 Meter über dem Inn-Ufer bei Schwaz in Tirol ragt der Gipfel des Gilfert weit über seine Umgebung hinaus. Die Abfahrt von ihm im Frühjahrsschnee gilt immer schon als eine der schönsten von ganz Tirol. Einstens mußte man ab Terfens-Weer aus 559 m Höhe bis zum Gipfel ansteigen; heute fährt man die neue Asphaltstraße nach Mitter-Weerberg, im April und Mai sogar bis zur Hausstattalm auf etwa 1200 m empor und schnallt dort seine Felle an. Der heute übliche Weg zieht von der Hausstattalm (bei den Höfen von Zalln) durch Wald aufwärts (er ist fast immer gespurt) bis zu einer ebenen Lichtung; hier muß man auf jeden Fall scharf links abschwenken und, meist eben, später wenig ansteigend, durch Wald queren. Am Ende folgen steile Hänge, die wir ebenfalls queren müssen (Vorsicht), um in die große Mulde oberhalb des Lawasteralm-Hochlegers, 1870 m, zu gelangen. Aus dieser Mulde steigt man über schöne, nicht mehr allzu steile Hänge gegen die Einsattelung des Nordkammes vor P. 2342 und weiter auf den Gipfel. – Der zweite, früher mehr bevorzugte Anstieg führt vom Gasthaus Innerst, genau westlich unterm Gilfert im Talgrund gelegen, über die Nonsalm zum Gipfel: hier geht es vom Gasthaus über steile Wiesen empor, bis man auf einen östlich ziehenden Weg kommt, den man verfolgt; von ihm nach links durch einen Waldgürtel aufwärts zu den freien Flächen der Nonsalm. Über der Alm müssen wir eine Reihe von Mulden ausgehen, um von Westen her den Vorgipfel von P. 2342 zu erreichen. Ab hier verfolgt man den breiten leichten Kamm bis zum Gipfel. – Die Abfahrt folgt in beiden Fällen dem Anstiegswege. Es empfiehlt sich für den, der erstmals in dieses Gebiet kommt, in Mitter-Weerberg bzw. an der Hausstattalm Auskünfte einzuholen über die Verhältnisse. Er darf keinesfalls die vorhandene Spur verlassen, insbesondere nicht in der Abfahrt. Natürlich wird von ortskundigen Läufern auch die Abfahrt zur Schneebruggenalm und weiter zum Loassattel gemacht... aber das ist sehr risikoreich und hängt ganz und gar von den Schneeverhältnissen ab. Wem der Anstieg zu lang wird, der tröste sich am Anblick der am Arbeser schwebenden Pistenskifahrer.

In der Wattener Lizum

Große und Kleine »Reibn« auf Tiroler Art

TALORT Innsbruck, 574 m. Wattens bei Innsbruck, 567 m

STÜTZPUNKT Lizumer-Hütte ÖAV, 2015 m. Lizumer Hof (privat), 2015 m (jeweils in 2.15 h Gehzeit ab Fahrstraßenende am Walchen-Wirtshaus, 1402 m, zu erreichen, evtl. mit Wirts-Raupe. Kleiner Skilift vorhanden!)

CHARAKTER, GEFAHREN Die Große »Lizumer Reibn« ist eine hochalpine Unternehmung mit allen dazugehörigen Konsequenzen; im Hochwinter ist hohe Vorsicht geboten, vor allem nach Neuschneefällen stärkeren Ausmaßes, im Frühjahr und Vorsommer herrschen meist glänzende, sichere Verhältnisse. Ratschläge von Gebietskennern sollen gehört werden, vor allem natürlich von den Lizum-Wirten! Zeit für »Große Reibn« 5.00-7.00 h, für »Kleine Reibn« 2.30-3.00 h

KARTE FB-Karte, Blatt 15, Zillertaler Alpen, 1 : 100 000

BENACHBARTE SKITOUREN Mallgrübler 2749 m, von Volderwildbad; Halselspitze, 2579 m, oder Rastkogel, 2761 m, von der Nafing-Hütte; Naviser Kreuzjöchl, 2537 m, von Matrei-Navis. Sicher erst ab Ende Februar/März. Der Mallgrübler als längste Tour verlangt viel Erfahrung und Orientierungssinn.

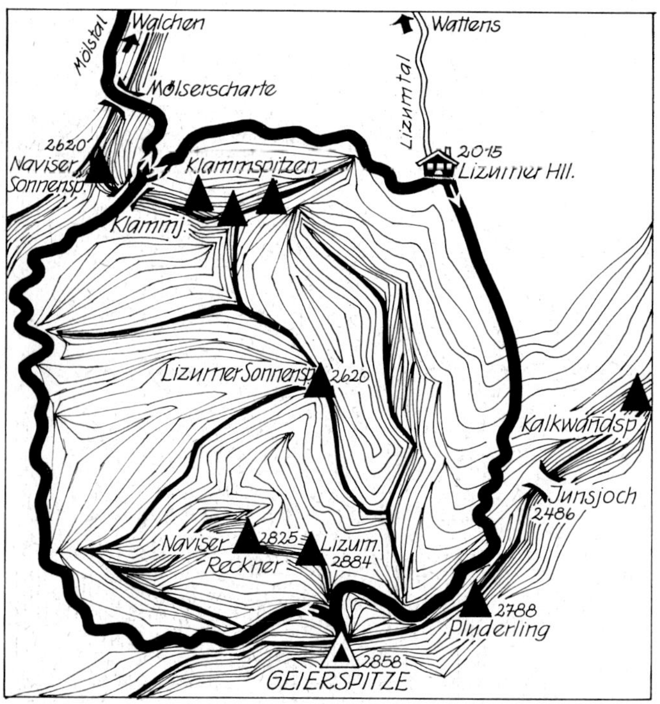

Von den Berchtesgadener Skitouren her wissen wir, welche Bedeutung es mit den »Reibn« (= Kurve, Rundgang, Rundfahrt) hat: es sind hochalpine Lekkerbissen für tüchtige Skibergsteiger. Tirol bietet in seiner Wattener Lizum (ohne Bergbahn-Start) zwei Rundtouren, die zu den allerschönsten ostalpinen Fahrten gehören. Natürlich war die Wattener Lizum ein Innsbrucker »Geheimtip«, als man noch sechs und sieben Stunden vom Inn-Ufer bei Wattens bis zur 2015 m hochgelegenen Hütte laufen mußte. Heute fährt man bis zum Walchen-Wirtshaus auf 1402 m Höhe und oft bis zur Lizumer-Hütte. Die »Große Reibn« beginnt mit dem Aufstieg von der Hütte südwärts hinauf über wellige Steilflanken in die feine Scharte zwischen Pluderling, 2788 m, und Geierspitze, 2858 m: schönster Rastfleck des Tages – Paradeblick auf Tuxer und Zillertaler Gletscher! Nun genau vom Gipfel der Geierspitze nördlich kurz zum Lizumer Reckner, aber schon VOR der Scharte scharf links abgebogen und westwärts hinab – eine Steilstufe vorsichtig überwindend. Hinab also bis ins Becken des Innergrifftales, dann im Bogen nordwärts unter den Steilabbrüchen des Naviser Reckners hindurch auf ein breites Plateau, das man nordwärts quert. Es folgen riesige Lawinenkegel, die vom oberen Tarntal stammen; hier schnallt man die Felle an und steigt nordöstlich an, erst steil, dann flacher, dann östlich aufs Klammjoch, 2359 m. In der schönen breiten Scharte zwischen Mölser Sonnenspitze und Klammspitzen (im Bild oben unter Wildem Freiger) sieht man schon die Abfahrt zur Lizumer Hütte, zuletzt den Lift begleitend. Wer im Frühjahr direkt zum Gasthaus Walchen abfahren will, quert vom Klammjoch unter der Mölser Sonnenspitze durch nördlich zur Mölserscharte, 2379 m (im Bild gut zu sehen) und fährt jenseits das herrliche Mölstal hinaus und hinab zum Wirt: fast 1000 Höhenmeter allein hier! – Die »Kleine Reibn« verläuft ab Lizumer Hütte zur Mölserscharte und hinab zum Walchenwirt. – Noch eine Warnung für den Start zur »Großen Reibn« an der Geierspitze: man muß, nördlich zielend, rechtzeitig links ab, also westwärts weit, sehr weit und steil zum Klammbach hinunter. Wer das nicht tut, kann versehentlich ins obere Tarntal geraten ...

Einblick von Osten in die Wattener Lizum. Links unten die Lizumer-Hütte des ÖAV. Im Hintergrund die Stubaier Alpen mit dem Zuckerhütl in der genauen Mitte, ganz oben. Im Mittelgrund rechts die Mölserscharte, links die Klammspitzen. Rechts, über der Mölser Sonnenspitze, der Habicht.

Zum Gilfert

Über Lawaster- oder Nonsalm

TALORT Terfens-Weer, 559 m, am Inn. – Mitter-Weerberg, 882 m (mit Bus oder eigenem Kfz auf neuer Bergstraße). – Evtl., je nach Jahreszeit, weiter auffahren mit Kfz bis Gasthaus Hausstattalm, ca. 1200 m. – Oder ausgebaute Straße ab Mitter-Weerberg bis Wirtshaus Innerst, 1287 m

STÜTZPUNKT Keiner!

CHARAKTER, GEFAHREN Es gibt immer noch zwei Wege zum 2505 m hohen Gilfert, den man am besten mit ortskundigen Kameraden oder in der Spur von Einheimischen zum ersten Mal geht. Die meisten Skibergsteiger fahren heute bis Mitter-Weerberg bzw. sogar bis zur Hausstattalm auf, und bevorzugen den reinen Nordanstieg über die Lawasteralm; der kürzere, aber steilere Anstieg ab Innerst über die Nonsalm wird seltener gemacht (Westflanke). Die Tour ist sehr lang, sie erfordert Ausdauer, Orientierungssinn und Lawinenkenntnis

KARTE Es gibt keine wirklich brauchbare Karte (etwa nach Art der Schweizer Landeskarte). Man muß sich zur Not mit der FB-Wanderkarte 1 : 100 000, Blatt 15, Zillertaler Alpen zufriedengeben

BILD Blick aus dem Flugzeug von Norden – auf das Massiv des Gilfert, 2505 m, ganz oben Mitte. Vorne unten die Nonsalpe. Hierher quert man von der nördlichen Hausstattalm auf einer Forststraße bzw. an den oberen Talhängen. Der zweite Aufstieg über die Lawasteralm an der Nordflanke läge hier links jenseits, also östlich des Nordwestkammes, der unser von Westnordwest aufgenommenes Foto von links bis rechts durchzieht

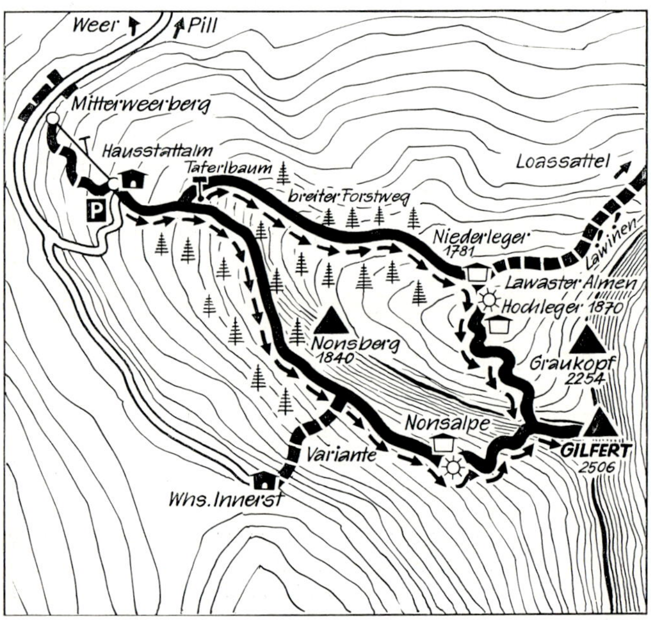

2000 Meter über dem Inn-Ufer bei Schwaz in Tirol ragt der Gipfel des Gilfert weit über seine Umgebung hinaus. Die Abfahrt von ihm im Frühjahrsschnee gilt immer schon als eine der schönsten von ganz Tirol. Einstens mußte man ab Terfens-Weer aus 559 m Höhe bis zum Gipfel ansteigen; heute fährt man die neue Asphaltstraße nach Mitter-Weerberg, im April und Mai sogar bis zur Hausstattalm auf etwa 1200 m empor und schnallt dort seine Felle an. Der heute übliche Weg zieht von der Hausstattalm (bei den Höfen von Zalln) durch Wald aufwärts (er ist fast immer gespurt) bis zu einer ebenen Lichtung; hier muß man auf jeden Fall scharf links abschwenken und, meist eben, später wenig ansteigend, durch Wald queren. Am Ende folgen steile Hänge, die wir ebenfalls queren müssen (Vorsicht), um in die große Mulde oberhalb des Lawasteralm-Hochlegers, 1870 m, zu gelangen. Aus dieser Mulde steigt man über schöne, nicht mehr allzu steile Hänge gegen die Einsattelung des Nordkammes vor P. 2342 und weiter auf den Gipfel. – Der zweite, früher mehr bevorzugte Anstieg führt vom Gasthaus Innerst, genau westlich unterm Gilfert im Talgrund gelegen, über die Nonsalm zum Gipfel: hier geht es vom Gasthaus über steile Wiesen empor, bis man auf einen östlich ziehenden Weg kommt, den man verfolgt; von ihm nach links durch einen Waldgürtel aufwärts zu den freien Flächen der Nonsalm. Über der Alm müssen wir eine Reihe von Mulden ausgehen, um von Westen her den Vorgipfel von P. 2342 zu erreichen. Ab hier verfolgt man den breiten leichten Kamm bis zum Gipfel. – Die Abfahrt folgt in beiden Fällen dem Anstiegswege. Es empfiehlt sich für den, der erstmals in dieses Gebiet kommt, in Mitter-Weerberg bzw. an der Hausstattalm Auskünfte einzuholen über die Verhältnisse. Er darf keinesfalls die vorhandene Spur verlassen, insbesondere nicht in der Abfahrt. Natürlich wird von ortskundigen Läufern auch die Abfahrt zur Schneebruggenalm und weiter zum Loassattel gemacht... aber das ist sehr risikoreich und hängt ganz und gar von den Schneeverhältnissen ab. Wem der Anstieg zu lang wird, der tröste sich am Anblick der am Arbeser schwebenden Pistenskifahrer.

Der Rastkogel

von Westen und von Osten

TALORTE Hippach, 602 m, im Zillertal. – Mitter-Weerberg, 882 m, über Terfens-Weer. – Innerst, 1287 m, mit Kfz. ab Mitter-Weerberg

STÜTZPUNKTE Neue Rastkogel-Hütte, AV, 2124 m, am Sidanjoch; zur Skitourenzeit bewirtschaftet (Seilbahn Hippach, 602 m, auf Gschwendt, 1127 m, dann 3.00 h Anstieg. Gepäckaufzug, auch für Skier, bis zur Hütte). – Nafinghütte, DAV, 1856 m, nördlich des Geiseljoches, zur Skitourenzeit bewirtschaftet (Zugang ab Innerst gut 2.00 h)

CHARAKTER, GEFAHREN Der 2761 m hohe Rastkogel mit seinen drei markanten Felsgraten ist von den beiden gut bewirtschafteten Hütten in relativ kurzer Zeit zu erreichen: 3.00 h ab Rastkogelhütte, dieselbe Zeit ab Nafinghütte. Der Westanstieg von der Nafinghütte ist weniger, der Ostanstieg von der Rastkogelhütte ist mehr lawinengefährdet. Dabei handelt es sich nur um wenige kurze Passagen von Steilhängen. Man findet fast immer Spuren, an die man sich halten möge. Die Tour ist bei unsicheren Schneeverhältnissen gefährlich

KARTE Kompaß Wanderkarte Blatt 37, Zillertaler Alpen, 1 : 50 000

BILD Flugzeugaufnahme aus Nordnordost gegen den Rastkogel (rechts oben am Bildrand). Unten vorne die Rastkogelhütte am Sidanjoch (rechts unten am Bildrand). Im Ostkamm des Rastkogel folgen links des Gipfels die Grindlspitze und der Pangert; sie schließen das riesige Gebiet der nordwärts in den Sidangrund abfallenden Mulden ein, die fast alle, je nach Schneeverhältnissen, der Abfahrt dienen können. Wie gefährlich die Mulden im Anstieg zu erreichen sind, zeigt die unten felsig abbrechende Mittelmulde

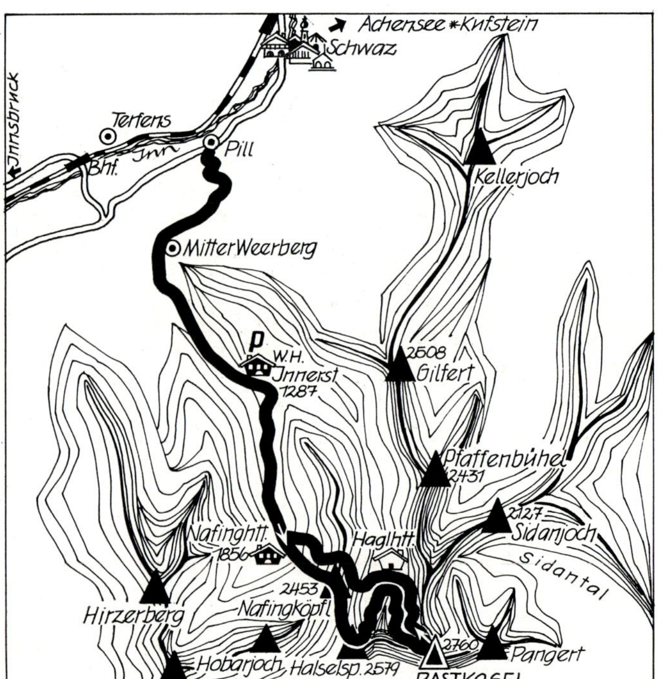

Der großartige Aussichtsberg zwischen Sidan- und Nurpenjoch – mit 2761 m Höhe den vom Kellerjoch über den Gilfert ziehenden Nord-Süd-Kamm krönend – wurde einstens nur vom Wirtshaus Innerst her durch den Nurpengrund und über die Haglhütten erreicht. Heute erleichtern Nafinghütte und Rastkogelhütte den Zugang. Beide Hütten sind durch neue Straßen (bis Innerst) und Bahnen (von Hippach bis Gschwendt) schneller erreichbar geworden: der Rastkogel ist als Sonntags-, zumindest als Wochenendtour leicht zu meistern. – Von der Nafinghütte aus steigt man aus lichten Zirben über endlose Kuppen und Mulden südostwärts hinauf bis dicht unter die Halselspitze, 2579 m, und hält sich dann am freien Westkamm – mit herrlichen Ausblicken auf die Tuxer Eisriesen um den Olperer – bis zum felsigen Gipfelaufbau. Man kann hier am Westfuß die Skier stehen lassen, aber auch waagrecht nach Nordosten queren und über eine kleine Steilstufe mit Skiern bis zum Gipfel kommen. Die Abfahrt zurück zur Hütte wird als »traumhaft« gerühmt. – Ein zweiter Anstieg führt von der Rastkogelhütte am Sidanjoch, also von Nordosten her auf den Rastkogel: er ist, wiewohl neuerdings oft unternommen, etwas gefährdeter als der Westanstieg; man muß erst das Sidanjoch ersteigen, dann in Richtung Roßkopf den Kamm begehen, schließlich nach links (südlich) vom Kamm zum Sidansee abfahren und von hier in die langgestreckte Bucht queren, die am rechten oberen Bildrand des Flugfotos zu sehen ist und die bis zum Südostgrat des Rastkogel emporzieht. Man kann aber auch abfahrend in den Sidangrund (genau Bildmitte) gelangen und von dort aus die Aufstiegsspur zum Südostgrat ziehen: in beiden Fällen sind allersicherste Schnee- und Wetterverhältnisse Voraussetzung! Die heiklen Stellen der Rastkogelanstiege von Osten her sind meist nur kurz, es sind Querungen am steilen Hang, man muß also festen Schnee, am besten kalten Firn unter den Skiern haben – bei Pulver oder erweichtem Firn ist von der Besteigung abzuraten. Die Abfahrt folgt den Aufstiegsspuren, es gibt aber auch allerlei Varianten vom Südostkamm herab, von Grindlspitze und Pangert etwa in den Sidangrund hinab.

Skitouren über dem Finsinggrund

Vom Zillertal nach Hochfügen

TALORTE Fügen im vorderen Zillertal, 545 m. Ab hier mit Kfz oder Bus auf schmaler Bergstraße 12 km – glatte 1000 Höhenmeter – bis Hochfügen (Hotel), 1473 m. Achtung: VORMITTAG nur bergwärts fahren, NACHMITTAGS nur talwärts! Vorsicht im Hochwinter: Lawinen!

CHARAKTER Der 15 km lange Finsinggrund zwischen Rastkogel, Kellerjoch und Gilfert ist noch nicht »erschlossen« im üblichen Sinne. Ein Paradies für Skitouren- und für Tiefschneefahrer! Ein Lift zum Pfaffenbühel bringt es bis auf 460 Höhenmeter, dazu kommt ein kleiner Schlepper. Unsere Tourenziele suchen wir außer am Pfaffenbühel NUR im Riesenkamm zwischen Sidanjoch (dahinter Rastkogelhütte) und Wetterkreuz: an durchgehend freien großen Nordwesthängen (Bild), die meist in lichte Waldzonen münden, im oberen Teil aber bis auf den Talboden reichen

HINWEIS Man findet nicht immer Aufstiegsspuren in dieser Gegend. Als Skibergsteiger muß man hier noch Pfadfinder sein, und ein besonders geschickter und besonders vorsichtiger dazu. Spurenlegen ist eine Kunst! Hier kann man sie üben – ehe man sich dem Tiefschneezauber hingibt

BILD Blick aus dem Flugzeug – aus Norden – in den Talgrund des Finsinggrundes am Klausboden (Hotel), wo rechts zum Pfaffenbühel hinauf ein Lift zieht. Links die Kammkette mit Marchkopf und Kraxenträger. Dahinter Gipfel der Venediger- und der Reichenspitzgruppe

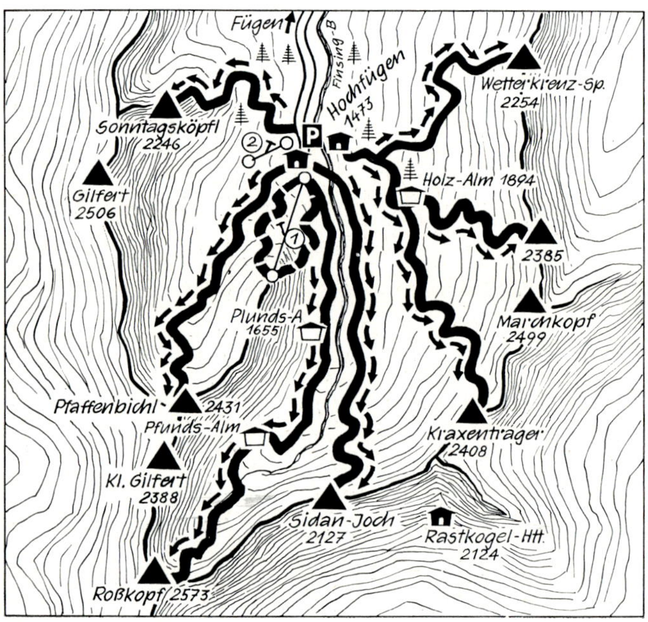

In den östlichen Tuxer Schieferalpen, dicht am tiefen Inntalboden, zieht vom alten Schloß Fügen eine Bergstraße westwärts in den Finsinggrund – weit hinein, gute 12 Kilometer, weit hinauf, bis auf 1500 m Höhe am Klausboden. Hier steht ein gutes Hotel. Wir befinden uns hier zwischen Kellerjoch im Norden, Gilfert (Tour 70) im Westen und Rastkogel (Tour 71) im Süden. Zwischen dem Rastkogelmassiv, das sich südwärts zum Zillertalschluß und nach Vordertux absenkt, und unserem Tal zieht ein schwerer massiver Nebenkamm vom Rastkogel bis ganz hinaus übers Zillertal – siehe Bild. Im Bild (rechts) sehen wir den Talschluß dieses Finsinggrundes oberhalb des Klausbodens (unten), und sehen links darüber unseren gewaltigen Tourenkamm. Dieser feine Tourenkamm trägt die Tourenziele Sidanjoch, 2127 m (Übergang zur nahen Rastkogelhütte), Kraxenträger, 2468 m, Seewand, 2418 m, Marchkopf, 2500 m, und Wetterkreuz, 2254 m . . . Wie man schon im Flugbild sieht: mächtige freie Nordwestflanken, nur in der Tiefe licht bewaldet, mit einem lockeren duftenden Zirbengarten als feierliche Vegetationsgrenze. Diese Tourenziele überm Finsinggrund sollte ausschließlich der alpin sehr erfahrene, mit der Lawinengefahr vertraute und echtem Orientierungssinn ausgestattete Skibergsteiger unternehmen – das ist eine Bedingung! Und der Preis für viele Hochgenüsse. – Rechts unten im Luftbild sehen wir die Osthänge des Pfaffenbühel, 2431 m, in die vom Klausboden her ein Skilift emporzieht: keine Störung für uns Skibergsteiger, aber bei unsicherem Wetter an Ort und Stelle vielleicht ein Mittel zum Zeitvertreib. – Zwei Fehler hat dieser Finsinggrund »noch« als Skitourenrevier: 1. die Straße Fügen (Zillertal)–Klausboden ist zu lang, zu eng, und sie verläuft am Südhang; 2. man kann aus den Gipfelhöhen zwischen 2200 und 2450 m immer nur auf Höhen um 1200 bis 1400 m des Finsinggrundbodens abfahren. Immerhin 1000–1300 Höhenmeter – aber eine Ostabfahrt bis ganz ins Zillertal hinab wäre halt doch das eigentliche NON PLUS ULTRA! Vom Klausboden mit dem Wagen nach Fügen abfahrend, – das heißt: 1000 Meter Abfahrt herschenken. Aber der Ski-Boom wird's schon richten . . .

Der Große Galtenberg

Die klassische Skitour überm Alpbachtal

TALORT Alpbach, 1050 m (Fahrstraße und Bus von Brixlegg am Inn)

STÜTZPUNKTE Mehrere gute und nette Gasthöfe in Alpbach. Dazu das Galtenberghaus in Inner-Alpbach (mit Kfz. meist möglich)

CHARAKTER, GEFAHREN Die Nordabfahrt des Großen Galtenberg ist bei 1425 m Höhendifferenz und 4.15 h Aufstieg eine typische Kitzbüheler Skitour; oben völlig waldfrei, in der Waldzone aber bis zum Talgrund hinab mit so breiten Almflanken und Lichtungen ausgestattet, daß man praktisch keinen Wald durchfährt. Der steile Gipfelaufbau wird meist zu Fuß erstiegen; bei sehr guten Schneeverhältnissen kann man ⅓ bis ½ dieses Gipfelstockes mit Skiern begehen. Lawinengefahr herrscht nur im Hochwinter nach starken Neuschneefällen und auch dann erst unterhalb des Grates. Andererseits wird diese Tour öfters unternommen, man findet meist Spuren

BENACHBARTE TOURENZIELE AB ALPBACH Schatzberg, 1968 m, 3.30 h – Lempersberg, 2297 m, über Schatzberg und Saupanzen 5.00 h – Wiedersbergerhorn, 2128 m, ab Lift nur noch 1.15 h, mit großer Nordabfahrt nach Hygna/Brixlegg

KARTE Skikarte Kitzbüheler Alpen, 1 : 50 000 (Rother)

BILD Der Große Galtenberg, 2425 m, mit seiner Nordflanke. Oben besonnt der Gipfelstock und rechts darunter der lange Nordkamm; unter der genauen Bildmitte die Kolbentalalm, zu der man vom Nordkamm hinabschwingt, die Abfahrt endet weit unterhalb der linken unteren Bildecke im Talgrund. Durch den Wald in der rechten unteren Bildecke zieht der schattige Aufstiegsweg zum Nordkamm

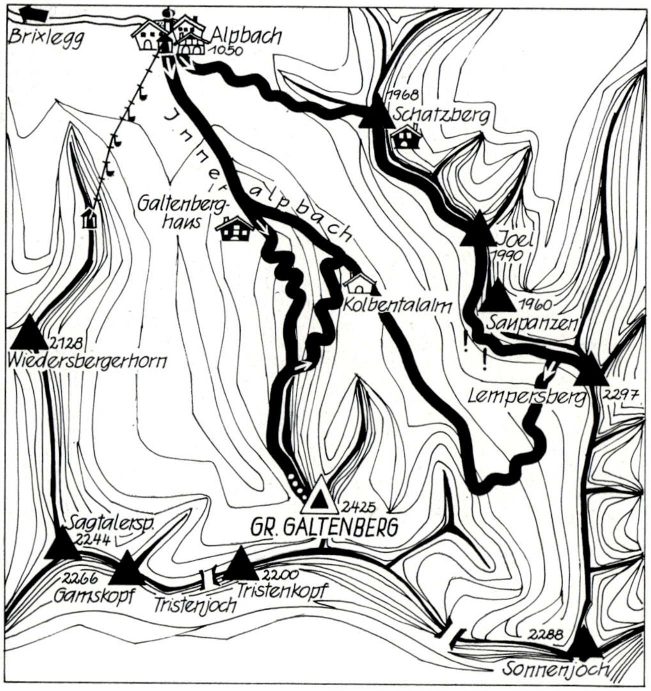

Seitdem sich auch Dorf Alpbach – durch viele Jahrzehnte ein stilles Skitourenparadies – zum Bau von Skiliften aufgeschwungen hat, wird die Tour auf den Großen Galtenberg immer kostbarer. Ich kenne nur hier um Alpbach, um Auffach, um die Kelchsau und das Spertental so schöne, stille, relativ ungefährliche Skitouren wie eben diese zum Großen Galtenberg: ein Skiberg ohne Schikanen, ein Skiberg mit Waldkulissen in der unteren Region, aber ohne Walddurchfahrten, ein Skiberg ohne Gatter und Schneisen, und bei vernünftiger Planung auch ohne Gefahr. Man schaue sich auf unserem Luftbild die schattige Raute des Gipfelstockes an: eine Firnpyramide, von zwei gleichgeneigten Kämmen zur interessanten grafischen Form »gestaltet« – ein feines Spiel von Licht und Schatten. – Man bricht natürlich in Inneralpbach auf, dicht beim Galtenberghaus, schleift auf Fellen zwei knappe Stunden durch den stillen Märchenwald, ehe man plötzlich auf den sonnigen Nordkamm gelangt und dort Stufe um Stufe gegen den Gipfelstock zu ansteigt. Dieser Gang am Nordkamm ist voralpines Skiwandern in Vollkommenheit, auch in vollkommener Stille, meist in tiefer Einsamkeit. Den steilen Gipfelhang kann man im späteren Frühjahr zu einem Gutteil ersteigen und abfahren, meist aber läßt man seine Skier in der letzten markanten Kammulde stehen und steigt mit den Stöcken auf, – schaut dann von der Spitze südwärts hinüber in die Berge um Gerlos und Reichenspitze. Und fährt dann ab: unser Bild, vom Flugzeug aufgenommen, zeigt den Charakter der Nordabfahrt ausgezeichnet. Ihr Verlauf ergibt sich von selbst: Gipfelhang, Nordkamm nur zur Hälfte, dann nordostwärts eingeschwenkt in die Idealhänge zur Kolbentalalm. Dort, schon vor der Alm, schwingt man wieder ein Stück nordwärts, ehe man abermals auf Nordost dreht und – ohne Waldpassage – bis in den Talgrund zum Bache gelangt. Man hat dann nur noch fünfzehn Minuten hinaus zum Galtenberghaus. Wer in Dorf Alpbach nächtigt, kann oben am Sonnenhang südwärts schlendern, ehe er nach Inneralpbach hinabfährt, um von dort aufzusteigen. Schneller kommt man natürlich auf der Talstraße am Bach zum Berg – evtl. mit Auto.

Das Feldalpenhorn

Stille Rasten über der Wildschönau

TALORT Niederau, 823 m. Auffach (Wildschönau), 875 m. Beide Orte ab Wörgl/Inn in 30 bzw. 60 Minuten gut erreichbar

STÜTZPUNKT Keiner. Lediglich am Ausgangspunkt der Liftstation Markbachjoch, 1455 m, steht ein ständig bewirtschaftetes Berghaus

CHARAKTER, GEFAHREN Die großzügige, an landschaftlicher Schönheit schwer zu übertreffende, stille Kammwanderung erfordert trotz Lift-Hilfe bis Markbachjoch 3.00-4.00 h Gehzeit, meist aber mehr. Die Tour kann auch im Hochwinter Dezember/Januar durchgeführt werden, da aber mit erhöhter Vorsicht wegen stellenweiser Lawinengefahr. Wer hochalpin keine Erfahrung besitzt, darf die Tour höchstens ab März bei ganz sicheren Verhältnissen unternehmen. Die Abfahrt ist sehr schön, doch nichts für tiefschnee-ungewohnte mittelmäßige Läufer. – Wie unsere Luftaufnahme von Nordwest schon deutlich anzeigt, ist der direkte Aufstieg ab Auffach der Überschreitung vom Markbachjoch her durchaus gleichwertig. Im Gegenteil: das Unternehmen wird intimer, es ist von der ersten Minute an einsam. Aufstiegszeit 3.30-4.15 h!

KARTE FB-Karte, Blatt 38, Kitzbüheler Alpen, 1 : 100 000

BENACHBARTE SKITOUREN Siehe Tour 73 (Großer Galtenberg); Lodron, 1927 m, ab Kelchsau; Feldalpenhorn aus der Kelchsau und Abfahrt dorthin: lang, aber still und ungewöhnlich schön! Dazu alle Alpacher Skitouren: Schatzberg, Lempersberg und Wiedersberger Horn (hier Lifthilfe!)

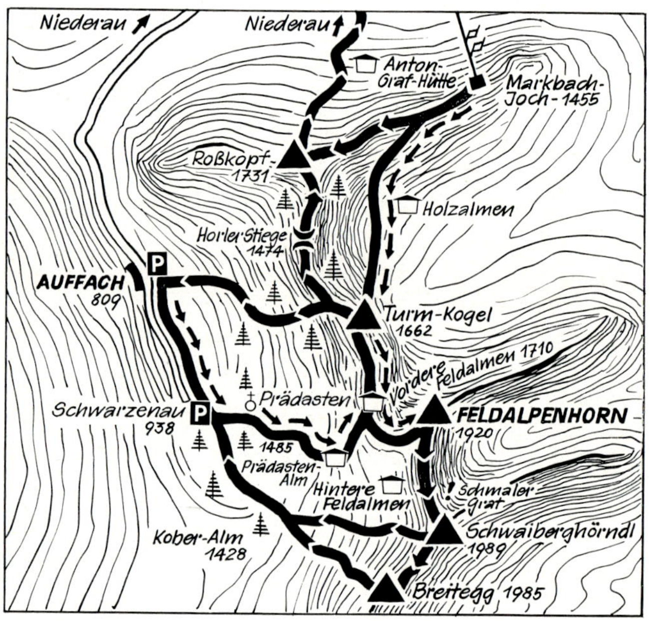

Diese stille Skiwanderung ist durch die Straßen in die Wildschönau und den Lift aufs Markbachjoch unter die Sonntagsziele der Münchner Skibergsteiger eingegangen. Sie wird dennoch relativ selten unternommen und von Piste ist hinterm Markbachjoch nirgends mehr die Rede. Man wandert zwischen Markbachjoch und Feldalpenhorn wie auf einem hohen weißen Aussichtsbalkon überm Kitzbüheler Skigemugel und dem Eis der Tauern. Eine Besonderheit dieser Tour (wie auch anderer Kitzbüheler Touren) sind die abgelegenen Berghöfe, die jenseits von Zeit und Lärm wie jenseits von Gut und Böse hoch oben an den Hängen stehen ... Vom Markbachjoch aus bleibt man zunächst unterhalb, und zwar östlich unterhalb des Bergkammes Roßkopf–Brentenjoch. Erst bei den Holzalmen steigt man nach 50minütiger, ebener Querung zur Horler Stiege, 1482 m, auf und bleibt nun am Kamme, zunächst bis zum nahen Turmkogel, 1663 m (insgesamt bis hierher 1.40 h). Nach dem Turmkogel kommt man zur ersten Gratunterbrechung, bei der Vorsicht geboten ist. Man ist hier, wiewohl immer noch im Bereich der Waldgrenze, einige Male gezwungen, südwärts geneigten und zuweilen lawinösen Muldenflanken auszuweichen, muß also den Grat da und dort verlassen. Kurze Unterholzpassagen dieser Wildlandschaft dürfen einen nicht verdrießen, bald ist man vor der baumfreien Nordwestflanke des Feldalpenhorns und sieht die Feldalmen rechts unter sich (Bild). Es ist wichtig, daß man am Grat bleibt und zwar möglichst bis zum Gipfelkreuz des Feldalpenhorns, 1926 m (insgesamt bis hierher 3.00–4.00 h). Wer will, kann gleich ab hier über die Feldalmen, 1719 m, nach Auffach abfahren, klüger ist es, direkt nach Westen in die Idealhänge zur Prädastenalpe, 1479 m (Wasser!), zu schwingen, unterhalb in eine trichterförmige Waldlichtung und, rechts nach dem Gatter abbiegend, durch Wald und Wiesenbreiten, unterm weltentlegenen Prädastenhof vorbei und vor die Höfe der Schwarzenau abzufahren. Wer viel »Schmalz« in den Beinen hat, traversiert vom Feldalpenhorn zum nahen Gipfel des Schwaiberger Hörndl, 1900 m, und fährt – einen Grad steiler, zwei Grade rassiger – über die Kober-Alm in den Auffacher Talgrund.

Das Feldalpenhorn (links) und die Feldalmen (darunter) über dem Tal von Auffach in der Wildschönau. Rechts anschließend das skimäßig interessante Schwaiberger Hörndl, von dem man nach rechts unten über die Koberalm nach Auffach abfährt. Der ganze Aufstieg ab Auffach ist gut einzusehen.

Schwarzkogel und Tanzkogel

Schönstes Kitzbüheler Skigebiet: überm Spertental

TALORT Kirchberg in Tirol, 838 m (15 Autominuten von Kitzbühel, Eisenbahnstation!) – Aschau, 1000 m, im Spertental (Bus)

STÜTZPUNKT Oberland-Hütte DAV, 1020 m, bei Aschau im Spertental (Bus von Kirchberg. Zufahrt mit Kraftfahrzeug möglich). Evtl. mehrere Wirte und Bauernhäuser in Aschau

CHARAKTER, GEFAHREN Zwei für die Kitzbüheler Skialpen sehr typische Skitouren ohne besondere Schwierigkeiten. Viele schöne Steilhänge (keine Südlage), deshalb die übliche Vorsicht nach starken Neuschneefällen oder bei plötzlicher Erwärmung. Die Gipfelgrate sind teilweise überwächtet, deshalb ist hier eine gewisse Vorsicht geboten. Höhendifferenz Gipfel – Oberland-Hütte ca. 1000 Meter. Aufstiegszeit 3.00 h zum Schwarzkogel, 4.00 h zum Tanzkogel

KARTE FB-Karte, Blatt 38, Kitzbüheler Alpen

BENACHBARTE Skitouren Oberland-Hütte – Floch; Oberland-Hütte – Geigenscharte-Frühmesser; Brechhorn – Gerstingerjoch usw.

BILD Blick aus dem Flugzeug (von Westen anfliegend) auf den mächtigen Nordwestrücken des Schwarzkogels, 2030 Meter, über dem Spertental bei Kitzbühel. Am Kamm Kleinmoos- und (unten rechts am Bildrand) Klammalm. Über diesen Rücken führen Aufstieg und Abfahrt. Im Hintergrund die Glocknergruppe. Der Tanzkogel ist hier unsichtbar

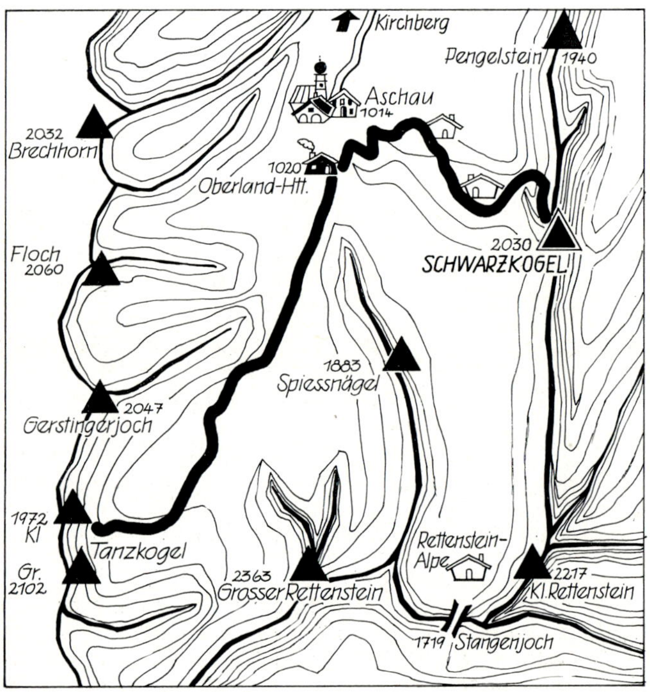

Vier, fünf, sechs Skitouren gleicher Art könnte man nennen, die von der Oberland-Hütte im Spertental aus zu unternehmen sind: eine schöner als die andere – der Schwarzkogel, dann der Tanzkogel, der Floch, Rettenstein und Laubkogel, Gerstingerjoch. Überall steigt man gute 1000 Höhenmeter auf, um sie über wellige, steile, fast durchwegs waldfreie Almböden abzufahren. Es gibt kaum schwierige Waldpassagen, keine engen Schneisen, alles spielt sich in freien runden Böden, Kämmen und Mulden ab, deren einzige »Schikanen« da und dort Gräben und Furchen sind. Hier muß der Skibergsteiger-Verstand helfen. Der Schwarzkogel von der Oberland-Hütte (sehr gut bewirtschaftet, unmittelbar neben dem stillen schönen Skidorf Aschau) ist für den bergerfahrenen Skiläufer leicht, dazu markiert, also gut zu finden. Es geht erst über Steilhänge östlich im Zickzack empor, bis man, mehrere Durchlässe an Almgattern und kleinen Waldstücken passierend, die Gauxeralm, 1351 m, erreicht hat. Sie steht auf einem Rücken, dessen freien Kamm man, beidseits von Wald begleitet, über eine Kuppe verfolgt, hinter der die Klammalm, 1508 m, liegt. Es folgen mehrere Hangstufen hinauf zur Kleinmoosalm. 1623 m, wo man scharf nach Norden abbiegt, um in großer Schleife nach links und um den Leckstein herum auf diesen Vorgipfel (1833 m) selbst zu gelangen. Von hier flach und wenig anstrengend ostwärts in die Scharte am Sockel des Schwarzkogels, dann südwärts auf dem Grat (zuweilen wegen der Wächten ein kurzes Stück zu Fuß!) zum Gipfel ... Man kann den Schwarzkogel natürlich auch vom Kitzbüheler Skizirkus her erreichen, auch in relativ abseitiger Spur: man flüchtet am Steinberg-Kogel aus der Maschinerie des Lifte-Systems und wandert entschlossen rein südwärts den wundervollen freien Kamm hinaus über den Pengelstein und weiter bis zum Schwarzkogel. Die Abfahrt vom Pengelstein ins Spertental ist Piste, die vom Schwarzkogel nicht, man kann also ganz nach Verhältnissen wählen. Ganz besonders empfohlen sei hier auch die in jedem Falle abseitige Tour auf den 2102 m hohen Tanzkogel über Lab-Alm und Stokker-Alm: ein Skispaziergang in unerhörter Stille, mit einer sehr schönen, leichten 1000-m-Abfahrt.

Nachsöllberg – Fleiding – Brechhorn

Große Kitzbüheler Kammwanderung

TALORT Westendorf (Brixental), 785 m (50 Autominuten von Wörgl, 40 von Kitzbühel)

STÜTZPUNKT Nicht nötig. – Eventuell Brechhorn-Haus (privat), 1700 m; Kobinger-Hütte am Harlosanger, 1532 m; Unterkunftshaus Alpenrose (Bergstation, 1534 m, bis hierher Lift von Westendorf)

CHARAKTER, GEFAHREN Dies ist ein zeitweilig recht hochalpiner, nicht ganz harmloser Übergang von Gipfel zu Gipfel bei insgesamt 4.30-5.00 h Gehzeit (ab Bergstation Alpenrose!). Gefahren an verwächteten und abgewehten Graten am Nachsöllberg, Fleiding; Lawinengefahr (bei schlechten Verhältnissen) bei der Umfahrung des Fleiding

KARTE FB-Karte, Blatt 38, Kitzbüheler Alpen, 1 : 100 000

BENACHBARTE SKITOUREN Gleichgeartete Kammwanderung Steinberg – Pengelstein – Schwarzenkogel – Spertental (Oberland-Hütte); Spertental – Schöntaljoch – Großer Rettenstein/Südsockel – Laubkogel; Tanzkogel – Gerstingerjoch – Spertental

BILD Blick von Norden (aus dem Flugzeug) auf das Brechhorn, 2032 m, einen der schönsten Kitzbüheler Skigipfel. Im Vordergrund die Wiedenfeldalm unterm Gampenkogel; darüber rechts (tiefer liegend) das Brechhornhaus. Unser Aufstieg zieht vom Brechhornhaus immer rechts der Schatten schräg nach links oben zum Brechhorngrat

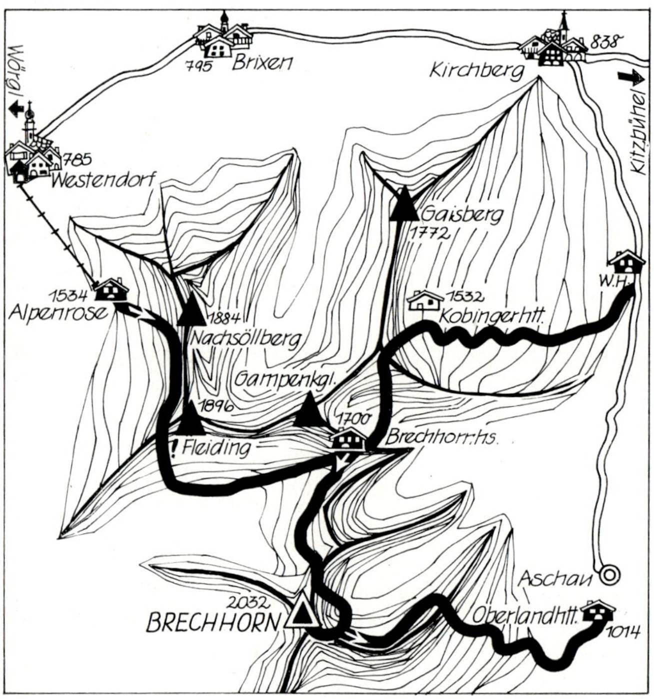

Kein zünftiger Skifahrer des liftlosen Zeitalters zwischen München, Kitzbühel und Innsbruck, der diese schöne stille Kammwanderung mit der großen Schluß-Abfahrt ins Spertental hinab nicht irgendwann einmal gemacht hätte! Diese Tour wurde geradezu zur »Hoch«-Schule des Skibergsteigens, denn auf ihr erlernt man, wie man Lawinenhängen ausweicht, wie schmale, verwächtete oder abgewehte Grate genommen werden, wie man kraftsparend Spuren anlegt, und, endlich, wie man eine gar nicht leichte, steile, zügige Tiefschnee-Abfahrt genußreich bewältigt. Ausgangspunkt ist heutigentags natürlich die Bergstation des Alpenrose-Liftes über Westendorf, 1534 m. Von dort steil und zügig die schönen Westhänge zur Korkapelle, 1774 m, hinauf, dann auf oder westlich unterhalb des schmalen Grates südlich weiter und von Süden her auf den ersten Gipfel des Tages, den bewaldeten Nachsöllberg, 1884 m. Den zweiten Gipfel, den Steilkegel des Fleiding, 1896 m, erreicht man über einen oft verwächteten, oft auch abgewehten Gratkamm, von dem man später in die Westflanke und Südflanke ausweicht, um den Gipfel von Südost her zu nehmen. Bei der Abfahrt zu dem südostwärts unterm Gampenkogel gelegenen Brechhornhaus, 1700 m, fahre man keinesfalls in den Ost- oder Südhang: es kommt nur die sehr schöne Südostabfahrt in Frage. Der Aufstieg zum schönsten Gipfel des Tages, zum Brechhorn, 2032 m, verläuft meist unterhalb der Kammschneide, die kleinen Gipfel von Kreuzjoch und Schledererkopf werden in anregendem Auf und Ab westlich umgangen, an der Feldbergalm unterm steilen Nordabfall des Brechhorns biegt man östlich ab, um durch die schöne große Gipfelmulde den Ostgrat und über ihn den Gipfel zu erreichen. Hier hat man guten Grund zu einer großen Rast: alle Aufstiegsplage liegt hinter einem, und vor einem liegt nur noch die große Abfahrt. Die ist nicht leicht, für den modern fahrenden Skiläufer aber auch nicht sehr schwer. Wichtig ist, daß man bei der Abfahrt über Ostgrat-Durachköpfl zur Durachhochalm und Durachgrundalm immer die herrschenden Schneeverhältnisse berücksichtigt; bei Firn kann hier nichts passieren, nach starken Neuschneefällen ist Vorsicht am Platze.

Zweitausender und Bärnbadkogel

Skibummel und Kitzbüheler Traumabfahrt

TALORT Kitzbühel, 763 m. Wirtshaus Paß Thurn, 1273 m

STÜTZPUNKT Nicht nötig. Wer mehr Touren in diesem Gebiet macht, bleibe im kleinen Wirtshaus Jochberg-Wald an der Straße zum Paß Thurn, 1063 m. – Trattenbachalm, 1628 m (meist bewirtschaftet)

CHARAKTER, GEFAHREN Diese Rundtour um den Rettenbachgraben ist eine nur wenig anstrengende, nichtsdestoweniger bis Bärnbadkogel-Gipfel (bei Benützung des Skiliftes zur Resterhöhe) 4.00 bis 4.30 h in Anspruch nehmende, nie schwere Tour. Orientierungssinn bei der großartigen Abfahrt zum Gasthaus Alte Wacht nötig! Keine Gefahren, außer bei der »Parsenn«-Abfahrt vom Zweitausender, falls man bei unsicherem Schnee zu sehr abschneidet. – Bei Nebel oder unsicherem Wetter kann man diese Tour keinesfalls durchführen!

KARTE FB-Karte, Blatt 38, Kitzbüheler Alpen

BENACHBARTE SKITOUREN Kuhkaser, 2057 m; Gamshag, 2178 m, Großer Schütz; Hechenmoos – Kelchalpe – Saalkogel. Alle drei Touren nur bei ganz sicheren Schneeverhältnissen! Nie nach Neuschneefällen!

HINWEIS Der hier hoch gepriesene Aussichtskamm Resterhöhe, 1894 m – P. 1941 – Latschingkogel, 1975 – P. 1989 m – Zweitausender, 2006 m – ist volle 5 Kilometer lang, und es geht immer flach auf und ab. Nur die Resterhöhe kann man unterlaufend abschneiden!

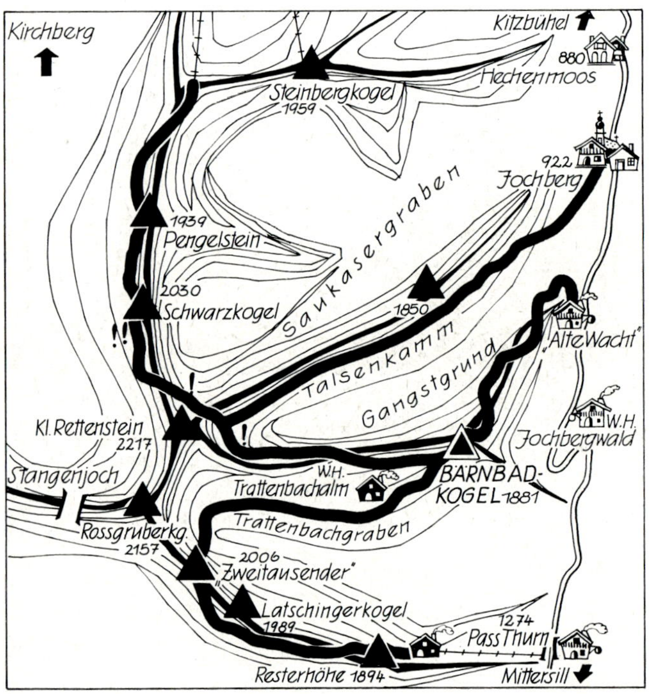

Wer sich heiß gelaufen hat im großen Kitzbüheler Skizirkus, der fahre schleunigst zum nahen Paß Thurn hinauf und mache diese Tour: er wird es nicht bereuen, wenn er sechs Stunden später unten im kleinen Wirtshaus »Alte Wacht« sitzt, stillvergnügt seinen Roten trinkt und tiefberuhigt an weitere solcher »Seitensprünge« denkt. Natürlich benützt man vom Paß Thurn weg den kleinen Skilift zur halben Resterhöhe hinauf, von 1273 auf etwa 1700 m Höhe, schnallt dort seine Felle an und steigt gemütlich zum Gipfel auf 1896 m. Hier, lange vor der ersten Abfahrt, beginnt bereits das Hauptvergnügen: denn man bummelt auf einem Riesenalmengrat gemütlich auf und ab, während Herz und Auge die Parade der im Gletschereis schimmernden Hohen Tauern abnehmen, des Groß- und Kleinvenediger, der Dreiherrnspitze, des Stubacher Sonnblick, der Glocknergruppe. Diese Eisriesen stehen, und dies verdoppelt das optische Vergnügen, hoch über dem tief unter uns eingeschnittenen Boden des Pinzgaues. Auf diese reizende Weise, natürlich immer alleingehend, ist man nach zwei Stunden an dem 2006 m hohen »Zweitausender«, gegenüber von Großem Rettenstein und Roßgruber, wo man Rast macht. Es folgt die erste Abfahrt, bei der man hundert Meter den runden Gipfelkamm südlich zurückfährt, dann südwestlich in eine wunderschöne Mulde einfährt und aus ihr – den Gipfel solchermaßen umrundend – nach Norden und Nordosten abbiegt, in eine regelrechte »Parsenn«-Abfahrt, die hinab in den Bachgraben unter der Trattenbach-Alm leitet. Ein kurzer Aufstieg führt zu dieser zweiten, übrigens immer noch recht zünftigen Rast, bevor man seine kleine Stunde zum Gipfel des Bärnbadkogel, 1882 m, hinaufbummelt. Was folgt, ist eine überaus typische Kitzbüheler Almenabfahrt, dabei doch ungewöhnlich lang bei doch nur 900 Höhenmetern: es beginnt mit einem runden Kamm, den man zuerst rechts, dann links abfährt, und an dem man im wesentlichen bleibt. Wenn man die Hauptrichtung beibehält, den Wald stets links, landet man, entweder rechts über die Ellmauer Wirtsalpe fahrend, oder weiter links eine Waldzone durchbrechend, immer dicht beim reizenden kleinen Gasthaus »Alte Wacht« (Bus-Station).

Blick von Nordosten auf den vor dem Rossgruber endenden Talsenkamm über Jochberg (links unten). Rechts oben der Große Rettenstein, im linken oberen Bildteil der Bärnbadkogel mit der Abfahrtsflanke zur »Alten Wacht«. Rechts davon der von uns zuerst bestiegene »Zweitausender«, 2006 m. Von Jochberg über die Wagstättalm auf den Talsenkamm zieht ein moderner Skilift.

Die Sticklbergabfahrt

Steilste Kitzbüheler Skiabfahrt

TALORT Kitzbühel, 760 m

AUFFAHRT Kitzbühel-Hahnenkamm, 1600 m, dann Abfahrt zum Steinbergkogel-Lift, Auffahrt auf 1930 m am Nordostkamm des Steinbergkogel. Hier Start zur selten befahrenen Sticklbergabfahrt!

CHARAKTER, GEFAHREN Die Sticklbergabfahrt ist berüchtigt unter »Fortgeschrittenen«, denn sie ist wirklich nur für äußerst standfeste Fahrer da: sie gilt als steilste Skiabfahrt rings um Kitzbühel, noch der Schlußhang kann einen, der zögert, mit einem kläglichen Abrutscher hereinlegen. Kaum Lawinengefahr bei gesetztem Schnee! Nach dem Start am teilweise scharfen Nordostrücken Vorsicht! Evtl. wie bei der Blaufeldabfahrt den ersten Teil des Sporns rechts, östlich umfahren! Höhenunterschied dieser typischen Tiefschneeabfahrt 1100 Meter!

KARTE Rother-Skiführer mit Karte, 1 : 50000, Kitzbüheler Alpen

BILD Die berüchtigt steile Sticklbergabfahrt vom Steinbergkogel ins Kitzbüheler Tal bei Malern. Rechts oben der Steinbergkogel, 1971 m, nahe der Bildmitte dessen Ostsporngipfel, Punkt 1930 m, an dem der Lift endet (und an dem auch Blaufeld- und Gigglingabfahrt beginnen!). Man fährt leicht links der Bildmitte senkrecht von oben nach unten ab; links liegt die Birchneralm (am Kamm) darüber die Obere Blaufeldalm. Dem unteren Hang mit dem schönen Durchlaß von oben links folgen (im Bild nicht mehr sichtbar) noch einige weitaus steilere Hänge: der letzte ist dann der steilste . . .

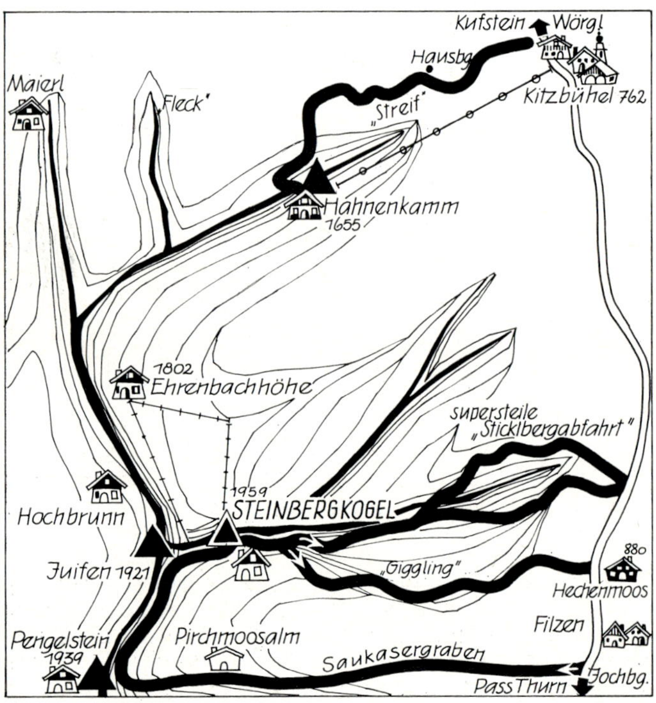

Der Pistenkessel zwischen Steinbergkogel und Kitzbühel ist im März immer mehr überhitzt und dem Explodieren nahe. Dennoch scheren nur ganz wenige Skiläufer aus, verzichten auf überfüllte Pisten und Warteschlangen in der Steinberggrube, und fahren die abseitigen Tiefschneepisten ab – ja Tiefschneepisten, das Wort stimmt, denn keine dieser Abfahrten ist ausgefahren. Einst galten Giggling, Blaufeld- und, mit etwas Abstand, Sticklbergabfahrt als die wahren Trümpfe des Kitzbüheler Skigenusses. Heute ist man auf diesen Abfahrten so gut wie allein; ich bin sie alle immer wieder mit Kindern gefahren, und nicht nur nach Neuschnee, wir blieben fast stets allein und waren nicht vergrämt darüber, daß wir unten in Hechenmoos, Unter-Aurach oder am Stockerdörfl den Bus zur Hahnenkammbahn nehmen mußten. Die Sticklbergabfahrt vergißt niemand in unserer Familie, wir kennen sie seit Jahrzehnten; und weil es die Wahrheit will, sei auch gestanden, daß wir beim ersten Mal mit ganz schön dummen Gesichtern im letzten Steilhang standen . . . aber das ist lange her, und später gab es keinen Schock mehr, sondern nur noch Erstaunen über die Tatsache, allein zu sein. Denn für standfeste Abfahrer ist diese Steilabfahrt eben doch eine Delikatesse, und viele der Pistenfahrer vom Steinbergzirkus hätten ihre volle Freude an dem Spektakel am Sticklberg, wenn sie nur eine Ahnung davon hätten, oder sich losreißen könnten vom Lifte-Pisten-Spiel . . . Der Verlauf: Vom Start weg am Nordostkamm hinab zur Oberen Blaufeldalm, also von 1930 bis 1692 m, hier nicht rechts ab; man bleibt am Kamm, sticht bei den ersten Fichtenkulissen steil links hinab zur Birchneralm, 1400 m (im Bild links vorne), dann durch den steilen Durchschluf nochmals links und gleich wieder rechts vor die Leitneralm, 1200 m; endlich kurz durch Laubholzgassen, dann frei und steil – noch volle 300 m auf steilsten Grashängen zum ersten Bauern im Tal. – Ab hier 10 Minuten zum Bus nach Kitzbühel. Die in unserer Skizze angedeutete Gigglingabfahrt nach Hechenmoos wird auf Ost- und Südosthängen passiert, hat nur eine kurze Walddurchfahrt, sonst freie Hänge. Sie ist gegen die Sticklbergabfahrt eine Familien-Abfahrt.

Zum Großen Schütz

Von Hechenmoos über den Nordwestkamm

TALORTE Hechenmoos bei Kitzbühel, 880 m. – Jochberg, 922 m

STÜTZPUNKT Keiner. Diese Tour wird als Tagestour gemacht. – Wenn der Gamshag über das Tor einbezogen wird, ein teilweise lawinöser Übergang zum Großen Schütz, dann Berghaus Kelchalm, 1460 m, als Stützpunkt (priv., 2.30 h ab Hechenmoos)

CHARAKTER, GEFAHREN Der Große Schütz, 2069 m hoch, verlangt auf allen zu ihm führenden Wegen den bedächtigen, mit der Lawinengefahr vertrauten Skibergsteiger. Der einfachste, hier beschriebene Weg von Hechenmoos direkt zum Großen Schütz ist auch nur bei sicherem Wetter, nach kalter Nacht, bei sehr frühzeitigem Aufbruch und bei sicherem Schnee möglich – also wiederum nicht nach starken Neuschneefällen, nicht bei Warmlufteinbrüchen usw. Die Abfahrt von gut 1100 m ist für gute Läufer ein Hochgenuß!

BENACHBARTE TOUREN Gamshag, 2178 m über das Tor, 2.30 h ab Kelchalm, – Bärnbadkogel, 1881 m, über Trattenbachalm ab Wirt Jochbergwald, 3.00 h, – Saalkogel, 2007 m, ab Kelchalm 2.15 h, – Laubkogel, 1760 m, von Oberaurach 3.00 h

KARTE Skikarte Kitzbüheler Alpen (mit Text) 1 : 50 000 (Rother)

BILD Luftaufnahme von Norden – von links oben: Gamshag, 2178 m, Kleiner Schütz, 2079 m, Großer Schütz, 2069 m. Von letzterem zieht immer dicht unterm Nordwestkamm unsere Abfahrt nach Hechenmoos. Im Vordergrund die Obere Talalm; links unterm Gamshag am Bildrand das Tor, über das man den Gamshag ab Kelchalm erreichen kann. Übergang Großer Schütz – Gamshag meist sehr gefährlich!

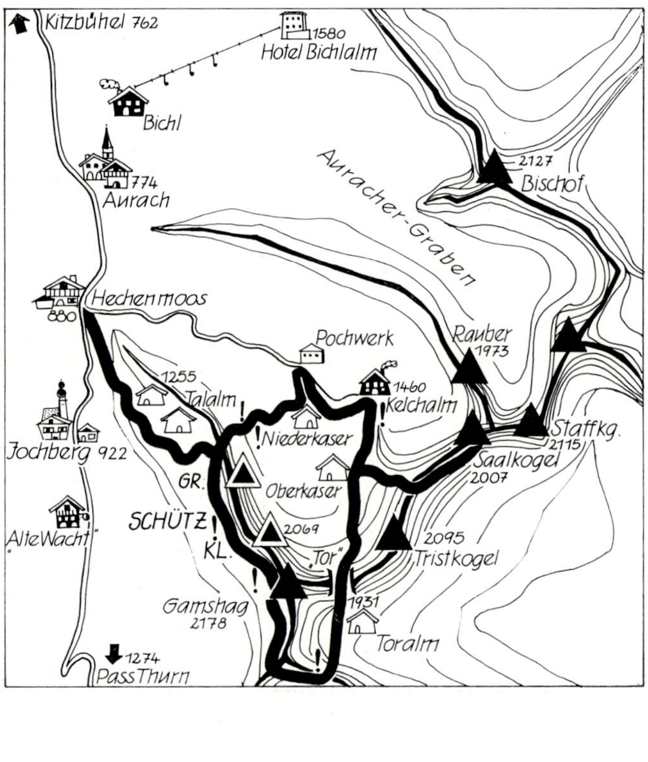

Wer von Kitzbühel aus südwärts blickt, oder im Wagen zum Paß Thurn steuert, der schaut – wenn er ein richtiger Bergsteiger ist – stets entzückt auf den mächtigen Skikamm, der von Hechenmoos über den Großen und Kleinen Schütz zum Gamshag ansteigt. Dieser Kamm wirkt so einladend auf den Skibergsteiger, er verspricht soviel stille Sonntagsfreude abseits der Pisten – daß man ihn einmal gemacht haben muß. Die erste Bedingung: nicht im Hochwinter, nicht nach Neuschneefällen stärkeren Maßes, nicht bei Lawinenwetter! Es gibt drei interessante Wege: 1. den einfachen Weg über 1250 Höhenmeter bei 4.00 h Aufstiegszeit ab Dorf Hechenmoos (also am Abfahrtskamm!) über Hof Schlichter zur Berghütte, dann zweimal die Waldviertel rechts umgehend, an der Oberen Talalm vorbei (Bild) zum Kamm und auf ihm, das letzte Stück rechts am Hang umgehend zum Gipfel: ein schneller direkter Anstieg ohne unmittelbare Gefahr; – 2. ein relativ schneller Weg über dieselbe Distanz und bei etwa gleicher Zeit führt ab Hechenmoos durch den Wiesenegg-Graben bis zum Niederkaser (also am Weg zur Kelchalm), von der Niederkaser-Alm aber scharf rechts zu unserem Kamm hinauf, zuletzt etwas steil; – 3. dieser dritte Weg verlangt die Übernachtung auf der Kelchalm, und den Übergang von dort (1432 m) über Oberkaser und Saalkogel zum Tor, 1931 m, eine kurze Abfahrt nach Süden, dann über den Südgrat zum Gamshag (steil, teilweise lawinös!); von dort meist unterhalb des teils felsigen Grates zum Kleinen und Großen Schütz (nur für gute Skibergsteiger mit hochalpiner Erfahrung!). Zeit Kelchalm–Gamshag–Großer Schütz etwa 4.30 h. – Im späteren Frühjahr, wenn die südseitigen Felsen zwischen Tor und Gamshag aper sind, läßt sich schon bald hinter dem Tor nach rechts oben, die Skier tragend, zum Gamshag ansteigen. – Die Abfahrt vom Großen Schütz, die man schon von Kitzbühel aus studieren kann, immer am freien Kamm dahin nordwestwärts, dann durch die ersten lichten Fichten, dann zwischen den Waldvierteln hindurch, endlich auf immer steileren Bauernwiesen nach Hechenmoos hinab – das ist im Firn eines späten Märzentages ein nicht zu unterschätzendes, sehr ergiebiges Skivergnügen.

Vom Seespitzl zur Kühlen Rast

Schönstes Gerloser Skiabenteuer

TALORT Zell am Ziller, 575 m (Zillertal)

STÜTZPUNKT Gerlosstein-Hütte, 1650 m (Kabinenbahn ab Hainzenberg, 944 m)

CHARAKTER UND GEFAHREN Diese schönste gletscherfreie Gerloser Skitour darf nur bei sicheren und sichtigen Verhältnissen gemacht werden! Die Aufstiegsstrecke zwischen Hainjöchl und Torhelm-Gratübergang ist an zwei Stellen lawinengefährlich, dies aber nur nach viel Neuschnee oder bei Warmwetter. Es ist wichtig, eine vernünftige Spur zu legen. Den Anstieg von der Bergstation der Kabinenbahn bis zum Hainjöchl erleichtert zur Hälfte ein Skilift!

KARTE FB-Karte, Blatt 15, Zillertaler Alpen, 1 : 100 000

BILD Blick aus dem Flugzeug auf die komplette Abfahrt vom Seespitzl (rechts oben hinter dem weißen Torhelm verborgen) bis herab zur Gerlospaßstraße an der »Kühlen Rast« (guter Wirt). Ganz oben der wuchtige Brandberger Kolm mit 2701 m Höhe. Unter ihm der herrliche freie Abfahrtsrücken und die steilen Hänge über die Weißbachalm ins Tal

HINWEIS für Supermänner auf Skiern: Im linken oberen Bildteil sieht man die feine steile Hochsteinfläche mit Äußerem Falk, 2669 m (Bildmitte) und P. 2769 m ganz links. Dort hinauf steigt man im April und Mai ab Schwarzachalmen, 1373 m (mit Kfz möglich von »Kühler Rast«) etwa 4.00 h. Die reine Nordabfahrt kann, je nach Firnqualität, sehr genußreich sein!

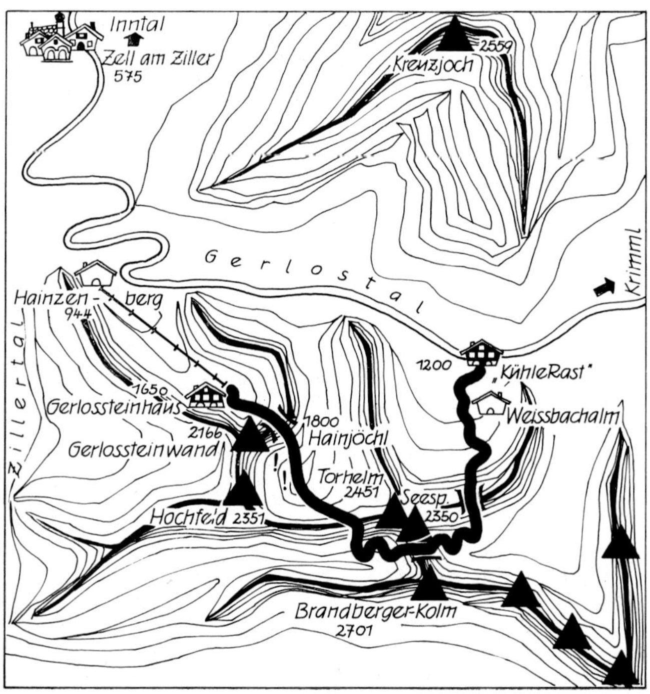

Wer die alte Bergstraße aus dem Zillertal nach Gerlos fährt, gewahrt bald nach dem Start in Zell am Ziller, im 944 m hochgelegenen Hainzenberg, die Kabinen einer Bergbahn. Sie führt auf den Gerlosstein, genauer: unter die steile felsige Gerlossteinwand, und endet in 1650 m Höhe. Dort gilt es, mit einigen Skiliften als weiterer Aufstiegshilfe, eine sehr schöne schnelle Piste hinab zur Talstation und direkt in den Boden des Zillertales abzuwetzen – dort beginnt aber auch die reizvollste Skitour mit der schönsten Skiabfahrt, die ich im Gerloser Revier je gemacht habe. Man steigt demnach von der Bergstation zum nahen Hainjöchl auf, von wo aus man die nun zu querenden Riesenmulden hinüber zum Torhelm vor sich sieht. Man quert sie in einem rechts ausholenden großen Bogen, wobei man zwei Lawinenhänge recht vorsichtig anschneiden sollte. Zuletzt geht es am Westgrat des Torhelm elegant hinauf, bis man in die südseitige Riesenmulde zwischen Torhelm und mächtigem Brandberger-Kolm sieht. Man steigt 15 m in diese Mulde ab und quert dann östlich in die linke der beiden, vom Seespitzl-Gipfel getrennten Scharten hinauf (3.00–3.30 h ab Gerlosstein-Bergstation). In wenigen Minuten ist man auf dem Kalkriff des Brandberger Seespitzl, 2350 m, um dort, rittlings sitzend, ungeduldig auf die Abfahrt zu warten. Denn diese ist jenseits mit ihrer ersten, verführerisch gewölbten Idealmulde bereits zu sehen. Was nun folgt, ist lauterer Skigenuß: eine Riesenmulde nach der anderen, durch breitgewölbte Kuppen verbunden, dann ein mächtiger Riesenhang zur verfallenden Schäferhütte hinab, und wieder Idealhang an Idealhang, und außer einer 30-Meter-Walddurchfahrt kein einziger Baum, und ein nicht endenwollender Schlußhang zuletzt hinab zum kleinen, sauberen Gasthaus »Kühle Rast« an der Gerlosstraße. Man hat eine rein nordseitige Abfahrt passiert, hat mit wackelnden Knien gerastet und kehrt nun mit brennender Kehle in eine allergemütlichste Wirtschaft ein: hier schmeckt auch dem überzeugtesten Anti-Alkoholiker das Bier, und ich kenne einen, der hat sich dort gleich drei Biere auf den Ahorntisch stellen lassen. Unser Flugfoto beweist, daß auch ein viertes Bier hätte fällig werden können.

Gerlosplatte und Wildkarspitze

Hoher Lohn für Aufstiegsplage

TALORT Zell am Ziller, 575 m; Krimml im Pinzgau, 1060 m

STÜTZPUNKT Sporthotel Gerlosplatte, 1695 m; Berghaus Filzstein, 1643 m (beide privat, beide über den Gerlospaß zu erreichen. Straße geräumt)

CHARAKTER UND GEFAHREN Die Tour ist hochalpin, lang, nicht schwierig, wenn man sie bei guten Verhältnissen unternimmt. Möglichst erst ab 1. März! Meist begnügt man sich mit dem Erreichen der östlichen Gratscharte. – Gefährlich ist stets das Passieren einer typischen Lawinenrinne unterhalb des Steinkarkopfes, kurz bevor man im sicheren Kar ist: im Bild rechts genau sichtbar

KARTE AV-Karte, Blatt 35/3, Zillertaler Alpen, östl. Teil, 1 : 25 000

BENACHBARTE SKITOUREN Sie sind zahlreich und fast alle »abseits der Piste« – Königsleiten/Falschriedl; Isskogel-Gerlos

BILD Das Luftbild zeigt die ganze Skitour – vorne das Sporthotel Gerlosplatte, links oben den Plattenkogel, in Bildmitte oben die Wildkarspitze mit dem großen Kar. Der schönste Weg ohne Skier zum Gipfel der Wildkarspitze führt über den gut sichtbaren Nordwestgrat (Klettergrat aus festen Urgesteinsblöcken, Grad II) aus der auffallenden weißen Firnscharte rechts oben unterm Gipfel. Aufstieg und Abfahrt finden also ganz und gar im rechten Bildteil statt. Von der Baumgrenze ganz rechts am Bildrand, wo das eigentliche Wildkar beginnt, geht es diagonal nach links oben (immer am Kar-Ostrand) und erst am Gletscher nach rechts zur Scharte oder gerade zum Ostgrat hinauf

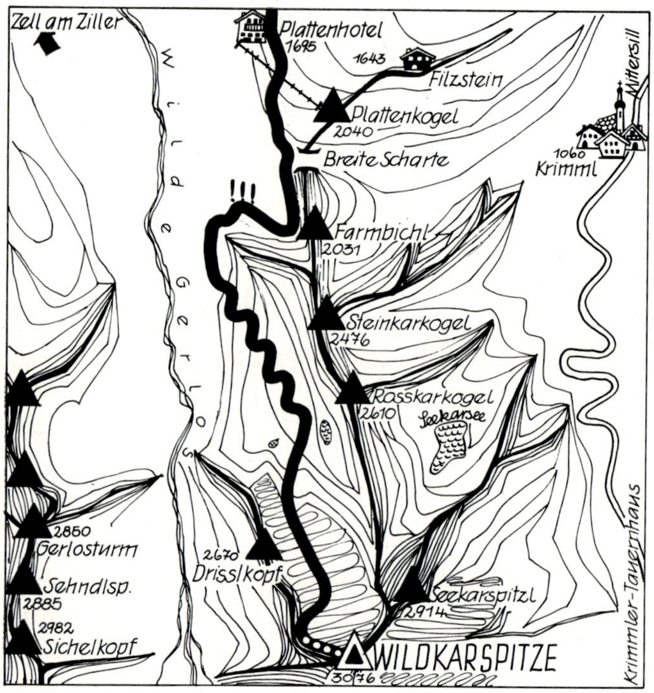

Noch ist das Gerlostal wenig erschlossen, und oberhalb des Skidorfes Gerlos waltet eindringliche Einsamkeit. Das Sporthotel Gerlosplatte, liebenswert und angenehm in seiner altmodischen (preiswerten) Allüre, wird sich freilich seiner Gäste bald nicht mehr erwehren können, denn von Krimml her wurde die neue Gerlosstraße gebaut. Heute fährt man von München über Achensee – Zell am Ziller – Gerlos nur zweieinhalb Stunden bis zum Gerlospaß ... Trotzdem sollte die Wildkarspitze noch lange Zeit »abseits der Piste« bleiben, denn ihre Besteigung ist eine durchaus ernste Skitour: übrigens eine der schönsten, die ich kenne. Man geht vom Sporthotel erst westlich, dann südlich, immer leicht ansteigend, um den Plattenkogel herum, bis man am Farmbichl, 2031 m, an den jähen Felsaufschwung des Steinkarkogel, 2476 m, stößt. Hier kommt man nach einer mäßigen Abfahrt westlich im Gehänge unterm Schneggenkar an die einzige heikle Stelle der Tour, an der Vorsicht geboten ist: man sieht deutlich genug eine Lawinenrinne vom Steinkarkogel herabstreifen – den Auslauf dieser Rinne gilt es aufmerksam und rasch zugleich zu passieren, es sind nur knapp 60 Gefahrenmeter. Hinterher geht es fast eben, aber etwas vertrackt in lichtem Waldgehänge ins riesige Wildkar, die Baumgrenze bleibt zurück und es beginnt ein weitmaschiges Spurenlegen. Man strebt bald den östlichen Teil des oben flacher werdenden Kares an, quert dann unterm Gipfelstock den winzigen Gletscher nach rechts hinüber, läßt am Felsgrat die Skier und ersteigt den blockigen Nordwestgrat – wenn er ausgeapert ist, ein reizendes Vergnügen für klettergewohnte trittsichere Bergsteiger. Am Hauptgipfel in 3076 m Höhe (nach 5–6 h ab Plattenkogel) hat man Reichenspitze und Gabler dicht gegenüber. – Abfahrt am Aufstiegswege, keinesfalls in die Wilde Gerlos abfahren! Einige wichtige Hinweise: Der Plattenkogel wird mit dem Skilift erreicht – aber dieser Lift verkehrt erst ab 8.30 h. Wenn der Nordwestgrat nicht abgeweht, d. h. aper ist, kommt als Skidepot nur der Sattel östlich unterm Gipfelstock in Frage: ab hier mit Stockhilfe ziemlich exponiert durch die Nordwandterrassen und oben einen Firnkamin zum Gipfel. Hochalpin!

Um die Rotwand herum

Stammplätze für Münchner Skibergsteiger

TALORTE Schliersee und Neuhaus, 780 m. – Spitzingsee (Straße und Bus), 1050 m. – Evtl. Geitau, 800 m, für den stillsten und längsten Aufstieg

STÜTZPUNKT Rotwandhaus, DAV, 1735 m, durchgehend bewirtschaftet. – Evtl. Taubensteinhaus, 1570 m

CHARAKTER, GEFAHREN Die Rotwand ist ein »vielfältiger« Vorberg mit einer vollkommen einsamen, für Skizwecke kaum brauchbaren Südflanke. Nach allen drei anderen Richtungen ziehen Kämme ab, zwischen denen feine, teils steile Skimulden liegen, etwa Groß- und Kleintiefenthal. Die Umfahrung ab und bis Spitzingsee mit Gipfel kostet 5.00-6.00 h und bringt 1300 m Höhendifferenz ein! Bei zwei kurzen Gegenansteigen. Die Umfahrung ab Taubenstein - Lempersberg - Kirchstein - Rotwand - Miesingsattel - Taubenstein kostet nur knapp 4.00 h und bringt (mit Gipfel, 1885 m) ebenfalls fast 1200 Abfahrtsmeter ein. Viele versteckte Varianten möglich am Miesinggipfel, Auerspitze, Kirchstein und im Krottental

HINWEIS Das Rotwandgebiet ist im »Alpenplan« als stille Zone ausgewiesen. Sie kann nie mit Bahnen verbaut werden. Bahnen hat der Spitzingkessel genug. Jeder Skibergsteiger kämpfe mit gegen die Bayrischzeller Geschäftemacher! Es dürfen nicht zehn Leute verdienen, wenn Zehntausende Bergsteiger dabei um ihr Recht auf Stille gebracht werden!

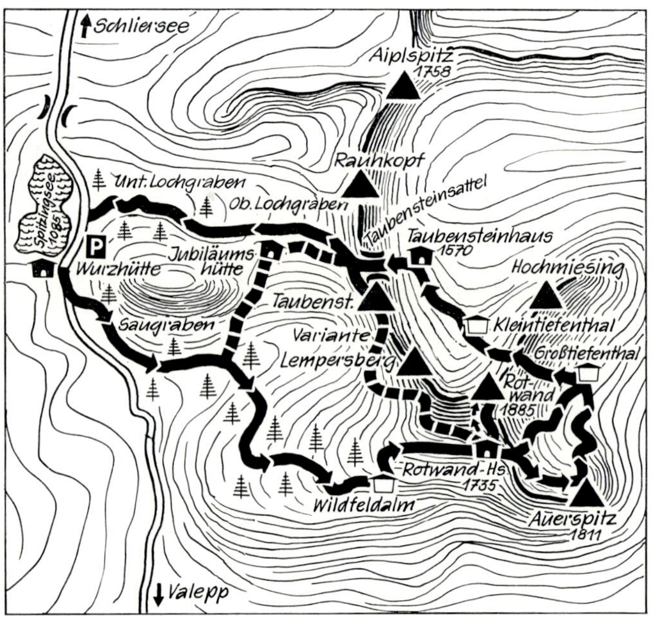

Weil aus Menschen Massen geworden sind, haben die Münchner Abgaskonsumenten ihre U-Bahn bekommen und die Münchner Pistenfahrer ihren Spitzing-Skizirkus mit Bahnen und Liften bis nah – bis ganz nah an den Kern der Rotwandgruppe heran. Rings um den Spitzingsee laufen die Bahnen und Lifte nach allen Seiten bergan und ziehen mit großer Zuverlässigkeit jene riesigen Sonntagsmassen an, die der auf Einsamkeit versessene Skibergsteiger nicht sehen mag. Jedem das Seine! ... Der Kern der Rotwand wurde gegen böse und peinlich durchsichtige Attacken zweier (zugereister) Bayrischzeller Dorffürsten verteidigt: also sind die kostbaren Idyllen um Ruchenköpfe und Auerspitze, um die Rotwand selber bis zum Kirchstein und Lempersberg genau so in fester Hand wie Groß- und Kleintiefental. Das glangt schon! Denn auf dem alten Rotwandweg sind wir beinahe allein, weil 2.30 h von der Wurzhütte zum Rotwandhaus die wepsigen Pistenfahrer abschrecken. Wir steigen auch vom Rotwandweg links den Telegrafenhang hinauf und sind ab Unterer Wallenburger Alm allein, und auf der Oberen schauen wir weit hinaus auf Guffert, Rofan, Karwendel und Hauptkamm. Unser Flugbild läßt uns die sonnige Hälfte unserer Umwanderung des Rotwandstockes gut einsehen: genau über der Bildmitte steht nun die Bergstation der neuen Taubensteinbahn, dort hauen wir ab nach rechts (falls wir nicht den Rotwandweg aufwärts steigen), passieren den überhängenden Taubenstein, schwindeln uns auf das Sonnenfeld des Lempersberges hinüber, queren ihn, kommen hinauf zum Kirchstein und fahren drüben zum Rotwandhaus ab ... Eine Stund' später, nach der Passage von Auerspitz und Großtiefental, erscheinen wir am Miesingsattel wieder (links unterm Rotwandgipfel) und fahren ins Kleintiefental ab, zielen wieder zum Pistenbahnhof Taubenstein ... Nicht hier, aber überall vorher finden wir stille Sonnenplatzerl, zumal in der Südflanke, überall dort finden wir unmittelbaren Anschluß an jene große weite Welt, die nicht nach Abgasen oder Lanvin Scandale duftet. – Natürlich ist die klassische Rotwandumfahrung noch möglich, uneingeschränkt ist man relativ allein, wenn man die Tour »abseits der Pisten« bis zurück zum Spitzingsee macht.

Blick aus dem Flugzeug – von Norden – in das Kerngebiet der Rotwandgruppe über Schliersee und Spitzingsee. In Bildmitte oben der Rotwandhauptgipfel mit seinen Nebenzacken, ganz rechts als letzter der kleine Kirchstein. Ihm links vorgelagert der gleißende Firnhang des Lempersberges, der auf unseren Umwanderungen nie verpaßt werden soll. An ihm und unter ihm die Wallenburger Almen. Links unterm Rotwandgipfel der Miesingsattel, über den die Ruchenköpfe frech herüberlugen. Unterm Miesingsattel der Taubensteinsattel, dem man jetzt eine Bahn aufgepfropft hat. Ganz links der Rauhkopf, Wedelberg vieler junger Münchner Rennläufer. Unsere Umwanderung berührt alle hier genannten Punkte, und nur am Taubensteinsattel rennt man mit Pistenmenschen zusammen.

Im Schinderkar

Märzentour für pistenmüde Münchner

TALORT Schliersee, 790 m; Spitzingsee, 1085 m; Rottach-Egern, 725 m; Moni-Alm, 984 m; ab Mitte März kann man gegen Gebühr meist bis vor das Valepper Forsthaus mit dem Kraftfahrzeug fahren!

AUFSTIEG Zwanzig Minuten westlich des Zusammenflusses von Roter und Weißer Valepp zweigt der Weg ins Schinderkar ab (Schild). Das Kar ist im Hochwinter lawinengefährdet, man soll auch ab Februar Vorsicht walten lassen! Man lege die Spur stets links, also gegen die Felssockel des Österreichischen Schinder – nie in die stärker besonnte westliche Karseite! – Das Skidepot ist auf alle Fälle im oder dicht unterm Schindertor; von dort zu Fuß in der steilen Südflanke auf den Östlichen = Österreichischen Schinder!

ABFAHRT wie Aufstieg

STÜTZPUNKT Keiner! Als Rastort nach der Tour ist das gutbewirtschaftete (aber leider nicht immer geöffnete) Valepper Forsthaus zu empfehlen

KARTE FB-Karte, Blatt 31, Schlierseer Berge und Rofan

BENACHBARTE TOUREN Nur Rotwand ab Spitzingsee im Aufstieg, Abfahrt über Miesingsattel und Kleintiefental, den Krottentaler Bach hinaus nach Geitau, – oder Kleintiefental, Taubensteinsattel, Oberer und Unterer Lochgraben

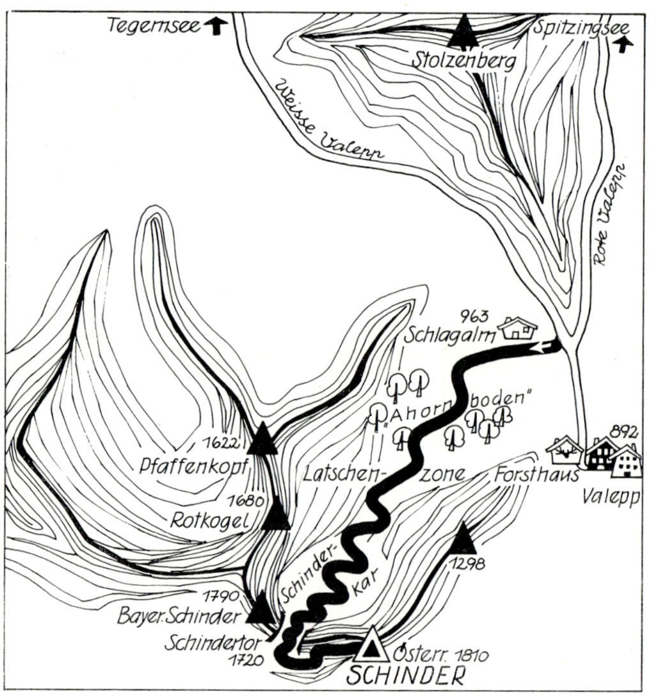

Natürlich ist diese Tour ein echter kleiner »Schinder«, solange man die weite Riesenwanne hinaufspurt gegen das »Schindertor«, die scharf eingerissene Scharte im langen felsigen Gipfelkamm des Österreichischen (1810 m) und des Bayerischen (1790 m) Schinder. Aber dann sieht man sich doch immer näherkommen an die enge steile Schartenschlucht, über der die Märzensonne verheißungsvoll schäumt und blendet. Der letzte Schritt auf die Scharte ist jedes Mal ein kleines Abenteuer, wenn man mit wildklopfendem Herzen in den besonnten Süden schaut, auf den nahen Felsstock des Guffert, auf die Gipfelkette des Rofan, hinüber ins hochgetürmte Karwendel: alles winterlich verlassenes Ödland, glanzvoll in der Märzensonne ruhend. Von der Scharte steigt man links durch steile, meist apere oder firnbedeckte Latschenrinnen hinauf zum österreichischen Gipfel (20 Minuten), wo man – kaum acht Kilometer vom lärmvollen Spitzingtreiben entfernt – in lautlosem Schweigen rastet ... Die Abfahrt beginnt mit einem verwegenen Start aus der Scharte in die enge, extrem steile Schlucht, die sich aber bald verbreitert, so daß man ausschwingen und endlich, je nach Gabe, wedeln oder segeln kann, erst über die weiten Felder des Kares, dann, in der Latschenzone, durch das »Kanonenrohr«, und schließlich auf Almwiesen zu dem kleinen, von alten Ahornen bestandenen Boden vor dem Ziehweg. Auch hier, beim Rückblick ins Schinderkar, kein Laut – und zwanzig Minuten weiter an der sonnigen Schlagalm rastet man wiederum in Stifterschem Waldschweigen. Von hier ist man in dreißig Minuten am alten Valepper Forsthaus, wo man gerne nach guten Gründen sucht, um den Tiroler Roten zu probieren. Einer dieser Gründe will, daß man noch eineinhalb Stunden die Valepper Forststraße hinaufwandern muß zum Spitzingsee (wo der Wagen bzw. Bus steht) – oder aber über den Wechsel zur Moni-Alm (wohin man ebenfalls mit dem Wagen über Enterrottach fahren kann). – Für den Aufstieg von der Valepper Forststraße, in der Nähe des Forsthauses, wo Weiße und Rote Valepp zusammenkommen, bis zum Schindertor muß man gute 3.00 bis 3.30 h rechnen. Ab Schindertor steigt man zu Fuß auf den Gipfel!

Das Schinderkar an der bayrisch-tiroler Grenze von Norden. In der Mitte das »Schindertor«, dicht darüber der Guffert. Ganz links am Bildrand das Rofangebirge, rechts die große Karwendelkette. Über dem Kar links der Österreichische Schinder, 1810 m, rechts der Bayerische Schinder, 1790 m. Als Skigipfel ist nur der Österreichische Schinder zugänglich, das Skidepot befindet sich im Schindertor. Aufstieg durch die Südflanke.

Der Großvenediger von Norden

Gletscher und Lawinengruben

TALORT Rosental im Pinzgau, 880 m (Lokalbahn ab Zell am See). Beste Zufahrt von Norden über Kitzbühel – Paß Thurn, oder Achensee – Gerlospaß – Krimml!

AUFSTIEG Durch das Obersulzbachtal, bis Kürsinger-Hütte, 2547 m, 5.30-6.30 h, ab Hütte bis Venedigerscharte 3.00-3.30 h

ABFAHRT Normalerweise am Aufstiegsweg durchs Obersulzbachtal. Erst im Spätwinter und bei ganz sicheren Schneeverhältnissen – Ende März bis Mitte Mai – auch durch das Untersulzbachtal. Hochalpine Erfahrung und Orientierungsvermögen unerläßlich!

STÜTZPUNKTE Berndlalm, 1524 m, Postalm, 1699 m, Kürsinger-Hütte AV, 2547 m (alle zwischen Ostern und Pfingsten meist bewirtschaftet; Zeit 4.30 bzw. 6.30 h!). Kein Stützpunkt im Untersulzbachtal!

KARTE AV-Karte, Blatt 36, Venedigergruppe, mit Skirouten, 1:25000

BILD Der Großvenediger mit der spaltenreichen Venedigerscharte und dem Kleinvenediger, von Norden gesehen. Knapp links überm Kleinvenediger das Rainerhorn. Rechts oben nah am Bildrand das felsige Schwarze Hendl, 3099 m, hinter ihm (hier unsichtbar) das Zwischensulzbachtörl, über das man von der Kürsinger Hütte her kommt. Über der genauen Bildmitte die im Spätfrühjahr mögliche Abfahrt (zwischen Felssockel und Spaltenzone) zum riesigen Untersulzbachkees, das wir am Rücken nach rechts unten verfolgen

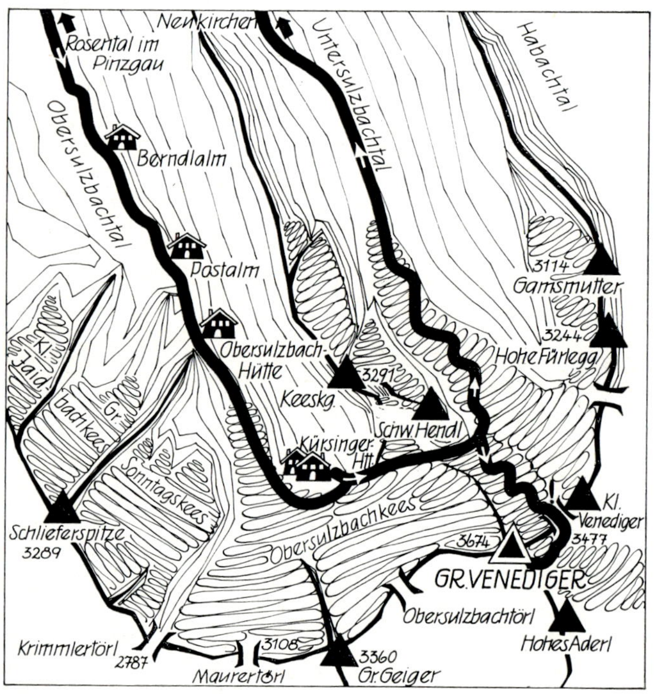

Der klassische Ski-Weg auf den Großvenediger führt durch das Obersulzbachtal, und Berndlalm, Postalm und Kürsinger-Hütte heißen hier die Stationen. Durch »Türkische Zeltstadt« und Obersulzbachtal fährt man auch ab – nur muß man hier, etwa Anfang Mai, seine Skier ein Stück hinaus in den Pinzgau tragen. Man kann sich dieses Skitragen zu einem Gutteil sparen, wenn man durch das Untersulzbachtal abfährt, dessen oberen Teil unser Bild zeigt. Rechts unterm Gipfel des Großvenedigers erkennt man den Felskopf des »Schwarzen Hendl«, 3099 m; unter dessen felsigem Südostsporn fährt man – von der Kürsinger-Hütte oder von der Venedigerscharte kommend – steil auf das breite Untersulzbachkees hinab, schwingt und schießt bis zum nächsten Steilabbruch unterhalb der Gletscherzunge, und gewinnt so, je nach Verhältnissen mehr oder weniger behutsam, den mächtigen Lawinenfriedhof, den das schmale, weglose, V-förmige Untersulzbachtal bis weit hinaus nach Norden darstellt. Im Mai, wenn man drüben im Obersulzbachtal längst tragen muß, tummelt man sich hier im garantiert menschenleeren Untersulzbachtal auf teils firnigen, teils sulzigen Lawinenresten und schwindelt sich dergestalt lustig in den jungen Blumenfrühling hinaus. Der beginnt selten an der meist im Schnee vergrabenen alten Ascham-Alm, 1595 m, oft reicht die Lawinenschnee-Reserve bis zur Abichl-Alm, 1355 m, oder bis zur Stocker-Alm, 1250 m (alles verschlossen und unbewirtschaftet). – Es versteht sich, daß man diese wahrhaft abseitige Ski-Abfahrt nur antritt, wenn es die Verhältnisse gestatten: wenn alle Lawinen abgefahren sind, wenn das Wetter zuverlässig ist. Nach dem Gletscherzungen-Ende halte man sich an die orografisch linke (westliche) Talseite, bis man den Talboden erreicht hat. – Für die Besteigung des Großvenediger, 3674 m, die man über die Kürsinger-Hütte durchführt, empfiehlt es sich, vor und bei Erreichen der Venedigerscharte die dort lauernden Querspalten zu respektieren. Bei der Abfahrt ins Untersulzbachtal hält man sich ab Venedigerscharte an die Spur zur Kürsinger-Hütte bis vor das Zwischensulzbachtörl. Hier dicht neben dem Bruch östlich zum Untersulzbachkees (genau in Bildmitte).

Die Schlieferspitze

Von der Kürsinger-Hütte über das Sonntagskees

TALORT Rosental im Pinzgau, 880 m (vor Krimml). Lokalbahn ab Zell am See. Mit Kfz über Gerlospaß oder Paß Thurn zu erreichen

STÜTZPUNKT Kürsinger-Hütte, 2547 m, ÖAV (zur Frühjahrstourenzeit bewirtschaftet). Aufstieg ab Neukirchen/Rosental 6.00-7.00 h durch das Obersulzbachtal. Nach 3.30 h kommt die Berndlalm, 1500 m (Berggasthaus), nach 4.30 h die Postalm, 1699 m (Berggasthaus). Die letzteren im Frühjahr manchmal bewirtschaftet

CHARAKTER, GEFAHREN Die hochalpine Skitour verlangt ab Kürsinger-Hütte bei rund 1000 m Aufstieg (Abfahrt Hütte–Obersulzbachkees bzw. vergrößerten Anstieg eingerechnet) gute 3.30-4.30 h **Aufstiegsplage**. Die Tour ist NUR bei bester Sicht und NUR bei ganz sicheren Schneeverhältnissen möglich

KARTE AV-Karte, 1 : 25 000, Venedigergruppe, MIT Skirouten

BENACHBARTE SKITOUREN Siehe Tour 84 und 85 dieses Buches. Dazu kommen Keeskogel, 3291 m, einfach ab Kürsinger-Hütte; und für sehr erfahrene Skibergsteiger auch der Große Geiger, 3360 m, alle Touren ab Kürsinger-Hütte

BILD Flugzeugaufnahme von Norden gegen Großen Geiger (links oben, darunter links das Obersulzbachtörl), Maurerkeesköpfe und Schlieferspitze (rechts oben am Bildrand). Links der Schlieferspitze im Hintergrund die Dreiherrnspitze, 3499 m. Links im Bild unten das obere Obersulzbachtal und die Zunge des Obersulzbachkeeses (einst ein großartiger Gletscherbruch, die »Türkische Zeltstadt«)

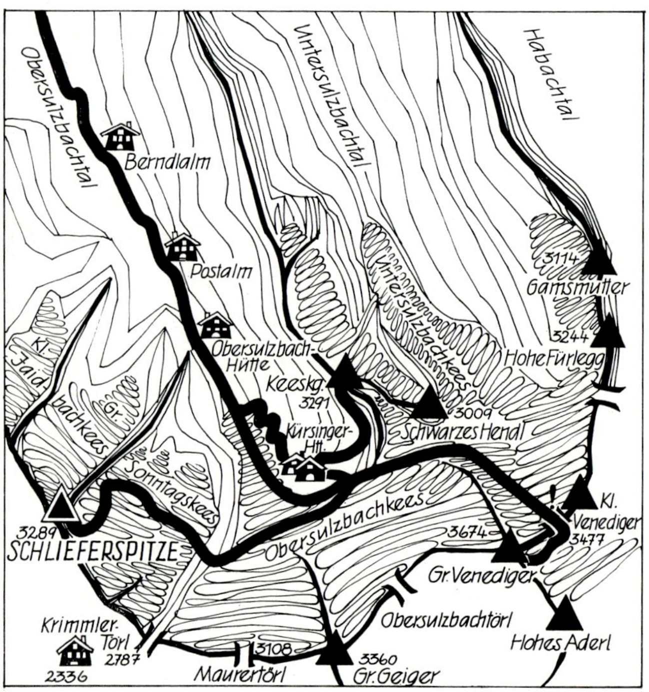

Die Kürsinger-Hütte unterm Großvenediger war um die Frühjahrstourenzeit, vor allem zu Ostern, schon immer gut besucht – meist sogar überfüllt. Die leicht erreichbaren 3674 m Gipfelhöhe des Großvenediger faszinieren jeden Skibergsteiger, auch die relativ kurze Anstiegszeit von nur 3.00–4.00 h ab Hütte ... Die Schlieferspitze liegt zwischen Obersulzbachtal und Krimmler Tal, sie ist mit scharfen Urgesteinsgraten ausgestattet, erlaubt aber am Sonntagskees den Anstieg bis nahe an die Gipfelfelsen. Anstieg und Abstieg vollziehen sich auf zwei Gletschern, dem unteren Obersulzbachkees und dem oberen Sonntagskees, die beide nahe Punkt 2806 der AV-Karte (im Luftbild gut sichtbar und zwar genau unter dem hellbesonnten runden Maurertörl) durch eine steile Firnrinne verbunden sind. Man erreicht diese Stelle, indem man von der Kürsinger-Hütte direkt südlich, oder in einem Bogen gegen Osten, zum Obersulzbachkees abfährt und auf dem flachen Gletscher, den Zungenarm der einstigen »Türkischen Zeltstadt« rechts liegen lassend, gegen Westen quert: dabei gehe man nach links einen leichten Bogen aus, um nicht an Höhe zu verlieren. Nach dem ersten Steilaufschwung bei P. 2564 m nach rechts oben hat man den schmalen Durchlaß zum oben liegenden Sonntagskees dicht vor sich. Oben ist man zumeist allein, zieht seine Spur, immer links haltend, zwischen den Felsköpfen von P. 3028 m und P. 2751 m hindurch, bleibt gleich hinterher wieder scharf links, um einer steilen Spaltenzone auszuweichen: dann zieht sich die flacher gewordene Spur in die Länge, bis man dicht vor dem Gipfel an die Felsen des Südostgrates gerät. Dort errichte man das Skidepot und steige mit den Stöcken vorsichtig zum Gipfel auf. Die Umschau ist bei Gutwetter so schön, daß man lange sitzen bleiben wird: das klassische Venedigerbild, Großer Geiger, Dreiherrnspitze ... Die Abfahrtsmeter bis zur »Türkischen Zeltstadt« betragen nur 800, aber bis zum Oberen Keesboden sind es bereits 1200, bis zur Berndlalm 1700 ... Man muß halt Glück haben mit dem Schnee. – Übrigens macht man die Schlieferspitze als letzte Tour, also nach dem Venediger, damit man nicht mehr bis zur Kürsinger-Hütte aufsteigen muß.

Der Venediger von Süden und Osten

Hochtouren ab Prägraten und Innergschlöß

TALORTE Prägraten, 1312 m, und Hinterbichl, 1331 m, beide im Virgental (Bus ab Lienz–Matrei, ständig mit Kfz ; neuerdings durch den Felbertauerntunnel sehr schnell von Norden erreichbar). – Innergschlöß, 1725 m

STÜTZPUNKTE Es kommen nur die Winterräume (mit AV-Schlüssel) folgender, nicht immer leicht erreichbarer Hütten in Frage: Johannis-Hütte, 2121 m, DAV, im oberen Dorfertal, klein, gut 3.15 h ab Hinterbichl; Defreggerhaus, 2962 m, ÖTK, am Mullwitzaderl, gut 2.30 h ab Johannis-Hütte. – Ferner Neue Prager Hütte, 2796 m, DAV, nördlich über dem unteren Schlattenkees, sehr gute 5.30 h ab Matreier Tauernhaus, oder 4.30 h ab Innergschlöß

CHARAKTER, GEFAHREN Alle hier angeführten Skihochtouren sind ernst zu nehmen! Zunächst führen die Anstiege ab Defreggerhaus alle über Südflanken, die oft nur bei sehr früher Abfahrtsstunde gute Verhältnisse bieten. Der Anstieg ab Neuer Prager-Hütte zieht zwar über Osthänge, ist aber dennoch mit Vorsicht zu begehen. Bei Nebel oder Schlechtwettereinbruch ist sofortiger Abbruch der Tour geboten! Man gehe überhaupt nur bei sicherem Wetter und vor allem vor Tagesanbruch los, wie in den Westalpen. Alle diese wirklich abseitigen Touren sind ausschließlich Sache sehr erfahrener Hochalpinisten auf Skiern

KARTE AV-Karte, 1 : 25 000, Venedigergruppe. – Zur großen Übersicht auch die FB-Karte, Blatt 12, Glockner- und Venedigergruppe

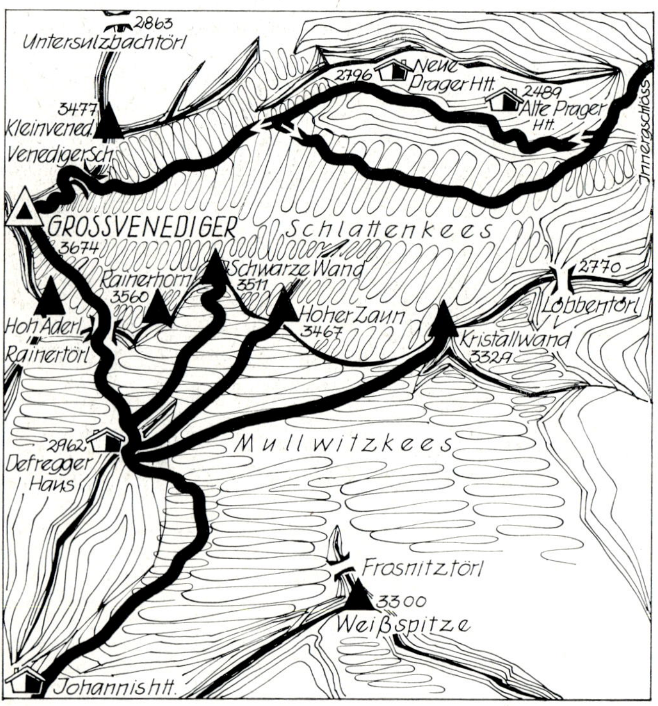

Der Großvenediger mit seinen gewaltigen Gletscherdecken muß keineswegs nur von Norden her über die Kürsinger-Hütte bestiegen werden. Man kann diese übliche Wallfahrt in größerer Gesellschaft durchaus vermeiden, wenn man ein guter, erfahrener, ausdauernder und harter Skibergsteiger ist. Zumal jetzt nach Eröffnung des Felbertauerntunnels: jetzt ist man via Kitzbühel oder Gerlospaß sehr rasch am Ost- und Südsockel dieses bildschönen Ostalpenriesen. Zum Beispiel in Innergschlöß hinterm Matreier Tauernhaus, um von dort aus – bestens ausgerüstet mit Biwaksack, Proviant, Kompaß und Harschteisen – südlich unterm Kesselkogelrücken hindurch das Schlattenkees und die Neue Prager-Hütte zu erreichen bzw. deren Winterraum: ein Anstieg von 1725 auf 2796 m = 4.00 h (bzw. 5.30 h ab Matreier Tauernhaus) – Gefahrenstelle: die (im Bild sichtbare) kurze Ostflanke des Kesselkogel bis zum Betreten des Gletschers. – Noch interessanter und weniger gefährdet: man fahre bis Prägraten-Hinterbichl im Virgental und steige von 1331 bis 2121 m zur Johannis-Hütte und weiter auf 2962 m zum Defreggerhaus empor = 6.00–8.00 h . . . je nach Verhältnissen im Dorfertal, nach denen man sich im Tal genau zu erkundigen hat. Ab Defreggerhaus sind alle Venedigertouren relativ kurz und ungefährlich, WENN man wie in den Westalpen lang vor Sonnenaufgang unterwegs ist und auf den Südflanken von Großvenediger, 3674 m, Rainerhorn, 3560 m, Hohem Zaun, 3467 m, oder Kristallwand, 3329 m, so frühzeitig abfährt, daß man die Minute des besten Firns erwischt. Die Aufstiegszeiten betragen durchschnittlich nur 2.15 bis 3.30 h. Alle diese Südtouren sind bei unsichtigem Wetter oder nach starken Neuschneefällen bzw. Lufterwärmung undiskutabel! – Vom Defreggerhaus aus sind auch interessante hochalpine Übergänge auf Skiern möglich: 1. Rainertörl–Venedigerscharte – Unter- oder Obersulzbachkees; 2. Rainerkees – Dorferkees – Obersulzbachtörl – Kürsinger-Hütte; oder 3. der größte: Rainertörl–Schlattenkees – Niederer Zaun – Viltragenkees – Matreier Tauernhaus. Diese Übergänge sind natürlich vorzuplanen, und es muß mehr noch als bei den Gipfeltouren auf Wetter und Schnee geachtet werden.

Der Großvenediger von Osten. In Bildmitte der Großvenediger, 3674 m, rechts daneben der Kleinvenediger, 3477 m. Unter beiden Gipfeln das große Schlattenkees. Links vom Großvenediger Rainerhorn (hinten) 3560 m, und die sich damit überschneidende Schwarze Wand, 3511 m. Daran links anschließend der Hohe Zaun, 3467 m. Rechts unterm Kleinvenediger, am rechten Bildrand entlang, fließt das Viltragenkees ab. Im Kesselkogelkamm zwischen Viltragen- und Schlattenkees, ganz oben links unterm Inneren Kesselkogel gut sichtbar die Neue Prager-Hütte, 2796 m. Der Aufstieg zu ihr (Winterraum) führt von der unteren Bildmitte ganz nach links (lawinengefährlich!) in die Südwestflanke des Kesselkogelkamms und über diese nach rechts ansteigend zum Hüttenplatz.

Die Schlieferspitze

Von der Kürsinger-Hütte über das Sonntagskees

TALORT Rosental im Pinzgau, 880 m (vor Krimml). Lokalbahn ab Zell am See. Mit Kfz über Gerlospaß oder Paß Thurn zu erreichen

STÜTZPUNKT Kürsinger-Hütte, 2547 m, ÖAV (zur Frühjahrstourenzeit bewirtschaftet). Aufstieg ab Neukirchen/Rosental 6.00-7.00 h durch das Obersulzbachtal. Nach 3.30 h kommt die Berndlalm, 1500 m (Berggasthaus), nach 4.30 h die Postalm, 1699 m (Berggasthaus). Die letzteren im Frühjahr manchmal bewirtschaftet

CHARAKTER, GEFAHREN Die hochalpine Skitour verlangt ab Kürsinger-Hütte bei rund 1000 m Aufstieg (Abfahrt Hütte–Obersulzbachkees bzw. vergrößerten Anstieg eingerechnet) gute 3.30-4.30 h Aufstiegsplage. Die Tour ist NUR bei bester Sicht und NUR bei ganz sicheren Schneeverhältnissen möglich

KARTE AV-Karte, 1 : 25 000, Venedigergruppe, MIT Skirouten

BENACHBARTE SKITOUREN Siehe Tour 84 und 85 dieses Buches. Dazu kommen Keeskogel, 3291 m, einfach ab Kürsinger-Hütte; und für sehr erfahrene Skibergsteiger auch der Große Geiger, 3360 m, alle Touren ab Kürsinger-Hütte

BILD Flugzeugaufnahme von Norden gegen Großen Geiger (links oben, darunter links das Obersulzbachtörl), Maurerkeesköpfe und Schlieferspitze (rechts oben am Bildrand). Links der Schlieferspitze im Hintergrund die Dreiherrnspitze, 3499 m. Links im Bild unten das obere Obersulzbachtal und die Zunge des Obersulzbachkeeses (einst ein großartiger Gletscherbruch, die »Türkische Zeltstadt«)

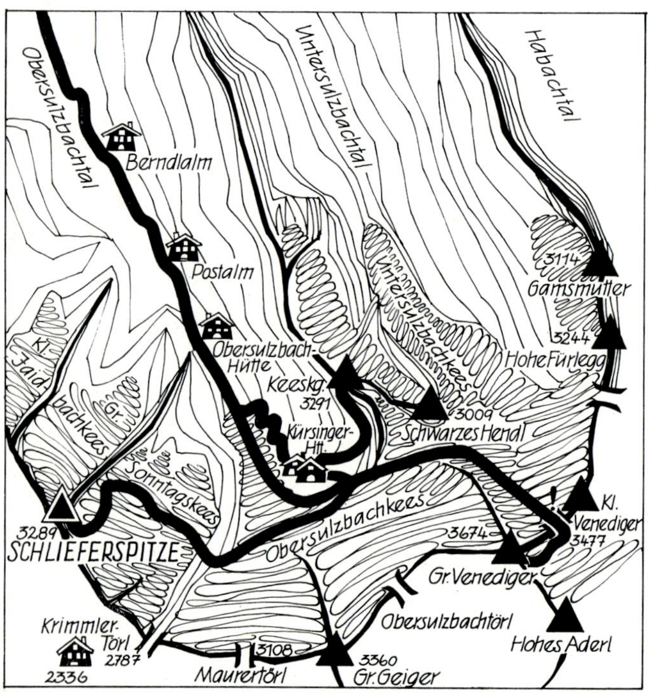

Die Kürsinger-Hütte unterm Großvenediger war um die Frühjahrstourenzeit, vor allem zu Ostern, schon immer gut besucht – meist sogar überfüllt. Die leicht erreichbaren 3674 m Gipfelhöhe des Großvenediger faszinieren jeden Skibergsteiger, auch die relativ kurze Anstiegszeit von nur 3.00–4.00 h ab Hütte . . . Die Schlieferspitze liegt zwischen Obersulzbachtal und Krimmler Tal, sie ist mit scharfen Urgesteinsgraten ausgestattet, erlaubt aber am Sonntagskees den Anstieg bis nahe an die Gipfelfelsen. Anstieg und Abstieg vollziehen sich auf zwei Gletschern, dem unteren Obersulzbachkees und dem oberen Sonntagskees, die beide nahe Punkt 2806 der AV-Karte (im Luftbild gut sichtbar und zwar genau unter dem hellbesonnten runden Maurertörl) durch eine steile Firnrinne verbunden sind. Man erreicht diese Stelle, indem man von der Kürsinger-Hütte direkt südlich, oder in einem Bogen gegen Osten, zum Obersulzbachkees abfährt und auf dem flachen Gletscher, den Zungenarm der einstigen »Türkischen Zeltstadt« rechts liegen lassend, gegen Westen quert: dabei gehe man nach links einen leichten Bogen aus, um nicht an Höhe zu verlieren. Nach dem ersten Steilaufschwung bei P. 2564 m nach rechts oben hat man den schmalen Durchlaß zum oben liegenden Sonntagskees dicht vor sich. Oben ist man zumeist allein, zieht seine Spur, immer links haltend, zwischen den Felsköpfen von P. 3028 m und P. 2751 m hindurch, bleibt gleich hinterher wieder scharf links, um einer steilen Spaltenzone auszuweichen: dann zieht sich die flacher gewordene Spur in die Länge, bis man dicht vor dem Gipfel an die Felsen des Südostgrates gerät. Dort errichte man das Skidepot und steige mit den Stöcken vorsichtig zum Gipfel auf. Die Umschau ist bei Gutwetter so schön, daß man lange sitzen bleiben wird: das klassische Venedigerbild, Großer Geiger, Dreiherrnspitze . . . Die Abfahrtsmeter bis zur »Türkischen Zeltstadt« betragen nur 800, aber bis zum Oberen Keesboden sind es bereits 1200, bis zur Berndlalm 1700 . . . Man muß halt Glück haben mit dem Schnee. – Übrigens macht man die Schlieferspitze als letzte Tour, also nach dem Venediger, damit man nicht mehr bis zur Kürsinger-Hütte aufsteigen muß.

Hocheiser und Weißsee

Vorwinterpisten und große Frühjahrstour

TALORTE Zell am See, 750 m, Uttendorf im Pinzgau, 780 m, Enzingerboden, 1480 m (18 km Bergstraße von Uttendorf, 38 km von Zell am See)

CHARAKTER Obere Hälfte hochalpin, aber bei guten Verhältnissen nicht schwierig. Untere Hälfte stellenweise steil, unter Umständen Piste. – Die leichteren Touren ab Rudolfshütte am Weißsee führen auf den Stubacher Sonnblick, 3088 m (2.30 h ab Hütte), und auf die ihm benachbarte Granatspitze, 3086 m. – In der Nähe der neuen Rudolfshütte kann man beinahe ganzjährig (Lift) Ski laufen; der Sonnblick ist von Dezember bis Mitte Juli ein Skigipfel

AUFSTIEGSDAUER 20 Minuten Seilbahnfahrt bis 2050 m Höhe, dann mit Fellen 4.00 h auf 3206 m Gipfelhöhe

UNTERKUNFT Rudolfshütte am Weißsee, 2300 m (ÖAV, bewirtschaftet, B und ML). Diese neu erbaute AV-Hütte hat Hotel-Charakter, sie bietet weit über 100 Gästen Platz

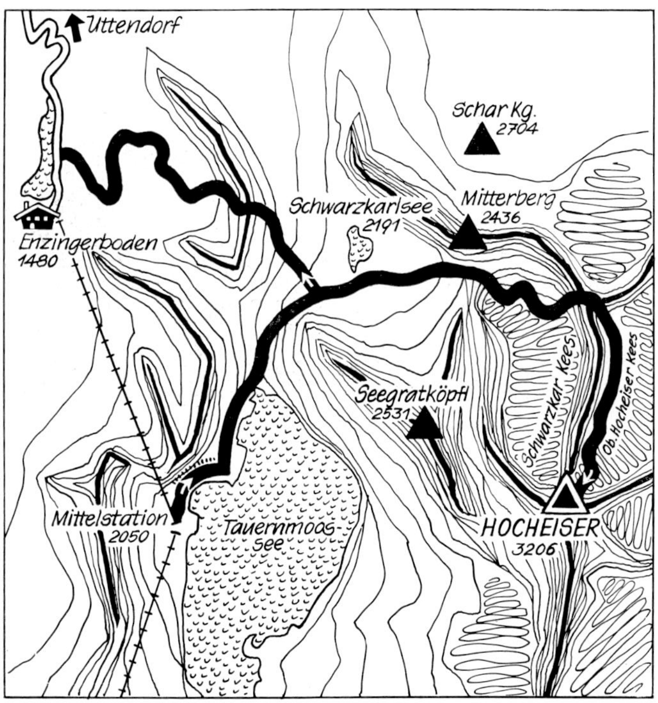

Großglockner und Wiesbachhorn, die Giganten der Glocknergruppe der Hohen Tauern, sind im Winter unzugängliche Eisburgen. Wenn die Großglocknerstraße endlich befahrbar und der Zugang zur Adlersruhe frei ist, dann ist es meist zu spät im Jahr . . . Also müssen wir uns in diesem Gebiet, was große und leicht erreichbare Skiabfahrten betrifft, an die liebe Nachbarschaft halten: an Kitzsteinhorn und Hocheiser. Der Hocheiser bietet eine bedeutende Abfahrtshöhe, eine Abfahrt, die jedem Geschmack gerecht wird, und last not least einen schnellen Zugang durch die Erbauung der Seilbahn zum Weißsee. Man benützt diese Seilbahn vom 1480 m hohen Enzingerboden aus (Auto und Bus ab Zell am See durch das großartige Stubachtal) bis zur Mittelstation steigt zur Staumauer des Tauernmoossees ab (die man abfahrend auch von der Bergstation und der Rudolfshütte her erreicht), überquert die Staumauer und steigt gegen das Schwarzkarlriedl an. Von hier aus rechts zu den teilweise steilen Hängen des Mitterberges in Richtung Punkt 2870, dann scharf rechts nach Süden über das schöne Obere Hocheiserkees zum langen breiten Gipfelkamm. Die Abfahrt auf der Anstiegsroute ist ideale Gletscherfahrt: hindernisfrei, schnell, bei wohltätigem Wechsel des Gefälles! Vom Tauernmoossee steigt man das kurze Stück zur Mittelstation und weiter zur ersten Stütze der talwärts führenden Seilbahn an. Dann geht es steil hinab zur Talstation, erst westlich der Trasse, dann östlich, zuweilen auf eingefahrener Piste . . . Eine andere sehr schöne Skiabfahrt führt vom Schwarzkarl, also vor Erreichen des Tauernmoossees, über die Roten Tröge unmittelbar nordwärts (sehr steil!) ins Tal hinunter. Es ist wahrscheinlich, daß diese zweite, sehr rassige Abfahrt in Bälde markiert wird; man spart dann das ebene Stück am Tauernmoossee und den Anstieg zur Mittelstation . . . Am Gipfel des Hocheisers steht man Großglockner und Wiesbachhorn sozusagen auf Atemnähe gegenüber. Da man sich am Hocheiser in ausgesprochen hochalpinem Gelände befindet und einen Gletscher überschreitet, sind komplette Ausrüstung mit Fellen, im Frühsommer evtl. mit Eispickel unerläßlich; auch sollte man die AV-Karte (1:25000) Nr. 40 mit sich führen.

Blick auf den Tauernmoossee (rechts) mit der Mittelstation der Weißsee-Seilbahn zur Rudolfshütte. Ganz links oben am Bildrand der Hocheiser, 3206 m, ihm rechts gegenüber die Schattenwand der Hohen Riffl, 3338 m, genau über ihr der Gipfel des Großglockner, 3798 m, der Glocknerwand, 3718 m, anschließend nach rechts Teufelskamp, 3564 m, und Rosmariswandkopf, 3511 m. Unsere Hocheisertour ist vom Tauernmoossee aus (nach links hinauf) gut zu verfolgen.

Die Großglockner-Umfahrung

Kleine Westalpentour im großen Ostalpeneis

TALORTE Zell am See, 758 m. – Kaprun, 786 m. – Ferleiten, 1151 m. Dazu je nach Öffnung der Hochalpenstraße: Heiligenblut, 1288 m, und Franz-Josephs-Höhe, 2418 m

STÜTZPUNKTE Oberwalderhütte, AV, 2973 m, am Großen Burgstall (zur Skitourenzeit teilgeöffnet für Nächtigung), 2.30 h ab Franz-Josephs-Höhe. – Adlersruhe (Erzherzog-Johann-Hütte), ÖAK, 3456 m (Winterraum)

CHARAKTER, GEFAHREN Die hier nur hochalpin perfekt geschulten Skibergsteigern empfohlene »Umrahmung« ist eines der großzügigsten Vorhaben in den Ostalpen, sie kann mit Westalpentouren verglichen werden. Die Tour – viel Aufstieg, wenig Abfahrten bis zur Schlußabfahrt am Hofmannkees – kann bei 8.00 bis 12.00 h Dauer, je nach Verhältnissen, nur im spätesten Frühjahr, am besten erst nach Öffnung der Glocknerstraße, und nur bei ganz sicheren Wetter- und Schneeverhältnissen durchgeführt werden. Die Eisverhältnisse in dem jetzt stark zerklüfteten Teufelskampkees sind eine akute Gefahr; selbst am ausapernden Hofmannskees können Eistürme von der Größe eines Einfamilienhauses plötzlich neben einem zusammenbrechen. Eine Notausweiche für sehr gute Hochalpinisten: man überschreite anstelle des Teufelskampkeeses die Schneewinkelscharte und den Romariswandkopf. – Aufbruch weit vor Tagesanbruch selbstverständlich, ebenso komplette hochalpine Ausrüstung, auch für Notbiwaks ausreichend

KARTE NUR AV-Karte, Blatt 40, Glocknergruppe, 1 : 25 000

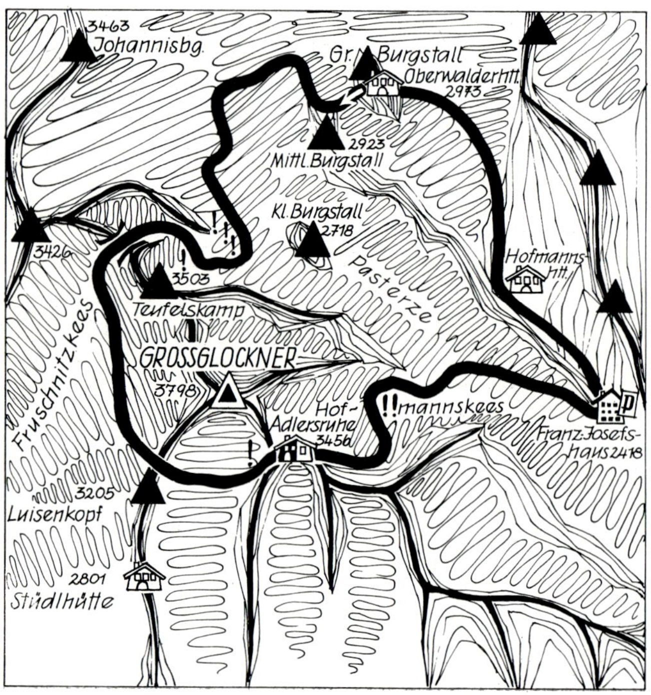

Ausgangspunkt für diese großzügige, nur bei sichersten Verhältnissen mögliche, nur für vielerfahrene, ausdauernde und bedächtige Skibergsteiger geeignete Riesentour ist die Oberwalderhütte am Großen Burgstall, – von der Franz-Josephs-Höhe aus in 2.00–2.30 h gut zu erreichen. In der ersten Morgenfrühe zieht man in etwa gleichbleibender Höhe einen riesigen Rundbogen auf dem Oberen Pasterzenboden, dergestalt, daß man in etwa Hüttenhöhe den Zugang zum Teufelskampkees erreicht. Dieses steile Gletscherfeld, mehr eine Eisrampe zwischen eisüberladenen Felsrampen, steigt von Ost nach West an, genau von 2900 auf etwa 3420 m Höhe, und wird von einigen, oft recht wackeligen Eistürmen (Seraks) bedroht: mit der zunehmenden Ausaperung unserer Alpengletscher eine große Gefahr! Man hat Ursache, ebenso schnell wie bedächtig über diese Rampe hinwegzukommen, die sich weiter oben (siehe Bild) als flache schöne Firnrampe ohne Spalten darstellt. Man bleibe an der nördlichen Kante dieser Rampe. – Wenn das Teufelskampkees unbegehbar sein sollte, was auf der Hütte meist zu erfahren ist, dann gibt es für sehr gute Hochalpinisten den (schwierigen) Umweg von der Pasterze über die Schneewinkelscharte, von der aus, die Skier geschultert, der 3508 m hohe Romariswandkopf erklettert werden muß (leicht, aber durch Schneedecke erschwert). – Am Teufelskamp überschreitet man den Firngrat (im Bild außerhalb des Bildrandes) auf 3426 m Höhe, und nun wird bei guter Sicht alles viel leichter: man fährt ohne viel Höhenverlust das Fruschnitzkees und anschließend das Teischnitzkees ab, sucht bei P. 3175 den Luisengrat (Stüdlgratsockel) zu überschreiten und macht sich dann auf den zu dieser Stunde ermüdenden Anstieg über das obere Ködnitzkees zur Adlersruhe. Der Höhenunterschied Luisengratübergang-Adlersruhe beträgt nur 300 Meter, aber jeder ist froh, wenn er oben ist in dem nicht immer gemütlichen Winterraum. – Der Tüchtige nächtigt, besteigt am folgenden Morgen mit größter Gewissenhaftigkeit den Gipfel und fährt dann das Hofmannskees ab, 1100 Höhenmeter bis zum Pasterzenboden, schön – aber nur, wenn man mit dem Firn großes Glück hat.

Ein herrlich informatives Luftbild für Hochalpinisten: links hell besonnt das Kleinglocknerkees als letzter Aufschwung des Hofmannskeeses zur (nicht mehr sichtbaren) Adlersruhe. Es folgen (von links): Kleinglockner, Obere Glocknerscharte (links steil abwärtsstreichend die Pallavicinirinne), Großglockner, Teufelshorn, Untere Glocknerscharte, Glocknerwand. Diagonal von links unten durch das ganze Bild der scharfe Glocknerwandostgrat = Glocknerwandkamp, unter ihm im Vordergrund das für uns wichtige Teufelskampkees, das wir von links unten bis zum Übergang (zum Fruschnitzkees) am Teufelskamp verfolgen. Hinterm Kleinglockner die Hochschober-Nordwand.

Steiltobel unterm Schareck

Pfingstausflug ins Rauriser Tal

TALORT Kolm-Saigurn, 1650 m (1.30 h Autofahrt, bzw. Bus von Taxenbach durchs Rauriser Tal)

STÜTZPUNKT Im Tal AV-Haus »Ammerhof« sowie Naturfreundehaus. – Am halben Weg steht die Neubau-Hütte (Naturfreunde), 2175 m (auch Wilhelm-Arlt-Haus genannt)

CHARAKTER, GEFAHREN Die Tour teilt sich, vor allem abfahrtsmäßig, in zwei sehr unterschiedliche Zonen, oben im Gletscherbereich ist alles leicht, unter der Neubau-Hütte aber sind schöne steile Tobel zu durchfahren! Ab März kaum noch Lawinengefahr

KARTE FB-Karte, Blatt 19, Goldberg-Ankogel

BENACHBARTE TOUREN Hocharn, 3254 m (hochalpiner als das Schareck); Sonnblick (mit Zittelhaus am Gipfel), 3106 m, (über Neubau-Hütte verhältnismäßig leicht und ungefährlich für erfahrene Skibergsteiger. Siehe ganze rechte Bildseite!)

BILD Blick von Norden aus dem Flugzeug auf die große Firnbucht zwischen Sonnblick, 3106 m (rechts oben) und Schareck (links außerhalb des Bildes). Im rechten untersten Bildeck die Hütten von Kolm-Saigurn, Ausgangspunkt zur Neubau-(Wilhelm-Arlt-)Hütte, die knapp links der genauen Bildmitte gut zu erkennen ist. Unsere Tour führt ziemlich genau diagonal von unten rechts nach oben links zur Fraganter Scharte und zum Schareck. Auf dem Sonnblick erkennt man das Zittelhaus. Man sieht auf diesem Bilde, daß der Sonnblick (ebenso wie das Schareck) in der Gipfelzone über Südhänge (!) erreicht werden müssen

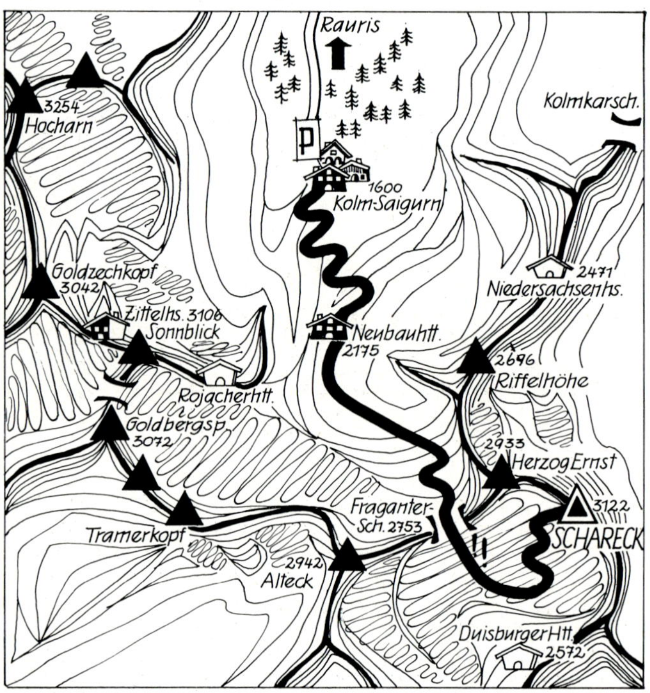

Man weiß nicht, welcher Skigipfel schöner ist: der Hocharn oder das Schareck. Ersterer ist höher und hochalpiner, dafür in der Hauptzone östlich und sogar südöstlich abfallend; das Schareck ist niederer und einfacher zu besteigen, fällt aber in den unteren Zonen rein nördlich ab. Als »Schikane« hat es nur den kurzen, aber steilen Gegenaufstieg zur Fraganter-Scharte ... Ich habe es zuletzt an Pfingsten gemacht, aus dem Münchner Vorsommer in den frühesten Blumenfrühling der Berge einfahrend, und schon vor Kolm-Saigurn, inmitten von Krokuswiesen, die Skier schulternd zum Aufstieg. Dieser Aufstieg zur Neubau-Hütte, am Barbarafall vorbei, durch mehrere überaus steile Tobel, war ein wenig anstrengend, und dann war auch noch die kleine Hütte überfüllt (2.00 h ab Kolm-Saigurn). Anderntags hatte uns ein Nachtgewitter (Anfang Juni) zehn Zentimeter Neuschnee beschert, die wir im vierstündigen Anstieg durch die »Wintergasse« zur Fraganter-Scharte und jenseits das angenehm gewölbte Wurtenkees zum Schareck-Gipfel empor in der bangen Vorfreude genossen: wird dieses herrlich kühle Pulver unsere Aufstiegsstunden überdauern? In der Tat fuhren wir dann in pfingstlichem Pulverschnee ab und erst ab Neubau-Hütte, die Steiltobel des »Maschingraben« hinunter, schnitten unsere Stahlkanten in firnigen Altschnee ein, aus dem nach und nach Sulze wurde und schließlich wässerig spritzender Brei. – Das Wurtenkees unterm Schareckgipfel ist reiner Genuß auch für den mittelmäßigen Skifahrer, die Steiltobel von der Fraganter-Scharte zur Hütte und von dieser ins Tal sind reiner Genuß nur für den sehr guten Fahrer. Wir landeten nach einem als Abschneider gedachten bösen Verhauer zwischen rauschenden Sturzbächen, dann in Krokusfeldern und endlich an der wohlbestellten Wirtstafel draußen im Rauriser Tal, wo man, in milder Sommersonne rastend, zum Sonnblick aufschaut. An vierzig Skiläufer, braunverbrannt und hochgestimmt vom schönen Tage, sprachen hier dem Einundvierzigsten ihr Mitgefühl aus, ihm, einem unausgesetzt raunzenden Wiener, dessen linker Ski sich am Gipfel des Schareck selbständig gemacht und in mächtigen Sprüngen ins Tal hinab gerast war ...

Zu den Watzmannkindern

Das stille Watzmannkar überm Königssee

TALORT Königssee bei Berchtesgaden, 602 m (Parkplatz)

STÜTZPUNKT Keiner (das Watzmannkar kann als Tagestour gemacht werden). Evtl. in der Kührointalm, 1420 m

CHARAKTER, GEFAHREN Ideale Frühjahrstour, vor allem ab März. Auch noch im Mai bei Firnverhältnissen äußerst dankbare Unternehmung. Gefährlich nur – wie üblich im hochalpinen Bereich – bei Leichtsinn: wenn man diese Tour bei warmem Wetter nach Neuschneefall unternimmt, die sehr steilen Schlußanstiege zu den Gipfeln der Watzmannkinder falsch anspurt usw. Die Tour ist schon ihrer Länge wegen nichts für Anfänger, sie erfordert bei gut 1600 Meter Anstieg (und Abfahrt!) große Ausdauer und obendrein Erfahrung als Skibergsteiger. Notunterkunft kann evtl. im Kührointhaus gefunden werden! Gesamtaufstiegszeit ab Königssee 4.30–5.00 h!

KARTE Topogr. Karte Bayr. Land. Vermess. Amt, 1 : 50 000, Berchtesgadener Alpen

BILD Blick aus dem Flugzeug (von Norden) in das Watzmannkar. Rechts oben Hauptgipfel und Watzmann-Hocheck (2713 bzw. 2651 m), ganz links Kleiner Watzmann, 2307 m; dazwischen die fünf Watzmannkinder: man besteigt von ihnen normalerweise Drittes (2165 m) oder Fünftes (2225 m) Kind, oder die rechts von letzterem sichtbare Skischarte. Der am wenigsten lawinengefährliche Anstieg folgt den vielen Spuren unter der Westwand des Kleinen Watzmann (links) zum Dritten bzw. Fünften Kind. – Im Hintergrund rückwärts das Kitzsteinhorn (rechts neben dem Vierten Kind = Watzmannjungfrau)

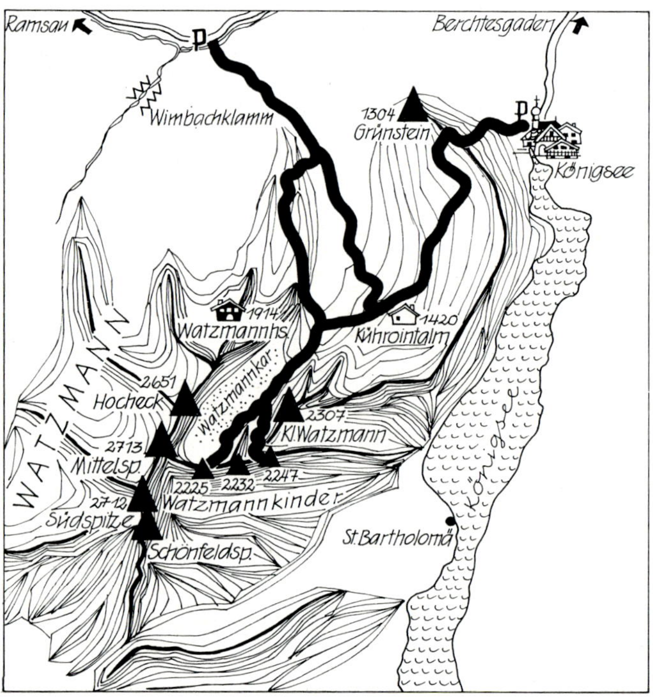

Das Watzmannkar über dem Königssee und unter dem Hocheck ist im neuen Pistenzeitalter etwas in Vergessenheit geraten: ein 5–6stündiger Aufstieg (ohne Unterkunftsmöglichkeit dazwischen) ist nun einmal nicht mehr gefragt. Andererseits beweist schon unser Luftbild, daß dieses streng nach Norden ausgerichtete Kar unter den fünf Watzmannkindern höchste Genüsse verspricht. Dazu einen kapriziösen, weil verwegen aussehenden Schlußanstieg in die Scharte zwischen den ersteigbaren Watzmannkindern. Ersteigbar sind normalerweise das Dritte und das Fünfte Kind: man sieht auf dem Luftbild, daß auch fast alle Spuren dorthin führen. Von der Scharte aus schaut man jenseits in die berühmte Watzmann-Ostwand, die mit allen ihren Felstreppen und Bändern wie aufgeschlagen dicht vor uns liegt und zwar von der Eiskapelle unten bis zum Ausstieg am Südgipfel ... Vom Watzmannhaus, das zur Skitourenzeit meist geschlossen ist, zieht immer noch die einst gut und breit ausgeschlägerte Rennstrecke nordwärts zur Wimbachbrücke in der Ramsau hinab; leider ist die Watzmannkar-Abfahrt mit jener Strecke nicht zu verbinden. Deshalb habe ich hier vorgeschlagen, die Tour ab Königssee zu machen: denn das Watzmannkar ist ja eine Frühjahrstour, und die ist am schönsten bei Firn, also ab Ende März bis Mitte Mai – wenn man gar nicht mehr bis ins Tal abfahren kann! Es spielt keine große Rolle mehr, wenn man von der Skischarte seine gut 800 Höhenmeter elegant bis zum Kührointhaus abgefahren ist, und unterhalb dieses Hauses in den Ziehweg einschwenken muß, den man am Schlusse doch zu Fuß abgeht. – Wer nicht ortskundig ist, der sei davor gewarnt, in die Scharte zwischen Viertem und Fünftem Kind anzusteigen: das ist nur bei absolut sicheren Schneeverhältnissen möglich! – Für Ski-Akrobaten sei dagegen im Zusammenhang mit der kapriziösen Watzmannkar-Tour eine andere ähnliche Unternehmung hervorgehoben: es ist die Abfahrt vom Watzmann-Hocheck über den Nordgrat, durch die Watzmanngrube und von dort in die alte Rennstrecke zur Wimbachbrücke. Dort könnte man bei viel Glück 2000 Höhenmeter abfahren, aber leider ist das supersteile Hocheck nur bei sicherstem Firn im April möglich.

Alpeltal und Hoher Göll

Hochalpine Frühjahrstour über Berchtesgaden

TALORT Berchtesgaden, 540 m. – Vorderbrand (Wirt), 1070 m

STARTHÖHE Gipfel des Hohen Göll, 2522 m, evtl. etwas tiefer!
ABFAHRTSHÖHEN Bis Berchtesgaden knapp 2000, bis Vorderbrand 1500 m

CHARAKTER Im Alpeltal hochalpin, keine Piste. Im oberen Teil leicht bis mittelschwer. Nur bei sicheren Wetterverhältnissen! Reine Frühjahrstour ab März bis Ende Mai!

AUFSTIEG Mit Obersalzbergbahn bis 1020 m oder mit Jennerbahn bis Mittelstation auf 1260 m (Abfahrt nach Vorderbrand) + 3–4 Std.

BILD In den »Umgängen« oberhalb des steilen Alpeltales bei Berchtesgaden im Aufstieg zum Hohen Göll (links oben). Rechts oben die Göllscharte. Man beachte die aufsteigenden Skifahrer rechts neben der Dame, über ihrem Kopf und rechts über der Bildmitte, um einen besseren Begriff von der Weitläufigkeit der »Umgänge« zu erhalten. Diese »Umgänge« erscheinen im Bild zu flach. Sie sind steiler, aber kaum lawinengefährlich. Lediglich das im Bild unsichtbare, sehr steile und enge Alpeltal zur Autostraße hinab ist bei schlechtem Schnee lawinös

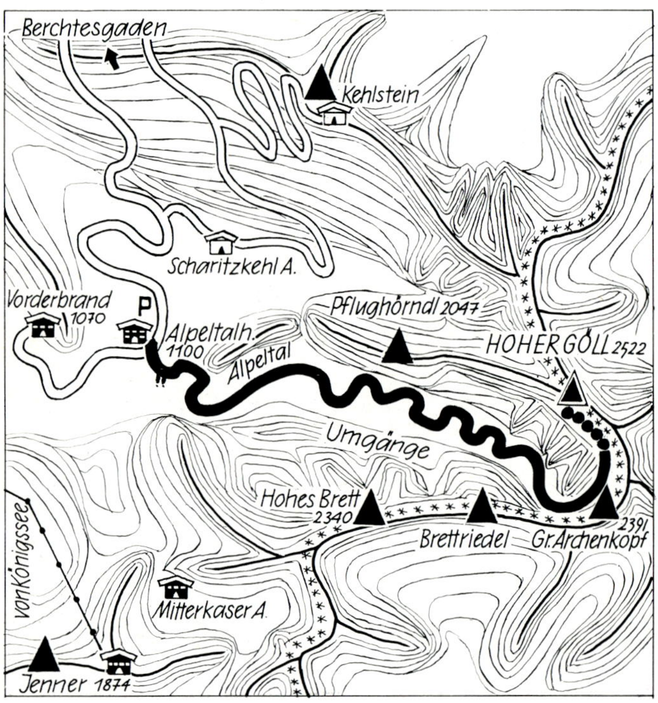

Niemand sieht dem wuchtigen Klotz des Hohen Göll bei Berchtesgaden den Skiberg an. Und doch versteckt sich gar nicht weit von seiner senkrecht auffahrenden, mit extremen Kletterführen gespickten Westwand ein schmales, enges Steilkar, das Skigenüsse sondergleichen bietet: das Alpeltal. Guten, alpin erfahrenen Skiläufern bietet dieses Tal im späteren Frühjahr eine der rassigsten Abfahrten im weitesten ostalpinen Umkreise. Zu Fuß, mit Bus oder Bergbahn kommt man in der Nähe von Vorderbrand an den Schliefsteinboden (dicht darunter die kleine, hübsche Alpeltalhütte). Hier bekommt man den Schlüssel zum Alpeltal in die Hand, indem man zu Fuß von rechts nach links eine kleine, sperrige, aber nur wenige Meter hohe felsige Steilstufe quert. Nicht auf Skiern queren! Es folgt etwas schütterer Wald, aus dem man in den langen, gewundenen Steiltobel des baumfreien Alpeltales gelangt. Diesem »Kanonenrohr«, das rechts oben von mächtigen Kalkwänden überragt wird, entkommt man nach einiger Plage recht überraschend: Plötzlich erreicht man seinen oberen Rand und schaut verdutzt in die »Umgänge« (Bild), das gewaltige Hochkar zwischen Pflughörndl, Hohem Göll, Archenköpfen und Hohem Brett. Erst flacher, dann zunehmend steiler quert man dieses nur scheinbar skifeindliche Gelände (man beachte auf dem Bild die aufsteigenden Skifahrergruppen links vom Kopf des Mädchens und weiter oben rechts), das im Sommer ein abgeschiedenes, kaum betretenes Karrenfeld ist. Schließlich erklimmt man die Göllscharte (im Bild oben, etwas rechts der Mitte), ersteigt den Gipfel auf dem meist überwächteten Grat ohne Skier. Keinesfalls bei Nebel die Spur verlassen! Der Gipfel bietet neben einer umfassenden und schönen Aussicht auf Salzachtal, Steinernes Meer, Watzmanngruppe und Vorland einige ergötzliche, nämlich völlig windstille Firngruben für Sonnenanbeter. Ist man wieder zu den Skiern zurückgekehrt, dann beginnt bei gutem Schnee (und der ist bei dieser Höhenmarke meist vorhanden) eine märchenhaft schöne Abfahrt hinab zum Beginn des Alpeltales; hier schwingt man den Steiltobel hinab, zuletzt sehr vorsichtig, um die letzte Querung vor dem kleinen Felswandl nicht zu versäumen . . .

Vom Hintersee ins Hocheiskar

Frühjahrsfahrt abseits der Welt

TALORT Berchtesgaden, 540 m. Hintersee/Ramsau, 803 m

STÜTZPUNKT Keiner. – Evtl. Gasthof am Hintersee

CHARAKTER, GEFAHREN Eine Frühjahrs-Hochtour von Rang für gute, ausdauernde Skibergsteiger. Sehr anstrengend bei einer Aufstiegsdauer Hirschbichlpaß – Gipfel von etwa 5.00-6.30 h. Abfahrtshöhe je nach Schneelage, im April volle 1500 Höhenmeter, auch im Mai noch reichliche 1000 Meter. Gute, haltbare Felle mitnehmen! Vorsicht im oberen Kar bei plötzlicher starker Erwärmung: Lawinengefahr! Man unternehme die Tour nur bei sicheren Verhältnissen, am besten nach mehreren Schönwettertagen und kalter Nacht

KARTE FB-Karte, Blatt 10, Berchtesgadener Land, 1 : 100 000. – Oder (besser!) Bayer. Land. Vermess. Amt – Karte: Berchtesgadener Land, 1 : 50 000

BENACHBARTE SKITOUREN Alle Skitouren im Gebiet der Traunsteiner-Hütte auf der Reiteralm (alle leicht). – Seehorn und Loferer Seilergraben aus dem Wimbachtal (anstrengende Tour, bei sicherem Schnee). – Ofental bis Ofentalscharte ab Hintersee (anstrengend, großartig bei Firnlage). Die im Haupttext erwähnte April-Mai-Tour mit Kurzskiern über das Kammerlinghorn und den hübschen Klettergrat bis zur Hocheisscharte ist natürlich nur sehr erfahrenen und »zünftigen« Skibergsteigern auf den Leib geschrieben!

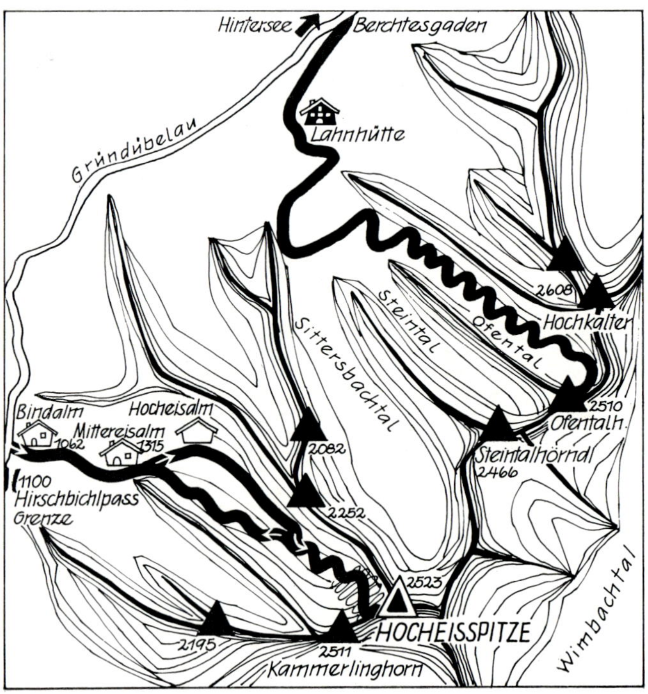

Man steigt wirklich in weltverlorener Einsamkeit auf, wenn man erst einmal den Hintersee und das Sträßlein durch die Grundübelau bis unter den Hirschbichlpaß hinter sich gebracht hat. Zunächst geht es auf dieser Frühjahrstour – die mit dem Seehorn zu den schönsten der Berchtesgadener Alpen zählt – auf alten Forstwegen zur Bindalm, 1062 m, von hier östlich hinauf zur Diensthütte an der Mittereisalm, 1315 m, und von da in einer nach Nordosten ausholenden Schleife zu den verfallenden Hocheisalmen, 1576 m. Hier hat man alle Forstgeister unter sich und blickt bereits in die Weite, blickt vor allem gebannt auf die wilden Riesenabstürze der Reiteralm, auf die senkrechten Südpfeiler von Mühlsturzhörnern und Grundübelhörnern, oder auch nur in die niebetretenen Wildgräben unterm Sockel jener Abstürze: in eine wahrhaft chaotische Ödnis und »Grundübelau«. Nach dieser Schaurast gilt es, in zügigen Kehren den Rand des Hocheiskares zu gewinnen. Der Schnee wird nun zusehends besser, und von Terrasse zu Terrasse gewinnt man an Höhe und nähert sich jener hohen Scharte im Felskamm, die man von unten her als unersteiglich betrachtete. Aber sie ist in der Tat zu ersteigen, meist sogar noch mit den Skiern, und dann sind es nur noch einige Höhenmeter zum höchsten Punkt auf 2523 m. Der Ausblick wie die Stille sind unbeschreiblich, die längste Rast wäre gerechtfertigt, müßte man nicht an die Firnschnee-Abfahrt denken, die im und unterm Hochkar auf uns wartet. So startet man nach einem letzten Blick auf Watzmann und Wimbachtal, auf das benachbarte Seehorn wie aufs weithin wogende Steinerne Meer, auf Hohe Tauern und frühlingsgrünes Alpenvorland doch kopfüber aus der Scharte in die Steilabfahrt und nun beweist sich, wer ein guter Skiläufer ist. Die Abfahrt wiegt bei Firnschnee, selbst wenn er unten zu Sulzschnee wird, alle schwere, zehnmal verfluchte Steigplage auf: ja, manch einer ist unten am Bache bei der großen Skiwäsche allen Ernstes fähig zu sagen, da müßte er wieder mal hinauf! – Man kann auch über den Westkamm zum Kammerlinghorn aufsteigen, die Sommerskier über den Klettergrat tragen und so die Hocheisscharte gewinnen (nur im April/Mai).

Blick von Norden (aus dem Flugzeug) auf die Hocheisspitze, 2523 m (Bildmitte oben) über dem Hocheiskar (rechts). Links der Bildmitte das Sittersbachtal, über diesem am Horizont die Übergossene Alm des Hochkönigs. Unser Anstieg kommt von rechts her und zieht im Hocheiskar bis an den (gut sichtbaren) Gipfelgrat, die Abfahrt führt der Aufstiegsspur entlang. Rechts von der Hocheisspitze im Gipfelgrat das Kammerlinghorn, 2511 m.

Über den Hochkönig

Riesenabfahrten nach Mühlbach und Werfen

TALORTE Mühlbach, 853 m, über Bischofshofen. Auffahrt bis Rupertihaus, 1265 m, oder Arthurhaus, 1502 m, im späten Frühjahr gut möglich. – Werfen, 548 m (!), im spätesten Frühjahr evtl. Auffahrt bis Dielalm, 1016 m.

AUFSTIEG Siehe Haupttext! Ab Arthurhaus bis Gipfel gut 4–6 h, ab Dielalm bis Gipfelhaus (Matrashaus, 2938 m) 7–8 h, ab Ostpreußenhütte, 1630 m, bis Gipfelhaus 4–5 h. – Vorsicht bei lawinösem Schnee!

ABFAHRT stets am Aufstiegswege. Vorsicht bei der Nordabfahrt unter der wilden Steingrube, Vorsicht zwischen Mitterfeldalm und Torsäule wegen Lawinengefahr im Hang unter den Manndlwandfelsen.

BESTE KARTE Topograf. Karte 1 : 50 000, Berchtesgadener Alpen. – Freytag-Berndt-Karte 1 : 100 000, Nr. 10, Berchtesgadener Land. – Bussole mitführen! Gute Felle!

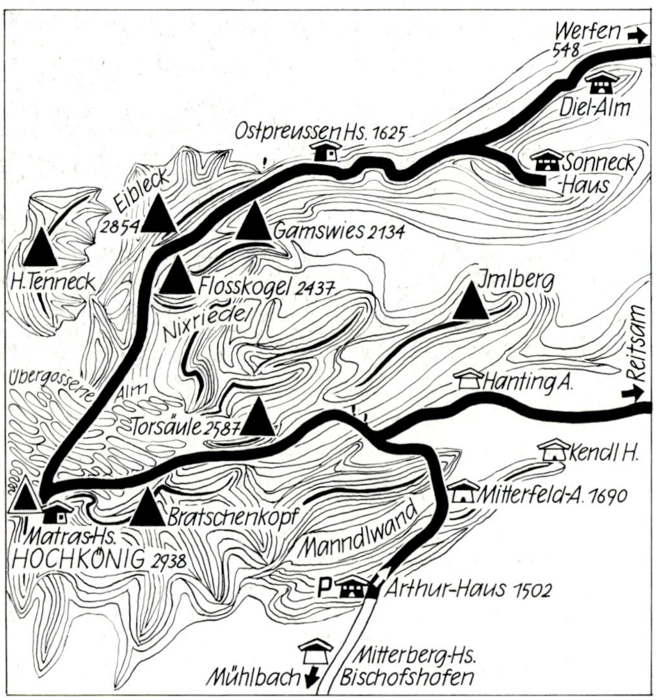

Diese beiden Abfahrten vom höchsten Punkt der Übergossenen Alm am Steinernen Meer zählt seit Jahrzehnten zum klassischen Hochtourenprogramm vieler ostalpiner Skibergsteiger. Die Salzburger, die Münchner, Wiener und Grazer wissen, was sie dort im späteren Frühjahr erwartet: 2400 Höhenmeter Abfahrt, wenn's gut geht, ansonsten 2000 Meter bei etwa 12 km Streckenlänge, zumeist Nord-, Nordost- und Osthänge in schneesicheren Mulden, ein (um Ostern herum geöffnetes) Matrashaus auf 2938 m Höhe am Gipfel, ein sanfter Start auf Gletscherdecken, und dann steile, rassige Hänge bis zu den ersten Blumen ... Auf der Südstrecke über Mühlbach stehen um die 1500-m-Grenze drei gute Unterkunftshäuser (Hochkeilhaus, Ruperti und Arthurhaus) – auf der Nordstrecke wartet das Ostpreußenhaus auf 1630 m. Im spätesten Frühjahr kann man bis zum Arthurhaus im Süden, im Norden aber bestenfalls (ab dem tiefgelegenen Werfen) bis zur Dielalm (ca. 1100 m) auffahren. Die große Mehrzahl startet am Arthur- oder Rupertihaus, in aller Herrgottsfrühe, versteht sich, und steigt an der Mitterfeldalm, 1690 m, vorbei, nun scharf links (westlich) ins Ochsenkar zielend, um schnell unter den Manndlwänden durchzukommen, deren Sockel Lawinenhänge aufweist. Unter der wuchtigen Torsäule ist man längst sicher und nun geht es steiler über den Kniebeißer hinauf zum Firnboden der Übergossenen Alm und zum Gipfelhaus: gegenüber Hohe und Niedere Tauern, ringsum eine hohe schweigende Gipfelwelt aus Firn, Fels, Sonnenbrand und Schattenblau. – Wer den Wagen am Arthurhaus stehen hat, fährt dorthin ab. Wer sich den Hochgenuß der (recht hochalpinen!) Überschreitung leisten mag, fährt – nur bei ganz sicherem Wetter! – über die Ostpreußenhütte nach Werfen ab, oder doch wenigstens bis nahe an die Dielalm heran. Das heißt: vom Gipfelblock streng nordnordostwärts über den Firn und viele sanftere Mulden zum Boluskopf, hier in kurzem Gegenanstieg westlich um den Floßkogel herum und nun steil in die Steingrube und, etwas heikel am firstartigen Gratstück, zum Ostkamm, und zur Ostpreußenhütte. Kamm, Hochmulden, ein Wildzaun, Lärchen und rassige Abfahrt bis zum ersten Grün.

Einblick von Osten in das riesige Untere und Obere Ochsenkar, mit den Manndlwandfelsen links und der schlanken Torsäule rechts über diesem Firntal. Links oben der Hochköniggipfel mit dem Matrashaus. Rechts oben kann man ein Stück der Nordabfahrt über Floßkofel, Steingrube und Ostpreußenhütte verfolgen. Links unten vorne der Sattel mit der Mitterfeldalm.

Die Schwerabfahrt nach Scheffau

Salzburger Frühjahrstour im Tennengebirge

TALORT Werfenweng, 914 m (Bus von Werfen. Bzw. 1.15 Autostunden von Salzburg)

STÜTZPUNKT Dr. Heinrich-Hackel-(Sölden-)Hütte ÖAV, 1526 m, am Südhang des Tauernkogels. 2.00 h ab Werfenweng

CHARAKTER, GEFAHREN Diese beliebteste Salzburger Frühjahrs-Skitour stellt die Überquerung des Tennengebirges von Süd nach Nord dar. Bei sicheren Verhältnissen, zumal bei Firn, eine landschaftlich sehr eindrucksvolle, skiläuferisch hochinteressante Unternehmung von 4.00-5.00 h Dauer. Die Überquerung der Karsthochfläche des Tennengebirges kann selbstverständlich nur bei ganz sicherem, also gutsichtigem Wetter durchgeführt werden, — oder in Begleitung von ortskundigen Einheimischen!

KARTE FB-Karte, Blatt 9, westliches Salzkammergut

BENACHBARTE SKITOUREN Hochkönig über Mühlbach — Arthurhaus; Wagrain — Kleinarler Spaziergang; Zauchensee—Steinfeldspitze (Tour 96)

BILD Einblick von Norden aus dem Flugzeug in die Schwergrube im Nordabfall des Tennengebirges, durch die unsere Steilabfahrt vom Scheiblingkogel (rechts oben am Bildrand) führt. Links der Bildmitte oben Scheiblingkogel und Bleikogel. Links der »Schwer«, die »Wies«, eine gleichgeformte Steilrampe

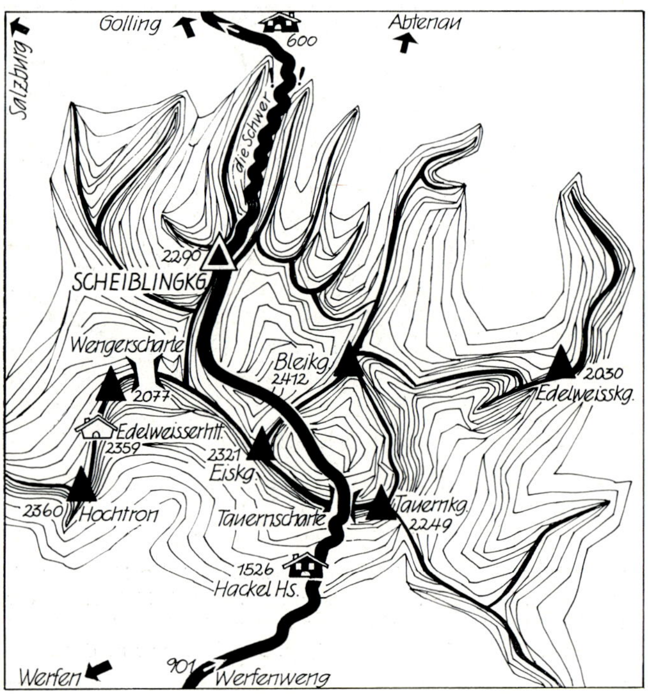

Das Tennengebirge, als wuchtiger Kalkstock mit steil absetzenden Flanken ein verkleinerter Dachstein, trägt 1700 Höhenmeter über der wilden Salzach ein merkwürdig herbes, karges, viele Dolinen bergendes Hochplateau mit zahlreichen Gipfeln. Südlich ist diesem Plateau ein sanftes, stilles Bergland vorgelagert, nordwärts stürzt der Plateaurand mit mächtigen Rippen und Wänden zu den Ufern der Lammer ab, zwischen denen sich überraschend schöne Felskare absenken: die Wies, die Schwer, die Triebgrube. Die Schwergrube bildet Endpunkt und Knalleffekt unserer Tour, einer Überquerung des Tennengebirges von Süd nach Nord: Lieblings-Frühjahrstour aller Salzburger Skibergsteiger! — Von Salzburg ist man mit Auto oder Bus sehr schnell in Werfenweng, und von dort auf der Dr. Heinrich-Hackel-Hütte, einst Sölden-Hütte genannt, wo man zur Nacht bleibt. Anderntags steigt man angesichts von Tauernauslauf, Gosaukamm und Hochkönig gemütlich zur Tauernscharte hinauf (1.45 h), wo die Überquerung beginnt. Man kann den und jenen Gipfel mitnehmen — Tauernkogel, 2249 m, Eiskogel, 2321 m, sogar den Bleikogel, 2412 m — wichtig ist, daß man den Weg nicht verfehlt auf diesem verwirrend großen Ödlandplateau durch das Kar »Große Brief«, unter der Wengernscharte durch zum Scheiblingbühel und Scheiblingkogel, 2290 m. Hier, nach etwa 2.30 h ab Tauernscharte, beginnt die große Skiabfahrt mit einem sehr steilen, schönen Gipfelhang, dem sich Mulde an Mulde anreiht. Natürlich ist die »Schwer« der schönste Teil, dieses extrem steile, rechts von senkrechten Felswänden eingefaßte Steilkar, das an der Baumgrenze einen Flor lichter junger Lärchen präsentiert, die zum Slalom herausfordern. An den ersten Laubbäumen unterhalb ist mit Vorsicht ein Wasserfall zu passieren, dann wird die Waldabfahrt eng und über einige kleine Lichtungen geht es zu den letzten felsigen Steilstufen, vor denen allgemein abgeschnallt wird. Man trägt noch ein Stück die Skier zu Tal und rastet in der Scheffau an der Lammerbrücke, wo ein bemerkenswert freundliches Gasthaus steht und der wartende Bus obendrein. — Die Schwerabfahrt ist bei Gutwetter meist von Ende Februar bis Mitte Mai möglich!

Das Edelgrieskar im Dachstein

Hochalpine Frühjahrsfahrt von der Austria-Hütte

TALORT Ramsau-Ort, 1136 m (ab Bahnstation Schladming, 745 m, Bus bis Ramsau-Karlwirt, 1215 m)

STÜTZPUNKT Austria-Hütte ÖAV, 1638 m (1.45 h ab Ramsau-Karlwirt. Eventuell Kraftfahrzeug bis Gasthaus Dachstein, 1400 m, dann 1.00 h zur Hütte)

CHARAKTER, GEFAHREN Eine hochalpine Frühjahrsabfahrt für bergerfahrene, sehr gute Skiläufer. Da die Karstrecke mit Felsabbrüchen und Engstellen durchsetzt ist, heißt es, auch bei guter Sicht, Vorsicht üben! Bei unsicheren Verhältnissen ist von dieser Tour abzuraten. Nichtsdestoweniger, darf man hier hinzufügen, wurde im Edelgrieskar jahrzehntelang ein bedeutendes Frühjahrs-Skirennen abgehalten!

KARTE AV-Karte, Blatt 14, Dachstein, 1 : 25 000

BENACHBARTE SKITOUREN Nur im Radstädter Tauernkamm, siehe Tour 96 und 97, ferner die Tennengebirge-Überquerung, siehe Tour 94!

BILD Im Anstieg durch das Edelgrieskar im südlichen Dachsteinstock; Blick gegen den Koppenkarstein, 2865 m, hinter dem sich der Schladmingergletscher befindet. Die Aufstiegsspur wendet sich (im Bild) erst im obersten Kessel nach rechts (östlich) oben zur Edelgrieshöhe

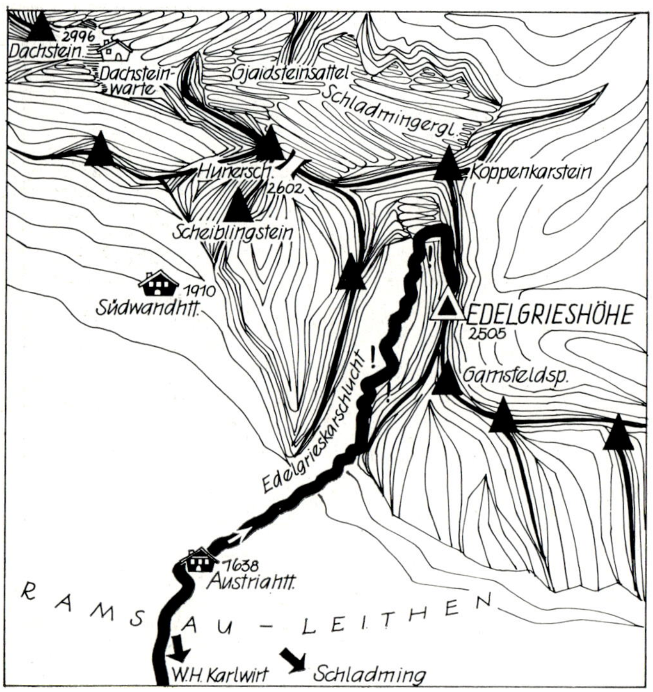

Das Edelgrieskar im steilen Südabfall des Dachsteinstockes ist, so zeigt es genau die AV-Karte, eine in Nord-Südrichtung verlaufende, von hohen Wänden eingefaßte Rinne, die sich nach unten in die Latschenzone und da wieder in einen Graben öffnet. Was die Karte nicht erklärt, das sind die interessanten Karböden, Engstellen, Steilstücke und Traversen, die der Skifahrer hinter sich bringt. Das Kar hat sozusagen keinen Gipfel, es stößt oben mit seinem kleinen Gletscher an die große, pfeilergestützte Südwand des Koppenkarsteins. Die Edelgrieshöhe, 2505 m, wird allein der Aussicht wegen angesteuert, sie bildet nur eine sanfte Randschwellung am Hochflächenstock. Man steigt die Abfahrtsstrecke auch auf und zwar so früh als möglich, um gute Firnverhältnisse anzutreffen. Die Abfahrt beginnt dann am Sattel unter der Koppenkarstein-Südwand, erst mit einem kurzen Steilstück, dann mit einem großen Bogen den Edelgriesgletscher hinab zu seinem unteren ebenen Rand (Bild). Nun sehr steil (Vorsicht bei ausgeaperten Felsen, im Sommer seilversicherte Felsrinne!) hinab, gleich darauf durch eine Engstelle mit herrlichem Auslauf in einen zweiten Karboden. Man steht, von Pfeilern und Wänden umgeben, wie in einem hohen stillen Dom. Nach einer sanften Erhöhung am Ausgange des Edelgrieskares, die als herrlicher »Brotzeitplatz« den faszinierenden Tiefblick auf Austria-Hütte und den Fernblick in die Niederen Tauern freigibt, unbedingt links halten zu einer mächtigen, vom nordwestlichen Gamsfeldspitz absetzenden Felswand. Von dieser entweder gleich eine Steilrinne rechts abwärts, oder weitere Hangschrägfahrt und die nächste Steilrinne hinab in jenen Graben, der von den Abstürzen herabkommt, mit denen das Edelgrieskar unterhalb des Brotzeitplatzes rechts, also westlich, abbricht. Durch den Graben weiter hinab und endlich auf der Straße mäßig ansteigend zur Hütte. – Wen nach skibergsteigerischen Zielen gelüstet, der kann bei guten Verhältnissen vom Edelgriesgletscher ins Koppenkar traversieren und, östlich um den Koppenkarstein herum, über Schladmingergletscher und Gjaidsteinsattel zur Dachsteinwarte gelangen. Dies bedeutet natürlich eine hochalpinische Ski-Kapriole.

Vom Zauchensee zum Schwarzkogel

Abgelegen: kleine Genußskitouren

TALORT Altenmarkt i. Pongau, 830 m

STÜTZPUNKTE Liftgasthaus Zauchensee, 1350 m; Zauchenseehaus, 1400 m; Garnhofhütte, 1400 m. Alle drei Unterkünfte durchgehend bewirtschaftet. 3.00 h Gehzeit ab Altenmarkt. Gepäck- und Skitransport durch die drei Wirte. – Dazu auf 1569 m Höhe die Akademiker-Selbstversorgerhütte der ÖAV-Sekt. Österr. Gebirgsverein (14 Lager)

CHARAKTER, GEFAHREN Abgesehen vom steilen Gipfelhang des Schwarzkogel ist das Tourengebiet über dem Zauchensee für hochalpin erfahrene Skibergsteiger nicht gefährlicher als andere Tourengebiete. Diese Touren zum Gamskögerl und zum Schwarzkogel bieten eine herrliche Nordabfahrt über 915 Höhenmeter zum Zauchensee durch das im Bild gut sichtbare Seekar. – Der früher durch das nicht ungefährliche »Gaßl« gelegte Anstieg ins Seekar wurde durch den Lift zum Roßkopf, 1940 m, abgelöst: man fährt jetzt vom Roßkopf über den Wurmkarsattel, 1865 m, ins Seekar, um aus diesem die drei Gipfel Schwarzkogel, Gamskögerl und Tagweideck anzugehen

KARTE FB-Karte, Blatt 19, Goldberg-Ankogel, Radstädter Tauern

BILD Blick aus dem Flugzeug (von Nordosten) in das Seekar oberhalb des Zauchensees in den Radstädter Tauern. Links oben der Sockel der im Winter nicht besteigbaren Steinfeldspitze; genau darunter das Gamskögerl, 2188 m; rechts darüber die schwarze Felskante des Schwarzkogel, 2265 m, mit dem nicht ganz harmlosen Nordhang unterm Gipfel; rechts unterm Schwarzkogel die überwächtete Scharte vor dem nicht mehr sichtbaren Tagweideck, 2150 m

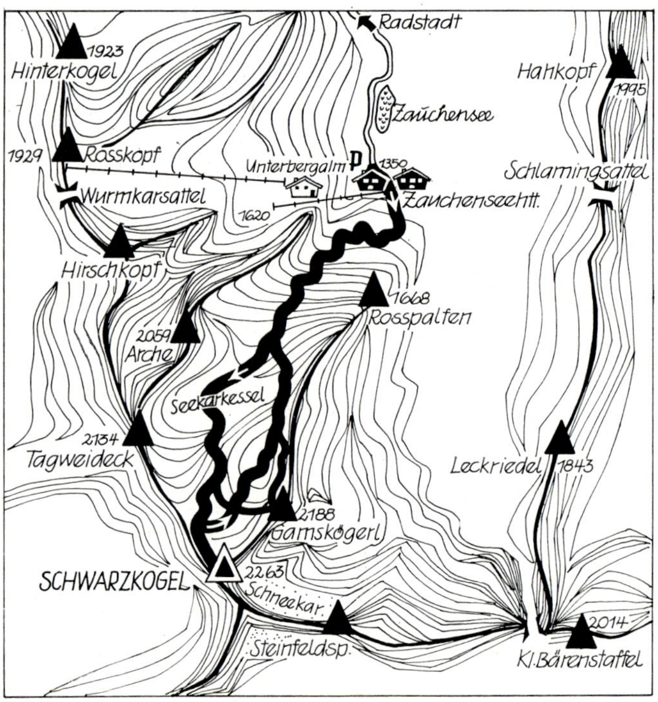

Südlich vom Dachsteinstock zieht von Altenmarkt im Pongau ein enges langes Tal zum Zauchensee – einem lange Zeit so gut wie unbekannten Skitourenparadies. Drei Hütten samt einer Akademiker-Selbstversorgerhütte warten dort zwischen 1350 und 1570 m Höhe auf passionierte Skibergsteiger; freilich neuerdings auch auf Pistenjünger. Denn im Zuge des neuen Ski-Booms hat man auch am stillen Zauchensee zwei Skilifte gebaut, die von 1350 bis auf 1940 m Höhe ziehen. Wir nützen natürlich diese Aufstiegserleichterung, weil sie uns statt einem gleich drei und mehr Gipfel einbringen kann. Die Gipfel sind nun leichter und schneller erreichbar. Hoch über dem Zauchensee steht als eherner Wächter die mächtige Steinfeldspitze. Gamskögerl und Schwarzkogel sind ihr nördlich vorgelagert, sie beherrschen mit dem Tagweideck den Riesenkessel des Seekares (Bild). Tagweideck und Gamskögerl zu besteigen, erfordert ab Liftstation Roßkogel, 1940 m, nicht mehr als die übliche hochalpine Vorsicht an Steilhängen und etwa 1.45 bis 2.30 h Zeit. Dabei wird mehr gequert als angestiegen: man fährt vom Roßkogel erst südlich zum Wurmkarsattel ab, steigt weiter über den schmalen Kamm des folgenden Hirschkopfes (oder umgeht ihn mit Vorsicht am Westhang) und steuert nun in einem Bogen von rechts nach links die Scharte zwischen Arche, 2059 m, und Tagweideck, 2134 m, an – womit man am Rand des Seekares steht. Nun ins Seekar hineingequert und rechts aufs Tagweideck oder links hinüber und hinauf zum Gamskögerl. Beide Gipfel sind leicht erreichbar. Anders ist es mit dem Schwarzkogel: wie unser Luftbild zeigt, muß er über seine steile Nordflanke begangen werden, was bei viel Neuschnee schwierig sein kann – bei Firnschnee aber ein Vergnügen ist. Die Abfahrt, nach Meinung der Kenner so schön wie rassig, führt durch das Seekar bis über die Waldgrenze, – dort aber nicht nordöstlich in die schöne Karmulde hinab (sie mündet in äußerst steilem Waldgehänge), sondern rein östlich, einen kleinen Riegel überschreitend, und durch einen nur teilweise bewaldeten Steilhang zur Oberen Zauchenalm und von dort sehr schön nordwärts hinaus zum Zauchensee mit seinen Berggasthöfen und Hotels.

Der Kleine Pleißlingkeil

Naturslalom überm Tauernpaß

TALORT Untertauern, 1008 m (ab Radstadt, 856 m, mit Bus oder Kraftfahrzeug. Man fährt gleich weiter bis Gnadenbrücke, 1260 m, Kraftfahrzeug-Möglichkeit sogar bis Hintergnadenalm, 1300 m)

STÜTZPUNKT Südwiener-Hütte, 1792 m (Materialaufzug für Gepäck mit Telefon), 1.00 h ab Hintergnadenalm, 1.30 h ab Gnadenbrücke

CHARAKTER, GEFAHREN Schönste Sonntagstour im oberen Ennstal! Bei guten 2.30 h Aufstieg von Mulde zu Mulde eine verhältnismäßig leichte, besonders lohnende Skitour mit sehr steiler Einfahrt vom Gipfel her. Im Hochwinter nach starken Neuschneefällen ist die übliche Vorsicht geboten

KARTE FB-Karte, Blatt 19, Goldberg-Ankogel, Radstädter Tauern

BENACHBARTE SKITOUREN Kesselkogel, 2252 m, ebenfalls im Hauptkamm der Radstädter Tauern ab Südwiener-Hütte (lohnend); Grieskareck ab Wagrainerhaus, 1988 m, Abfahrt nach Wagrain (leicht, schön, siehe auch Tour 96). Viele reizende Skiwanderziele im Bereich der angenehm gemütlichen Hütte

BILD Blick aus dem Flugzeug auf die Südwiener-Hütte, 1792 m, in unmittelbarer Nähe des Radstädter Tauernpasses (vorne unten). Darüber der von unten rechts nach oben links ziehende Anstiegsweg auf den Kleinen Pleißlingkeil (im Bild oben Mitte). Der große Pleißlingkeil ist hier verdeckt. Links unterm Gipfel der sehr steile Hang als Zugang aus der breiten Mulde

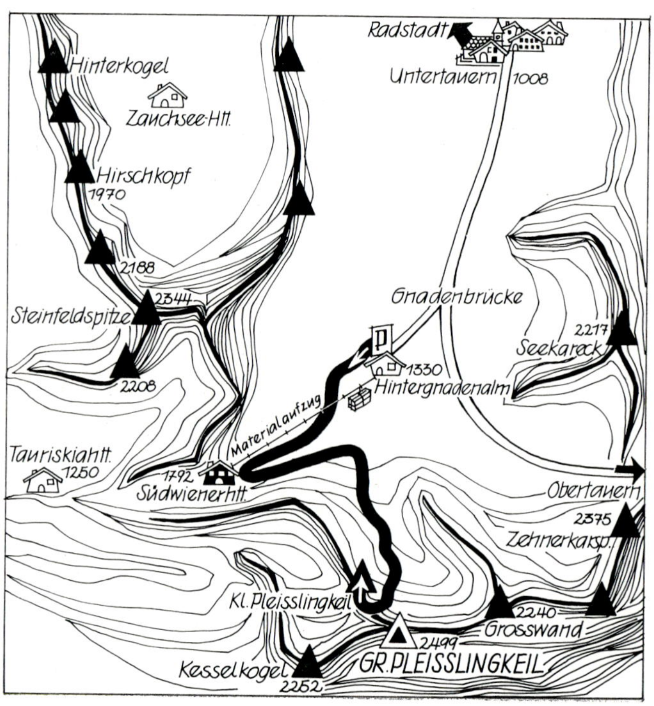

Die schönste Sonntagstour im oberen Ennstal führt aus dem schneesicheren Kessel um die Südwiener-Hütte durch zahlreiche hübsche Mulden hinauf zum Kleinen Pleißlingkeil auf 2360 m Höhe – auf den Hauptkamm der Niederen Tauern, von wo aus man die letzten Zentralalpengletscher um Hafner, Hochalmspitze, Ankogel, Sonnblick und Schareck vor sich hat. Das Gebiet um den Radstädter Tauernpaß, neckisch »Kleiner Arlberg« genannt, ist natürlich bereits der Mechanisierung verfallen, ein Lift um den andern entsteht. Um die Südwiener-Hütte aber ist es noch relativ still, ähnlich wie drüben am Zauchensee. Man steigt von der Hütte durch schöne Nordmulden an, erst recht steil bis zu einem kleinen Sattel, dann östlich über wellige Almböden bis hinauf in das breite, zwischen Großem und Kleinem Pleißlingkeil eingebettete Pleißlingkar (im Bild ganz links oben). Ab hier steil nach rechts oben auf dem Osthang bis zu einem Sattel, dann – oft nur ohne Ski möglich! – den letzten besonders steilen Nordosthang hinauf zum Gipfel. Die Abfahrt ergibt sich von selbst, sie ist auf unserem Luftfoto besonders gut einzusehen: Mulde über Mulde, Kuppen, Kanonenrohre, und im unteren Teil rechts und links die schwarzen Kulissen der Zirbelkiefern: Höhendifferenz Gipfel bis Hütte etwa 600 m, Gipfel–Hintergnadenalm etwa 1000 m, Gipfel–Untertauern etwa 1350 m. Fährt man abends von der Hütte heimzu, so bleibt man bis zur Hintergnadenalm zunächst am rechtsseitigen Hang des großen Grabens, um im schütteren Wald schließlich den Anstiegsweg zu erreichen und auf ihm, einen zünftigen Steilhang nehmend, vor die Alm zu kommen. Diese kleine Tour auf den Pleißlingkeil ist in mehreren nahegelegenen Varianten sozusagen zu wiederholen, am Kesselkogel etwa, am Höllkogel und an der Großwand, meist ist man allein am Wege, immer warten tausend abgelegene Rastplätze mit einer bedeutenden Umschau – denn der mächtige Dachsteinstock mit seinen steilen Südwänden ist ja immer gegenüber. – Sehr schöne Skitouren gibt es noch am nahegelegenen Zauchensee mit Gamskögerl, Tagweideck und (bei absolut sicheren Verhältnissen!) Schwarzkogel, sogar mit ergiebiger Lifthilfe (siehe Tour 96 dieses Buches!).

Zum Großen Bösenstein

Schönste Tour von der Edelraute-Hütte

TALORT Trieben, 708 m, bzw. Hohentauern, 1265 m (im Hochwinter nicht mit Kraftfahrzeug nach Hohentauern fahren, da Abfahrt bis Trieben möglich. Bus bis Hohentauern)

STÜTZPUNKT Edelraute-Hütte, AV, 1725 m, auf der Scheibl-Alm. – Eventuell auch Skiläuferheim Hohentauern (privat), 1240 m, an der Tauernstraße

CHARAKTER, GEFAHREN Der Große Bösenstein ist die höchste Erhebung und als Ziel die schönste und lohnendste Skitour der Rottenmanner Tauern. Nur für ausdauernde Läufer, nie bei schlechten Verhältnissen. Eventuell, wenn große Wächtenkeile am Bösenstein-Ostgrat und dadurch bedingte Lawinengefahr, in Anstieg und Abfahrt direkt aus dem Kargrund in die Schartenkehle am Beginn des Bösenstein-Südgrates. Osthänge, Achtung auf eingewehte Schneebretter!

KARTE FB-Karte, Blatt 6, Ennstaler Alpen

BENACHBARTE SKITOUREN Hochhaide, 2363 m, ab Rottenmann, sehr schön und lohnend für ausdauernde, geübte Skibergsteiger. – Triebenkogel, 2055 m, ab Trieben über Brodjäger, sehr lohnend, wenig anstrengend. – Hochreichart, 2416 m, schönste und lohnendste Skitour ab Kallwang (östlicher Teil der Rottenmanner Tauern)

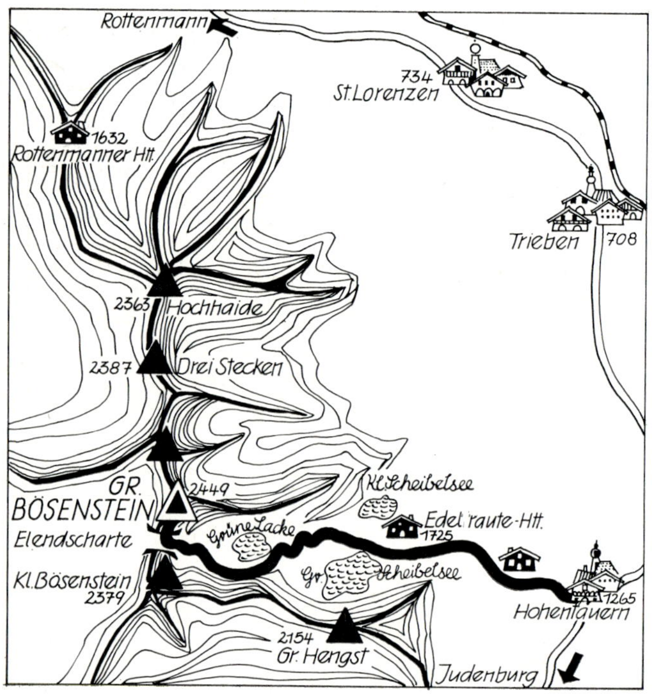

Zwischen Dachstein und Gesäuse, dicht am Ennstal, dehnen sich die Rottenmanner Tauern als vorletzter Stock der Zentralalpen gegen Südosten aus. Im Westen dieses Gebirges liegt der Skigenießern wohlbekannte Plannerkessel mit seinen zahlreichen kleinen Bummelfahrten, im Osten wartet der Große Bösenstein auf die Skibergsteiger, die nach großen Zielen suchen. Die Tour auf den Großen Bösenstein, 2449 m, ist etwas anstrengend, und doch geht man nicht länger als 1.45 h von Hohentauern zur Edelraute-Hütte, und auch nicht mehr als 2.30 h von der Hütte zum Gipfel; dafür handelt man eine Riesenabfahrt durch respektable Ostmulden ein, die im Hochwinter an 1700, und noch Ende März mindestens 1100-1200 Höhenmeter bieten. Wichtig ist es, im Hochwinter von Trieben aus, und nur im Frühjahr von Hohentauern aus aufzubrechen, da man im Hochwinter bis Trieben abfahren kann. Von der ungewöhnlich schön in Zirben-Gründen gelegenen Edelraute-Hütte geht es zunächst bei geringer Steigung ins Becken des zugefrorenen Großen Scheiblsees und von diesem, um einen breiten Sporn herum, in das lange Kar mit der »Grünen Lacke«. Um beim Anstieg rascher an Höhe zu gewinnen, hält man sich meist nicht am Grunde des Kares (wo die »Grüne Lacke« liegt), sondern man quert im unteren Drittel der Bösenstein-Südostflanke hoch. Dies ist freilich nur möglich, wenn absolut sichere Verhältnisse herrschen (man ist ja an einem Südosthang!) und wenn vom Bösenstein-Ostgrat nicht schwere Wächten drohen (etwa nach vielen Nordwinden). Treffen solch unfreundliche Verhältnisse zu, dann bleibt man für alle Fälle im Kargrund und steigt aus diesem direkt in die Schartenkehle zwischen Kleinem und Großem Bösenstein auf. Ein Stück läßt sich noch auf Skiern am Bösenstein-Südgrat gewinnen, dann steigt man zu Fuß auf den aussichtsreichen, wie eine Tribüne gegen das Ennstal vorgeschobenen Gipfel. Die Abfahrt verläuft wie der Anstieg. Von der Hütte weg gibt es verschiedene Möglichkeiten der Abfahrt, diese richten sich nach Jahreszeit und Schneelage. Nur im Hochwinter fährt man die Strecke Edelraute-Hütte–Sunk–Kotalm im Ochselbachgraben – Hölleralm – Schwarzenbachgraben.

Ausblick von der Edelraute-Hütte in den Rottenmanner Tauern gegen Kleinen und Großen Bösenstein. Man erkennt deutlich die aus der Scharte zwischen beiden Gipfeln absinkende Hohlkehle mit dem darunter liegenden großen Kar: hier hindurch führen Anstieg und Abfahrt. Das Bild ist von Osten aufgenommen; der Kleine Bösenstein steht knapp rechts der Bildmitte oben. Es folgen nach rechts Firnscharte, Vorgipfel und Großer Bösenstein.

Skimulden am Zirbitzkogel

Winterleiten- und Lindertal-Abfahrt zur Schmelz

TALORT Judenburg, 734 m, an der Mur

STÜTZPUNKTE Zirbitzkogelhaus ÖTK, 2366 m, am Gipfel des Zirbitzkogels. – Winterleiten-Hütte (Naturfreunde), 1848 m, am Nordkamm, am Kleinen Winterleiten-See. – Sabathy-Hütte (privat), 1650 m, auf der Sabathy-Alm. – Schmelz-Wirtshaus, 1530 m. Postauto von Judenburg, eventuell Postauto bis Reiterbauer-Wirtshaus

CHARAKTER, GEFAHREN Der Zirbitzkogel vermittelt zwei ideale Vorgebirgs-Nordabfahrten, technisch nicht immer leicht, viel schwieriger als Gletschertouren. Höhenunterschied Gipfel – Schmelz 850 m. Schönste Abfahrt: Lindertal-Abfahrt zur Sabathy-Hütte. Dann Normalabfahrt (führt allein direkt zum Ausgangspunkt Schmelz) auch Winterleiten-Abfahrt genannt. Vorsicht in der Gipfelzone nach starken Neuschneefällen. Bei Nebel Stangenmarkierung nicht verlieren

KARTE FB-Karte, Blatt 21, Seetaler Alpen

BENACHBARTE SKITOUREN Wenzelkogl, 2153 m, ab Reiterbauer (hervorragend schön). – Preber, 2741 m, ab Tamsweg über Prebersee (lange, anstrengende, aber großartige Skitour am Südabfall der Schladminger Tauern)

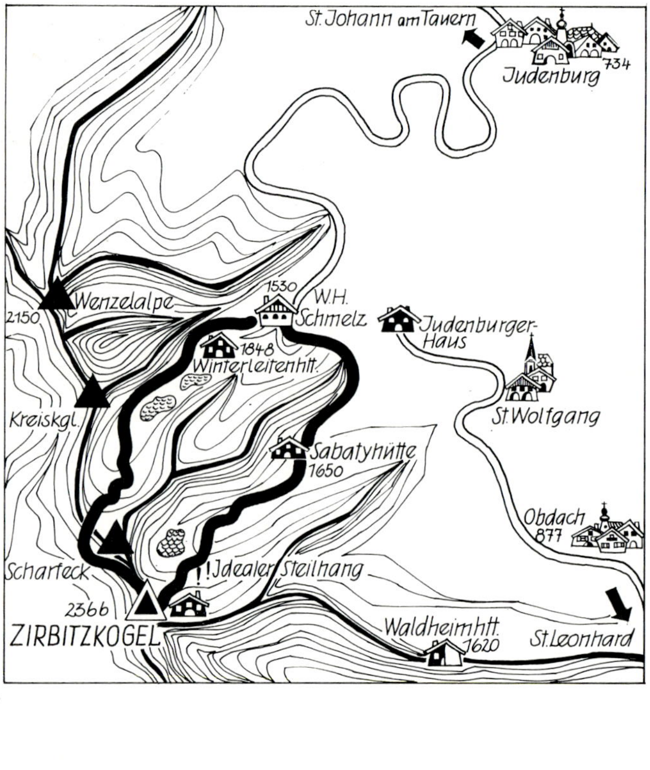

Südlich der auslaufenden Niederen Tauern, jenseits der Mur, steht der Zirbitzkogel beherrschend über den übrigen Gipfeln der Seetaler Alpen. Er ist, genau wie auf unserem Bilde, voller schöner Skimulden, und dies nicht nur in der baumfreien Gipfelzone, sondern auch unten, wo man in lichte Lärchenhaine einfährt, und um die hübschen Winterleiten-Seen. Einige kräftige Felsgrate schützen diese Mulden vor den Winden. Zwei sehr schöne und »schnelle« Skiabfahrten führen vom Zirbitzkogel – den ein angenehmes Rasthaus krönt – hinab zum Wirtshaus Schmelz bzw. zur Sabathy-Hütte. Die Schmelz ist die Zwischenstation, bis hierher fährt man von Judenburg meist mit dem Bus. Weiter unten, ins Murtal bei Judenburg hinab, senkt sich ein unabsehbar dichtes weites Waldgebirge, das nur auf Schneisen und Wegen zu durchfahren ist. Alle Welt steigt also über die Schmelz auf, um in 3.30 h den Gipfel zu erreichen. Der Anstiegsweg ab Schmelz über Winterleiten-Hütte, 1848 m, Großen Winterleiten-See, Nordhang des »Scharfen Eck« (Diebsweg genannt, steilstes Stück) zur Kammhöhe ist markiert. – Die Normalabfahrt führt über den Anstiegsweg, erst Kamm, dann Steilhang und erste Idealmulden und schon folgen drei Winterleiten-Kessel hintereinander, einer schöner als der andere. Von der Winterleiten-Hütte führen dann schnelle schmale Schneisen zur Schmelz hinab. – Die zweite, im Grunde reizvollere Abfahrt (auch wenn sie am Ende einen Langlauf zur Schmelz zurück erfordert) ist die Lindertal-Abfahrt. Sie beginnt unmittelbar am Gipfelhaus und führt über den riesigen Steilhang (Bild), der sich in lauter schöne Mulden auflöst, zum Lindersee, dann über welliges Gelände im Schuß an den Waldrand (Sattel). Ein Steilstück folgt, dann sind es wieder freie Wiesenmulden, die über die Linderalm zur Sabathy-Hütte führen. – Der einzige Schönheitsfehler der Normalabfahrt ist der erste Teil über den oft verblasenen Gipfelkamm und die folgende Hang-Querfahrt unter dem »Scharfen Eck« hindurch. Schönster Rastplatz an der Normalabfahrt ist der kleine Rücken am Ausgang des obersten Winterleiten-Kessels mit Rückblick zum Gipfelkamm und Tiefblick auf die kleinen Seen und das weite Waldgebiet bis ins Murtal.

Der Zirbitzkogel, 2397 m, höchster Gipfel der Seetaler Alpen, mit seinem Gipfelhaus. Rechts oben das »Scharfe Eck«, 2366 m, über dessen Nordrücken die Normalabfahrt zur Winterleiten-Hütte und zum Wirtshaus Schmelz führt. Der Riesenhang, der vom Gipfel direkt absinkt, wird bei der sehr reizvollen schnellen Lindertal-Abfahrt zur Sabathy-Hütte gefahren (bei dieser Abfahrt muß man am Ende allerdings etwa 1.00 h zur Schmelz zurücklaufen).

Auf den Großen Königsstuhl

Im Nockgebiet zwischen Drau- und Murtal

TALORT Innerkrems, 1467 m (Bus von Spittal/Millstätter See über Kremsbrücke bis Innerkrems = Zufahrt von Süden. Die Zufahrt von Norden: Aus dem Murtal, zwischen St. Michael und Tamsweg

STÜTZPUNKT Dr.-Josef-Mehrl-Hütte, 1720 m (1.30 h von Innerkrems, 3.00 h von Bundschuh). Bewirtschaftet

CHARAKTER, GEFAHREN Das Nockgebiet (unser Bild charakterisiert besser als Worte) ist ein (für Skifahrer-Augen) unerhört schönes, stilles Almengebiet mit runden Kämmen und breiten Mulden, aus dem sich viele Gipfel über die 2400-m-Grenze erheben. Die Touren sind, von den Überschreitungen größeren Stils abgesehen, lauter kleinere Halbtags- und Tagesfahrten. Lawinengefahr nach Neuschneefällen

KARTE FB-Karte, Blatt 20, Schladminger Tauern

BENACHBARTE SKITOUREN Es gibt Dutzende von einander ähnlichen Touren, sowohl um die Dr.-Josef-Mehrl-Hütte wie um die Turracher Höhe. Zum südlichen Teil des Nockgebietes gehört auch das neue, mit vielen, zum Teil ergiebigen Liften erschlossene Skizentrum von Kleinkirchheim. Auch hier, wo man aus guten Hotels startet, gibt es feine stille Tourenziele. Man studiere die einschlägigen Karten. Stützpunkte für Skitouren: Millstätterhütte, 1880 m; Hoferhütte, 1730 m; Falkert-Schutzhaus, 1680 m; Stramerhütte, 1750 m usw.

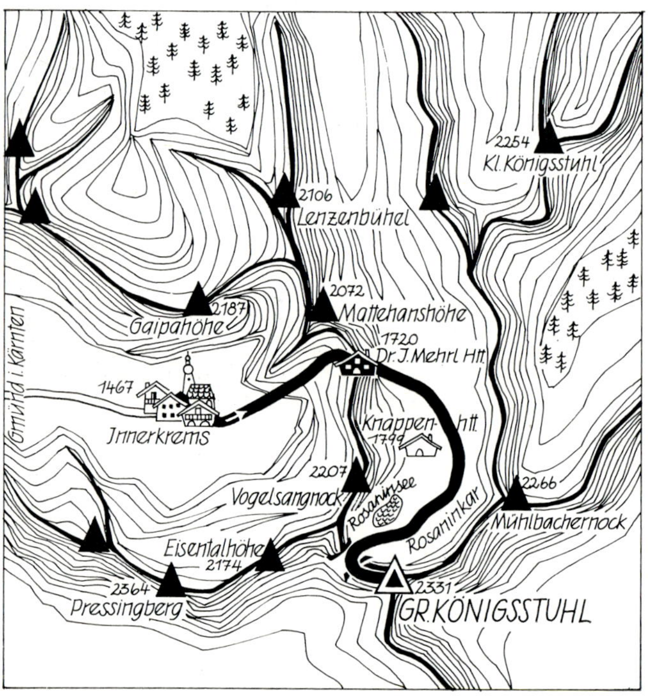

Das ganze Nockgebiet, nördlich der schönen Kärntner Seen gelegen, liegt weitab von allen Großstädten, es ist ein rechtes »Naturschutzgebiet« für Skiwanderer ohne hochalpine Ansprüche. An neunzig Gipfel des aus weiten, abgeflachten Kämmen und Almböden bestehenden Nockgebietes ragen über die Zweitausendmetergrenze hinaus; die meisten dieser Gipfel bieten reizende stille Halbtags- und Tages-Skitouren, von den meisten fährt man unten in duftende lichte Zirbenbestände ein, zwischen denen da und dort gemütliche Hütten liegen. Nur um die benachbarte Turracher Höhe gibt es einigen Pistenwirbel, sonst aber herrscht große milde Stille um diese Rosennock, Mühlbachernock, Karlnock, Stangnock, Peitlernock, Gregerlenock, Plattnock, Lannernock, Koflernock, Bärennock, Schilchernock, Wirtsnock, Törlnock. Ein Urlaub dort unten und man weiß, was ein Nock ist... Nach dem gemütlichen Aufstieg zum Großen Königsstuhl, wie bei allen Gipfeln hier zuletzt über den freien Kamm, und nach der großen Umschau, die vor allem den Karnischen Alpen gilt, fährt man über eine der beiden Scharten steil in die später sanften großen Hänge hinein, die in den weiten, unten zirbenbesetzten Rosaninboden führen. Es gibt keine großen Probleme bei der Wegsuche. Natürlich ist es schöner, an die Besteigung des Großen Königsstuhl eine Kammwanderung anzuschließen: etwa (zuweilen Achtung auf Wächten!) zum Bärennock und weiter zum Schilchernock, oder gar noch weiter über Ochsenriegel und Gabelnock zur Rosaninhöhe. Es macht sich bezahlt, dieses wunderschöne Skiwandergebiet Kamm für Kamm abzulaufen, abzufahren, und steigend, fahrend und rastend seine abseitige Ruhe zu genießen. – Aufstiegszeit Dr. Mehrl-Hütte bis zum Gipfel des Großen Königsstuhl etwa 2.30–3.00 h! Man steigt von der Hütte südlich (am linken Bildrand gerade aufwärts) den ganzen Rosaninboden hinauf bis rechts unterhalb der Rosaninscharte; ab hier wendet man sich nach rechts (westlich), um den ausgeprägten Nordwestrücken des Großen Königsstuhl zu erreichen. Über ihn geht es dann bis dicht vor den Gipfel. Auf dem höchsten Punkt treffen die Grenzen der Länder Kärnten, Salzburg und Steiermark zusammen!

Blick von Norden auf die Skigipfel über dem Rosaninboden (links). Im Vordergrund die Dr.-J.-Mehrl-Hütte. Berge von rechts vorne: Sauereggnock, Vogelsangnock, Seenock, Friesenhalshöhe und Großer Königsstuhl, 2331 m (oben links der Bildmitte). Darunter links die Rosaninscharte, 2070 m.

Schule der Berge

Zehn Gebote für richtiges Verhalten
im winterlichen Hochgebirge

Mehr noch als das sommerliche Hochgebirge sind die winterlichen Alpen eine extreme Landschaft, dem Menschen – der sie Jahrtausende mied und erst seit dreißig Jahren überschwemmt – noch fremd, noch reichlich unbekannt, oft gefährlich. Innerhalb einer Menschengeneration sind die verschneiten Alpen zum attraktiven Ferienparadies luft- und sonne-trunkener Großstädter geworden. Alle Welt will dem alpinen Skilauf huldigen, aber nur sehr wenige Skiläufer kennen den Ernst der großen Gefahren in den verschneiten und vereisten Hochalpen. Immer noch fallen jedes Jahr viele Dutzend fröhlicher Skiläufer dem Lawinen- und dem Kältetod zum Opfer, weil sie Warnungen unbeachtet ließen, weil ihnen jegliche Ahnung vom richtigen Verhalten in der Gefahr fehlte.

Jeder gesunde junge Mensch, gleich ob er zum Pistenfahrer neigt oder zum größeren Erlebnis des Skibergsteigens, sollte immer in die klassische Lehr- und Lebensschule einer Sektion des DEUTSCHEN ALPENVEREINS oder eines Klubs des DEUTSCHEN SKIVERBANDES gehen. Dort kann er im Kreise erfahrener Bergsteiger durch regelmäßige Unterrichtung, durch Führungstouren, Lehrgänge, Vorträge und durch die Lektüre alpiner Literatur alles erfahren, was er über die alpine Gefahr wissen muß.

Du mußt vor der ersten Skitour wissen, was dir bevorsteht!

Die verschneiten Hochalpen sind eine strenge Landschaft. Kälte, wie sie die Ebene niemals kennt, verbunden mit Erschöpfung, wie sie in großer Höhe überraschend eintreten kann, haben schon sehr vielen begeisterten Bergfreunden das Leben gekostet. Nicht zu reden von der furchtbaren Lawinengefahr, vom Nebel, von den zahllosen Möglichkeiten, sich in abgelegener Ferne einen Knochen zu brechen und dann hilflos liegen zu bleiben. Wer in die winterlichen Berge geht, muß an Körper **und** Geist gesund sein; kräftig, zäh, widerstandsfähig, mutig, besonnen und hellwach. Begeisterung und der Rausch der Freude müssen sich, koste es, was es wolle, mit Geistesgegenwart und Schläue paaren. Man muß seine Instinkte auf die alpine Welt ausrichten und diesen Instinkten dann gehorchen. Bevor man auf eine neue Skitour geht, sollte man deren Gelände und Charakter schon theoretisch kennen: aus Büchern, Schilderungen, aus Karten. Es gibt eine reiche Ski-Führer-Literatur, vorbildlich in der Schweiz, aber auch in Deutschland und Österreich schon gut. Das großartige Lawinenbuch von Walther Flaig ist eine ebenso dramatische wie belehrende Lektüre, jeder Skifahrer sollte es kennen. Weiß man über die Landschaft und ihr Wesen Bescheid, dann wird man sich meist von selbst richtig ausrüsten und nicht leichtsinnig sein, wird im Verlaufe der Unternehmung als Herr der Situation und nicht als Knecht der Zufälle auftreten.

Du mußt stets mit den schlechtesten Umständen rechnen!

Dieses Buch, das keinen Ski-Führer darstellt, sondern ein anregendes Ski-Feuilleton über hundert verschiedene Variationen eines großen Themas, präsentiert hundert stille Skitouren zwischen Briancon und Wien, in den Vorgebirgen, in den Zentralalpen, fast durchwegs alpin, ja bei hohen Ansprüchen hochalpin. Sie verlangen die Erfahrung des geschulten Hochtouristen. Ich richte mich bei der nachfolgenden Beschreibung der richtigen Kleidung und Ausrüstung an den Skibergsteiger, der in der Einsamkeit großer Bergfahrten das Erlebnis sucht.

Hauptsache: Man wählt auch im Winter die Bekleidung, die **schlechtem** Wetter entspricht, man rechnet stets mit einem Wetterumbruch – auch wenn man deshalb etwas mehr tragen muß. Zur richtigen Skikleidung gehören: 1. Sehr gute Skistiefel, möglichst aus Juchtenleder, sonst Chromleder, doppeltgeschnürt, möglichst leicht, keine schwere »Festung«, mit Gummiprofilsohle. Für Frühjahrsgletscherfahrten evtl. mit Ski-Steigeisen der Firma Salewa-München. – 2. Eine winddichte, warme, vor allem genügend weite und in den Gelenken locker sitzende Skihose aus dem besten Wollstoff. Dazu Unterwäsche aus Wolle oder Seide. Auch für Damen sind lange warme Strumpfhosen unerläßlich. – 3. Gute Wollsocken (mit einem zweiten trockenen Ersatzpaar im Rucksack), dazu möglichst hohe Gamaschen (aus ästhetischen Gründen unbeliebt, doch unerläßlich für den Hochtourenfahrer). – 4. Wollpullover oder Wolljacke – keinesfalls zu kurz, möglichst mit Rollkragen. Besser zwei etwas dünnere Pullover als ein zu dicker. – 5. Einen Anorak **mit** Kapuze aus imprägnierten Baumwollgeweben, möglichst nicht aus Perlon oder Nylon (gefährlich beim Abrutschen!). Für Hochtouren evtl. zusätzlich Daunenweste. – 6. Eine gute Wollmütze, die notfalls über Ohren und Augen zu ziehen ist. Das Stirnband (zum Aufstieg) ersetzt keinesfalls diese Wollmütze! – 7. Wollfäustlinge mit langen Stulpen **und** Segeltuch- oder kombinierte Tuch-Leder-Überhandschuhe. **Ein** Paar allein ist **immer** zu wenig! Ein trockenes Ersatzpaar muß stets im Rucksack sein! – 8. Ein langer Wollschal oder Rohseidenschal. – 9. Evtl. Segeltuch-Überzüge für den Skistiefel. – 10. Bei Hochtouren ein (federleichter) Biwacksack, und 11. ein Seil (mit 2 Reepschnurschlingen pro Mann für Spaltenrettung).

Keine zu steifen, keine zu langen Skier kaufen! Aber stets leichte Stöcke mit modernem leichten Teller. Unbedingt Stahlkanten und Kabelbindung. Unbedingt das modernste Schnallfell zum Aufsteigen. Unbedingt Dauerbelag auf dem Ski. Auf Hochtour ist es gut, eine Ersatzspitze aus Aluminium dabei zu haben (auch als Lawinenschaufel zu benützen), eine Lawinenschnur (am besten die von Oertel mit Metereinteilung und Richtungszeichen), Fangriemen am Skikabel (um bei schweren Stürzen den Ski nicht zu verlieren).

Du darfst nicht leichtsinnig sein im Hochgebirge!

Es bedeutet, vor allem beim Ski-Anfänger, großen Leichtsinn, allein auf eine Skitour zu gehen. Ein gebrochener Knochen, ein luxiertes Band und schon liegt man in weltferner Einsamkeit und wartet umsonst auf Hilfe. Die folgende Winternacht aber ist unbarmherzig. Man schließe sich stets einem möglichst erfahrenen, möglichst guten Skiläufer an oder einer Gruppe. An allen großen Ski-Orten finden heute Skitouren-Führungen statt, eine überaus empfehlenswerte Gelegenheit, unter kundiger Leitung Skiberg-

steiger zu werden und dem zur Verkrampfung führenden Pisten-Fahren zu entkommen. Auch an vielbefahrenen Pisten kann man, allein abfahrend, schnell in große Not kommen, wenn die Sonne geht und die Kälte und die Dunkelheit kommen. Nicht alle Pisten werden am Tagesende von den Pistenpflegern nochmals durchgekämmt nach Verletzten und anderen Nachzüglern.
Geht man gemeinsam auf eine Skitour, dann hat sich alles nach Leistungsvermögen und Tempo des Schwächsten in der Gruppe zu richten. Wird jemand verletzt, so läßt man diesen Verletzten niemals allein, ruft Hilfe nur herbei, wenn sie schnell erreichbar ist, denkt aber vor allem anderen an »Selbsthilfe« (u. a. an selbständigen Abtransport auf improvisierten Skischlitten)!
Die meisten unangenehmen Erlebnisse im Winter rühren daher, daß der Skitourenfahrer (aber auch da und dort der Pistenfahrer) die Verhältnisse in der **Höhe** nicht berücksichtigt und sich von den **Tal**verhältnissen verführen läßt – dann fehlt oben plötzlich der Windschutz, das trockene Ersatzpaar Handschuhe, es fehlen Notproviant, wärmere Unterwäsche, Gamaschen, Schal und dies und das. Ist man aber einmal 2000 oder 3000 Meter über dem Talort, so läßt sich unterwegs **kein** Versäumnis mehr gutmachen!

Du mußt den objektiven Gefahren mit Besonnenheit begegnen!

Die objektiven Gefahren der winterlichen Hochalpen heißen Lawinen, Kälte, Nebel, Schneesturm, Gletscherspalten und Sonnenstrahlung. Über den »Umgang mit Lawinen« spreche ich im nächsten Abschnitt. Hier sei nur von den anderen Gefahren die Rede.
Der Kälte begegnet man durch richtige Kleidung, vor allem durch solide winddichte Überkleidung, durch Gamaschen, durch das **zweite** Paar trockene Handschuhe im Rucksack. Nasse Handschuhe und Stiefel sind eine schlimme Gefahrenquelle! Papier in nassen Schuhen oder zwischen Hemd und Pullover, möglichst rings um den Leib, oder um die Beine, ist ein famoser Wärmeschutz im Notfall. Erfrierungen ersten und zweiten Grades kann man noch, unterwegs durch Einreiben mit Frostheilsalbe begegnen. Wenn Kälte vor allem bei starkem Wind zur Unterkühlung des Körpers führt und mit Erschöpfung zusammenfällt, ist höchste Gefahr eingetreten.
Bei Nebel und Schneesturm in unbekanntem Gelände gibt es nur die sofortige Umkehr. Umkehr ist keine Feigheit – Weitermachen keine Tapferkeit, sondern Dummheit! (Dachstein-Unglück!) Auf Hochtouren in Gletschergebieten, wo bei Nebeleinfall nicht ohne weiteres Umkehr in Frage kommt, muß man a) einen Kompaß, b) eine Bussole und c) eine gute Karte haben – und d) den Umgang mit Karte und Kompaß und Bussole verstehen! Das heißt, man muß Alpinist oder zumindest in Begleitung eines erfahrenen Skibergsteigers sein, um in keine Gletscherspalte zu stürzen. Gletscherspalten im Winter sind meist nicht sehr gefährlich, weil Gletscher meist erst ab März befahren werden und dann gut verschneit und die Brücken fest sind. Zonen mit großen Spalten kann man ausweichen, ansonsten hilft das alpine Wissen, etwa daß man am Gletscher in den Mulden aufsteigt und die runden Rücken (wo das Eis in Spalten aufspringt) meidet.
Die Gefahr von Verbrennungen durch Sonneneinwirkung ist im Winter bedeutend größer als im Sommer. In geringen und mittleren Höhen bis 2000 m – aber im März schon ab 1000 m Höhe! – schützt man sich durch Einmassieren der üblichen Sonnenschutzsalben in die Haut, doch **vor** dem ersten Schritt in die Sonne! Das ist wichtig. In Höhen über 2000 m und vor allem auf Gletschern hilft für die Lippen zuverlässig nur **Labiosan,** das ebenfalls vor Antritt der Hochtour aufgetragen werden muß. Die richtige Sonnenbrille gehört ohnehin zur Ausrüstung.

Du mußt Lawinenhänge erkennen und meiden – du mußt Lawinenwetter »riechen«!

Hier können nur die wichtigsten Grundregeln über den »Umgang mit Lawinen« aufgeführt werden. Wer regelmäßig als Skibergsteiger in die Hochalpen kommt, beschaffe sich das von der Münchner Bergwacht herausgegebene Heftchen »DIE LAWINENGEFAHR« und kaufe oder leihe sich obendrein Walther Flaigs schon genanntes »LAWINENBUCH«. Bei wem die daraus zu entnehmenden theoretischen Kenntnisse mit der eigenen Erfahrung auf regelmäßigen Skitouren zusammenfließen, der kann eines Tages jenen prächtigen Instinkt für Lawinengefahr besitzen, den jeder Bergjäger hat, jeder Forstmann, jeder Bergbauer, jede Gemse – ein kreatürlicher Instinkt, der eigentlich jedem Skibergsteiger zu eigen sein müßte (und zu eigen wäre, wenn wir schon 500 und nicht erst 50 Jahre in den Winteralpen Ski laufen gingen).
Bevor ich einige Grund- und allgemeine Regeln nenne, noch das Folgende: Es gibt kein absolut zuverlässiges Mittel, keinen absolut sicheren Schutz gegen die Lawinengefahr. Dazu ist das Phänomen der hochalpinen Lawine viel zu weitschichtig, zu elementar, zu gewaltig. Es gibt eine Menge allgemeiner Verhaltensweisen, die einen gewissen Schutz gegen den Lawinentod bieten können. Aber jede Lawine ist anders! In den Alpen ist jeder Hang anders in seiner Steilheit, seiner Struktur, seiner Richtung zur Sonne, da helfen Regeln wenig, da hilft eben nur Erkennen und Erfühlen. Und Angst! Nämlich beim unsicheren Anfänger. Er muß dann eben umkehren können.
Nach Neuschneefällen, vor allem nach ergiebigen, tagelangen Neuschneefällen, und beim Ausbleiben von neuer Kälte – sind fast alle Hänge lawinengefährlich, auch minder steile. Vor allem Hänge mit glatter (Gras-)Unterlage und vor allem konvex gewölbte Hänge, die nach unten steiler werden, und Leebetten. 90 % aller touristischen Lawinen-Unfälle passieren auf »Leebrettern« = vom Wind trocken angewehten dicken Schneebetten! Bei solchen Leebetten wie bei unverkennbar gefährlichen Hängen, wenn man sie schon passieren muß, heißt es ganz einfach: Mit dem vollen Bewußtsein der Gefährlichkeit, also mit unbedingter Vorsicht! Man versucht den Hang zunächst auf Felsrippen oder abgeblasener Rücken zu umgehen. Ist das nicht möglich, dann schnalle man die Skier ab und steige senkrecht zu Fuß gerade hinauf, vermeide also das gefährliche Anschneiden, vermeide den durch den Ski vervielfachten Druck. Ist beides nicht möglich, dann schneide man den Hang ganz oben an, passiere ihn und lasse die Kameraden in großen Abständen und unter sehr genauer Beobachtung ihres jeweiligen Standortes folgen. Selbstverständlich fessele man sich nicht mit den Handschlaufen an die Stöcke, damit man im Ernstfalle sofort frei von ihnen ist.
Die Grundregeln lauten: 1. Nach Neuschneefällen warte man bei nachfolgenden Sonnentagen ein bis zwei Tage, bei bedecktem Himmel drei Tage, ehe man zu großen Touren aufbricht. 2. Man erkundige sich, wo Gelegenheit, stets bei Hüttenwirten, Bergführern, Skilehrern oder Jägern, wie es um Wetter und Schneebeschaffenheit steht. 3. Man mache niemals allein eine größere Skitour in den Hochalpen. 4. Man unternehme keine Hochalpentour ohne angelegte Lawinenschnur, die dann lose nachschleift, niemanden behindert, dafür aber den so wichtigen Abstand von Mann zu Mann regelt und letztlich das einzige Mittel ist, Verschüttete schnell aufzufinden.

Du darfst im Ernstfalle niemals den Kopf verlieren!

Geht wider Erwarten doch eine Lawine ab, so darf man unter keinen Umständen den Kopf verlieren. Jede Festschnee-Lawine gibt ein Alarmzeichen beim Abriß: einen dumpfen, lauten Knall.

Hört man den, dann gibt es nur folgende Möglichkeiten, dem Schlimmsten entgegenzuwirken: 1. Man bleibe kühl und fahre blitzschnell aus dem Hang heraus, evtl. umspringen und abfahrend zurückstreben. – 2. Ist das Herausfahren unmöglich geworden, dann befreie man sich möglichst schnell von Stöcken und Skiern und versuche, der Lawine Widerstand zu leisten, entweder durch Schutz hinter Felsen oder Bäumen, oder durch kräftige Schwimmbewegungen, bei denen man sich federleicht machen muß, um in jedem Falle **oben** zu bleiben! Nicht die Beine in die Tiefe ziehen lassen, Mund fest geschlossen halten, bei Staublawine Arme vor Mund, Augen und Nase pressen, evtl. Anorak oder Kapuze oder Pullover vor das Gesicht ziehen. – 3. Ist man mit Kameraden in die Lawine geraten und erlaubt es die eigene Situation, so muß man versuchen, immerzu deren Standort im Auge zu behalten. Ist die Lawine zum Stillstand gekommen und hat sie einen Mann oder mehrere Menschen verschüttet, so muß man als Überlebender Folgendes beachten: 1. Man stellt fest, ob eine Nachlawine droht, bevor man das Lawinengebiet betritt. 2. Man markiert den beobachteten oder vermuteten Verschüttungspunkt des Vermißten mit Stöcken oder Zweigen und den vermutbaren Ruhepunkt (bei Mulden und Gräben meist dort). Nur zwischen diesen beiden Markierungspunkten suchen! – 3. Nur wenn die eigenen Mittel (Ski-Ersatzspitze aus Aluminium, Stöcke, Hände) offensichtlich ausreichen, einen Verschütteten zu finden oder zu bergen, an Ort und Stelle bleiben, sonst so rasch wie möglich zur Hütte fahren und Hilfsmannschaften herbeibitten. – 4. Bei der Suche selbst, die bei Beteiligung mehrerer Personen systematisch durch Sondieren und evtl. Gräbenziehen erfolgt, nicht ermüden und erlahmen. Viele Verschüttete sind nach Stunden, nach Tagen, ja selbst nach ein und eineinhalb Wochen noch **lebend** geborgen worden (siehe Walther Flaigs Lawinenbuch). – 5. Sehr wichtig: die bei bewußtlos Geborgenen – soweit sie unverletzt sind und scheinbar leblos – mögliche künstliche Atmung muß nicht nur Minuten, sie muß stundenlang angewendet werden!

Du mußt Respekt vor Wächten haben!

Schneewächten sind etwas absolut Unberechenbares im Hochgebirge. Weder kann man berechnen, wieweit eine Wächte trägt, noch kann man meist nicht einsehen, wo sie beginnt, vom Felsgrund ins Bodenlose zu wachsen. Auch hier gibt es nur die Mahnung: Absolute Besonnenheit, keinen falschen Mut! Deshalb: 1. Nur angeseilt und gesichert eine Wächte betreten! – 2. Große Abstände von Mann zu Mann halten! 3. Der Führende muß versuchen, mit Eispickel oder Skistock zu sondieren, dort wenigstens, wo er Gefahr fühlt. 4. Man versuche, vor Betreten der Wächte vom Grat, vom Nebengipfel aus Einsicht in den **Unterbau** der Wächte zu gewinnen: wieweit ist sie Balkon, wieweit ist sie feste Schneeauflage! 5. Man berechne stets, daß eine abbrechende Wächte nicht haargenau über ihrem letzten Felsgrund abbricht, sondern meist Teile der entgegengesetzten Hangdecke mitreißt.

Du mußt das alpine Notsignal kennen!

Das offizielle alpine Notsignal, in allen Alpenländern bekannt und eingeführt, ist der SOS-Ruf des Bergsteigers in Gefahr. Wer sich verstiegen hat, wer verletzt und hilflos abseits begangener Wege und Strecken liegt, gibt das Notsignal, wenn er sich nicht mehr allein aus eigener Kraft retten kann bzw. wenn er den verletzten oder erkrankten Kameraden nicht mehr aus eigener Kraft bergen kann. Man darf das alpine Notsignal nur in großer Not geben, aber auch nicht zu spät. Das Signal besteht aus sichtbaren oder hörbaren Zeichen, je nach Sicht, Witterung und Örtlichkeit. Man ruft, schreit, pfeift, winkt **sechsmal in der Minute** in regelmäßigen Abständen (also alle zehn Sekunden, mitzählen!), dann wartet man eine Minute, dann wiederholt man das Signal, wartet wieder eine Minute, wiederholt und so weiter. Man kann dergestalt auch mit Blinkzeichen signalisieren, mit einem Feuerbrand, man kann mit einem Tuch, mit dem Hemd winken – **fest ist nur die strenge Regel:** sechsmal in einer Minute als Rufzeichen, dann eine Minute Pause, und so fort.
Die Antwort, bestehend aus **drei** regelmäßigen Zeichen **binnen einer Minute,** soll dem Verirrten oder Verunglückten zeigen, daß seine Rufe verstanden worden sind und daß Hilfe naht.

Du mußt wissen, wie man zulänglich Erste Hilfe leistet!

Oft werden Skifahrer in großer Höhe bergkrank. Mangelnde Sauerstoffzufuhr führt zu Atemnot, zu Kopfschmerzen, Brechreiz und plötzlicher starker Erschöpfung. Die Erste Hilfe: Sofortige Inruhestellung, viel Getränke, aber keinen Alkohol, sofortiger Abstieg oder Abfahrt nach erster Besserung. – Gegen Erschöpfungszustände, wie sie bei untrainierten Skibergsteigern oft, ja beinahe regelmäßig bei der ersten Hochtour nach langer Pause eintreten, hilft nur sofortige richtige Nahrungsaufnahme – Schokolade, Traubenzucker – und nach Erholung pedantisch langsames Weitersteigen bzw. -fahren. – Schweren Sonnenschäden kann nur mit Lebertransalbe und Puder begegnet werden. Niemals Brandblasen öffnen, sondern austrocknen. Gegen Hitzschlag, der in großen Höhen im März und April oft genug vorkommt, hilft nur schnelles Abkühlen, Schatten, Wind mittels ausgezogener Kleidungsstücke. Auch hier keinen Alkohol verabreichen!
Erfrierungen, die man leider meist erst merkt, wenn sie bereits eingetreten sind, werden nur mit Frostheilsalbe bekämpft (niemals durch Einreiben mit Schnee)! Hat man Frostheilsalbe, dann werden die angefrorenen Glieder mit ihr lange massiert. Im übrigen ist die Auskühlung des ganzen Körpers (Unterkühlung) bedeutend gefährlicher im Hochgebirge als eine örtliche Erfrierung. Erfrierungen örtlicher Art werden durch **langsame** Erwärmung geheilt, Aus- und Unterkühlung durch **schnelle** Erwärmung.
Bei Knochenbrüchen im Gelände, erkennbar gegebenenfalls durch Schwellung, großen Schmerz bei geringster Bewegung und heftigen, auf eine Stelle begrenzten Druckschmerz, evtl. widernatürliche Lage eines Gliedes, sofort Ruhigstellung des Beines oder Armes, evtl. mit eigenen Kleidungsstücken gepolsterten vorläufigen Stützverband unter Einbeziehung **beider** der Bruchstelle benachbarter Gelenke. Zur behelfsmäßigen Schienung können Skistöcke, Latten, evtl. ein gebrochener Ski dienen. Evtl. den verletzten Arm am Rumpf, das verletzte Bein am gesunden Bein festbinden. Wichtig, den im Schnee liegenden Verletzten nicht nebenbei noch erfrieren lassen!

Du mußt selber ein Stück Bergnatur werden!

Du mußt die Gefahren der winterlichen Alpen nicht fürchten, sondern respektieren. Solange du ihnen nicht gewachsen bist, mußt du ihnen ausweichen. Du sollst aber auch wissen, daß es kein schöneres Bewußtsein gibt als das des bergerfahrenen Menschen, der die Gefahren meistert, so wie sie ankommen. Stille, die großen Formen der Urlandschaft, der Knalleffekt der Rückkehr aus gleißender Firnenflur in die rührende Idylle des Bergfrühlings, das alles ist schön, das salbt Herz und Seele – den Kampf aber aufzunehmen gegen die Fährnisse der großen Urlandschaft und gegen die eigene Schwäche, das erst führt auf die höchsten Gipfel aller Bergfreude.

Erklärung der Zeichen und Abkürzungen

h = Stunde (heure) 1.45 h = 1 Std. 45 Min.
AACB = Akademischer Alpen-Club, Bern
CAF = Club Alpin Français
CAI = Club Alpino Italiano
DAV = Deutscher Alpenverein
ÖAV = Österreichischer Alpenverein
ÖTK = Österreichischer Touristen-Klub
SAC = Schweizer Alpen-Club
TVN = Touristenverein Naturfreunde
AV-Karte = Alpenvereins-Karte 1 : 25 000
CdF-Karte = Carte de France 1 : 20 000
FB-Karte = Freytag-Berndt-Wanderkarte 1 : 100 000
SL-Karte = Neue Landeskarte der Schweiz 1 : 50 000
TCI-Karte = Touring-Club-Italiano-Karte 1 : 50 000

In der Skizze:

Hüttchen weiß = unbewirtschaftet
Hüttchen halb weiß / halb schwarz = zeitweise bewirtschaftet (bzw. zugänglich)
Hüttchen schwarz = bewirtschaftet (unverbindlich)
Ausrufezeichen = Gefahrenstellen
Schlangenlinien = Gletscher / Ferner / Firne / Keese

Fotonachweis

Die Nummern beziehen sich auf die Skitouren

Reinhold Obster, München 1, 3, 5
Albert Baumgartner, München 2, 38
Gebhard Plangger, Mittenwald 4
Georges Tairraz, Chamonix 6
Franz Thorbecke, Lindau 7–26, 28–37, 39–90, 92–94, 96, 97
Werner Friedli, Brüttisellen 27
Josef Ritz, München 91
Fred Rieder, Salzburg 95
Foto-Fürst, Leoben 99
Erich Neubauer, Graz 98
Erich Weber, Wien 100

Pause-Bücher für

Skiläufer

Die großen Skistationen der Alpen

24 Skistationen in Österreich und Bayern sind mit letzter Akribie, dabei kritisch und doch begeisternd dargestellt. 80 große Luftaufnahmen, 24 zweiseitige farbige Übersichtskarten auf insgesamt 220 Seiten sorgen für eine unübertreffliche Information des passionierten Pistenfahrers.

Münchner Skiberge

86 Skiberge zwischen Salzach, Lech und Inn, zur Hälfte Pisten, zur Hälfte Skitouren, bekannte und unbekannte, viele geliebte »Münchner Hausberge« im Winter. Kritisch, aber amüsant lesbar dargestellt, mit faszinierenden Luftfotos, mit brauchbaren Skizzen. 183 Seiten, 86 Fotos, 86 Karten.

Ski Heil

Die 100 schönsten Skipisten der Alpen

Das beliebte Buch der »schönsten Skiabfahrten« wurde völlig umgestaltet: das »reine Pistenbuch« ist erstanden, eine qualifizierte Auswahl der schönsten Pisten der Alpen, nochmals aus dem Flugzeug Franz Thorbeckes fotografiert, mit neu erarbeiteten Skizzen, neu vom Autor geschrieben – kritisch, genau, und nicht ohne Brillanz. 211 Seiten, 100 Fotos, 100 Abfahrtsskizzen

Bergwanderer

Berg Heil

100 schöne Bergtouren in den Alpen

Das erste und das Hauptbuch der Pause-Serie! Eine überzeugende Auswahl unter den schönsten und lohnendsten Bergwanderungen und Bergtouren zwischen Grenoble und Wien. Dieses Buch hat Tausende bewegungshungriger Städter zum Bergsteigen angeregt. Präzise Details bei 212 Seiten, 100 Fotos und 100 Skizzen.

Wandern – bergab

100 schöne Abstiegswege in den Alpen

Bergauf gefahren – aber abwärts gewandert: der erste Schritt zur Passion des Bergsteigens. Pause stellt vor allem für wanderfreudige Familien 100 Abstiege vor, meist stille abseitige »Geheimtips«. Fast alle sind leicht, einige lang, die Information ist präzise. 210 Seiten, 100 Fotos und 100 Wanderskizzen.

Münchner Hausberge

84 Sommertouren um München

Das beliebte Wanderbuch vieler Münchner Familien und Sommergäste Oberbayerns: amüsant schon als Lektüre, lustig und doch genau. Einfache bis mittelschwere Wanderungen, Bergtouren und kleine Genußklettereien. 179 Seiten, 84 Fotos und 100 Tourenskizzen.

Von Hütte zu Hütte

100 alpine Höhenwege und Übergänge

Ein alpines, leichte wie strenge Übergänge umfassendes Buch, der Beliebtheit nach zum klassischen Bestand der Bergbücher von heute zählend. Die Gipfel warten am Wege, wenn man von Hütte zu Hütte wandert und steigt und damit auch einen »Gipfel« an starker, stiller Daseinsfreude passiert. 211 Seiten, 100 Fotos und Skizzen.

Hochalpinisten

In Eis und Urgestein

100 klassische Gipfeltouren in den Zentralalpen

Keine Ratschläge für Gelegenheitswanderer, sondern ausgewählte Tips für Bergsteiger. Die begehrtesten Gipfel für Erfahrene und Geübte, leichte und schwierige Touren zwischen Barre des Ecrins und Matterhorn, Montblanc und Piz Bernina, Zuckerhütl und Großglockner – alles Normalwege im Alpenhauptkamm – 211 Seiten, 100 Fotos, 100 Tourenskizzen.

Im schweren Fels

100 Genußklettereien in den Alpen

Nur Kletterführen der Grade III (schwierig) und IV (sehr schwierig), aber stets in festem und gutgriffigem Fels, in Kalk und Granit, bei relativ geringen objektiven Gefahren. Die Auswahl gilt als souverän, auch wenn sie allein für den erfahrenen und trainierten Kletterer bestimmt ist. 209 Seiten, 100 Fotos, 100 Kletterskizzen.

Im Kalkfels der Alpen

100 klassische Gipfeltouren im alpinen Kalkfels

Die Auswahl ergänzt die Touren des Bandes »Berg Heil«. Ein Drittel bewegt sich auf markierten Wegen und Steiganlagen, zwei Drittel der Touren setzen absolute Trittsicherheit bzw. klettertechnische Bewährung voraus. 211 Seiten, 100 Fotos, 100 Anstiegsskizzen.

Im extremen Fels

100 Kletterführen in den Alpen

Die mit einem Halbhundert extremer Kletterer diskutierte Auswahl dieser Spitzentouren des V. und VI. Grades kann als souverän gelten. Jürgen Winkler schuf in vier Sommern die Fotos, ein ganzes Team sorgte für 100 brillante Skizzen. 208 Seiten, 100 Fotos, 100 Anstiegsskizzen.

BLV
MÜNCHEN
BERN
WIEN

BLV Verlagsgesellschaft München

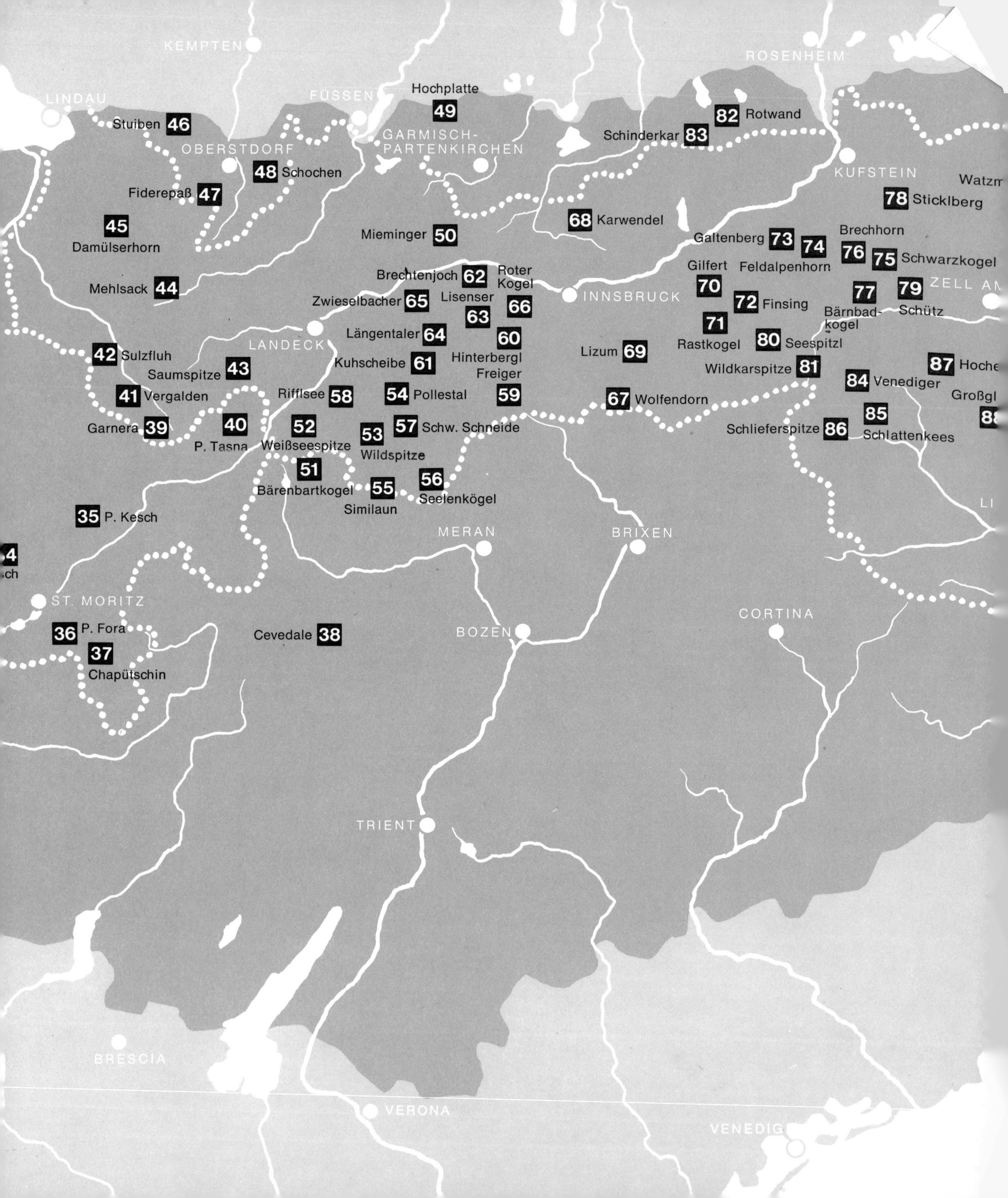
KEMPTEN
ROSENHEIM
LINDAU
FÜSSEN
Hochplatte
49
Stuiben 46
82 Rotwand
Schinderkar 83
GARMISCH-
PARTENKIRCHEN
OBERSTDORF
48 Schochen
Fiderepaß 47
KUFSTEIN
Watzm
78 Sticklberg
45
Damülserhorn
68 Karwendel
Mieminger 50
Galtenberg 73
74
Brechhorn
76
75 Schwarzkogel
Gilfert
Feldalpenhorn
Brechtenjoch 62
Roter
Kogel
Mehlsack 44
70
77
79
ZELL AM
INNSBRUCK
Zwieselbacher 65
Lisenser
66
72 Finsing
Bärnbad-
kogel
Schütz
63
71
Längentaler 64
60
80 Seespitzl
Lizum 69
Rastkogel
LANDECK
42 Sulzfluh
Kuhscheibe 61
Hinterbergl
Freiger
Wildkarspitze 81
87 Hoche
Saumspitze 43
84 Venediger
Rifflsee 58
54 Pollestal
59
41 Vergalden
67 Wolfendorn
Großgl
85
52
57 Schw. Schneide
40
Garnera 39
Schlieferspitze 86
Schlattenkees
53
P. Tasna
Weißseespitze
Wildspitze
51
56
Bärenbartkogel
55
Seelenkögel
Similaun
35 P. Kesch
MERAN
BRIXEN
ST. MORITZ
CORTINA
36 P. Fora
Cevedale 38
BOZEN
37
Chapütschin
TRIENT
BRESCIA
VERONA
VENEDIG